U0875244

中国石油流通行业发展蓝皮书

（2017—2018）

孙仁金　董秀成　王文澜　主编

中国石油流通协会
中国石油大学（北京）工商管理学院
对外经济贸易大学国际经济贸易学院

中国经济出版社
CHINA ECONOMIC PUBLISHING HOUSE
·北京·

图书在版编目(CIP)数据

中国石油流通行业发展蓝皮书:2017－2018 / 孙仁金,董秀成,王文澜 主编.
北京:中国经济出版社,2018.4
ISBN 978－7－5136－5142－4

Ⅰ.①中… Ⅱ.①孙… ②董… ③王… Ⅲ.①石油市场—研究报告—中国—2017－2018
Ⅳ.①F426.22

中国版本图书馆 CIP 数据核字(2018)第 053637 号

责任编辑　李玄璇
责任印制　马小宾

出版发行　中国经济出版社
印 刷 者　北京柏力行彩印有限公司
经 销 者　各地新华书店
开　　本　787mm×1092mm　1/16
印　　张　20.25
字　　数　200 千字
版　　次　2018 年 4 月第 1 版
印　　次　2018 年 4 月第 1 次
定　　价　198.00 元
广告经营许可证　京西工商广字第 8179 号

中国经济出版社 **网址** www.economyph.com **社址** 北京市西城区百万庄北街 3 号 **邮编** 100037

本版图书如存在印装质量问题,请与本社发行中心联系调换(联系电话:010－68330607)

#《中国石油流通行业发展蓝皮书》
（2017—2018）
编 委 会

PREFACE 前言

2017 年世界经济整体处于逐渐复苏的阶段，尤其是新兴经济体和发展中国家成为拉动全球经济复苏的主要力量；以美国缩表为重要标志，全球性宽松货币政策正酝酿渐次退出，进入“减债、升息、去杠杆”轨道；全球大宗商品价格暴涨暴跌的时代可能已基本结束，未来石油、天然气、能源等可能会在长周期内，在宽区域区间均衡波动；全球新旧动能转换加快；中国经济发展成为世界经济增长的重要引擎之一。我国石油流通行业的主要矛盾也发生了根本改变，长期以来困扰我国的成品油供不应求、供需矛盾突出的问题得到了根本扭转。成品油消费增长换挡降速，供需环境相对宽松，石油流通行业进入了新的阶段。

石油是我国重要的战略资源，对保障经济安全顺畅发展具有重要意义，石油流通则是石油产业发展的重要环节。十九大提出，我国社会主要矛盾已经转化为人民日益增长的美好生活需要和不平衡不充分的发展之间的矛盾，我国经济已由高速增长阶段转向高质量发展阶段。2017 年中国的经济增长在“稳”的主基调下，保持了稳定增长，国内生产总值增长超过预期达到 6.9%，发展质量效益不断提高，新动能、新产业持续壮大，经济活力更强。“一带一路”倡议得到国际社会的普遍响应，推动了“一带一路”相关国家经济发展，进一步扩大了我国的国际市场和空间，增强了境外直接投资和国际贸易；同时在创新、协调、绿色、开放、共享五大新发展理念指引下，我国能源转型升级，绿色低碳环境友好增长，发展可再生能源，降低煤炭使用量，优化能源结构成为主导。随着流通市场准入政策的逐渐松绑，外商投资者、民营企业逐步进入石油流通行业，投资主体多元化，多种经济成分共同参与、共同竞争的市场新格局逐渐形成。企业需要持续迎接挑战，油气市场的价格、供应和需求增长与相对过剩成为常态化的问题，对石油流通行业影响巨大。

《中国石油流通行业发展蓝皮书》是一部全面分析和研究中国石油流通发展现状和趋势的行业年度报告，它由中国石油流通协会、中国石油大学（北京）工商管理学院和对外经济贸易大学国际经济贸易学院合作完成，按年度向全社会公开出版发行。蓝皮书共分四大部分：宏观环境及对石油流通行业的影响分析、国内外石油市场现状、石油流通行业展望和中国石油流通业现存的主要问题。宏观环境及对石油流通行业的影响分析，主要分析国内外宏观外部环境对石油流通行业发展的影响，包括国际宏观环境及对世界石油流通行业的影响分析和国内宏观环境及对中国石油流通行业的影响分析等；国内外石油市场现状，从产业整体发展角度重点分析国内外石油流通行业发展现状，包括国际石油市场现状、中国石油市场现状；石油流通行业展望，从原油市场、天然气市场、成品油市场、炼油业等角度对国内外石油流通行业进行预测，主要包括国际石油流通展望、国内石油流通展望等；中国石油流通业现存的主要问题，从环保、市场、法制环境等角度分析石油流通行业现存的问题。

蓝皮书不是一般意义上的年鉴类工具书，更不以大块文字和数据图表堆积为主，而是以年度分析和来年展望为基本特征。宏观环境及对石油流通行业的影响分析、国内外石油市场现状、石油流通行业展望和中国石油流通业现存的主要问题四部分具有很强的相关性和互补性，但各部分在编写上独立成篇成文，因此读者可以根据需要和兴趣分别阅读。蓝皮书以文字分析为主，辅以必要数据和图表，文字描述力求言简意赅，分析和展望力求强调逻辑性、高度性、概括性和权威性，分析结论力求对相关部门和油气企业实际工作具有指导性。蓝皮书作者主要来自中国石油流通协会、中国石油大学中国油气产业发展研究中心、中国石油化工集团公司经济技术研究院、中国石油化工集团公司勘探开发研究院、中国海洋石油总公司经济研究院等单位，作者团队长期从事石油流通行业发展研究，具有国内一流专业水准和专业基础。作者团队本着促进中国石油流通行业发展的良好愿望，除了从行业发展角度整体上进行分析外，还对行业热点问题坦率地提出了看法和观点，希望引起社会关注和讨论。作者团队努力进行全面、系统和深入研究，试图得出有助于读者全面了解中国石油流通行业发展的正确结论，这正是作者团队追求的目标，也是其义务和责任。蓝皮书具有较强的可信度、一定的权威性和较好的时效性，对于理论研究者和实际工作者都具有一定的参考价值。

蓝皮书编写分工如下：

行业环境与政策篇：薛淑莲，刘贵贤、董康银、万波、邢阳。

炼油与市场供给篇：马郑玮、姜洪殿、侯文佳、刁雯涛、姜宇桐。

成品油价格与批发篇：刘力、李喆、马杰、王百照、郦白珂、邢阳、徐诗。

成品油管道与仓储篇：齐明、汪振杰、李喆、孙凯悦、马杰。

成品油零售与加油站篇：冯晓丽、薛淑莲，王百照、单建明、孙桐、李慧、郭肖月。

航煤、船燃、独立炼厂与国际贸易篇：秦曼曼、李滕佳、邓超、崔亚蕾、徐吟芳、陆宽玉婷。

客户与市场需求篇：方红、乔丽娟、袁冰、赵树超、贾珍、柳迪、胡东欧、顾祖豪。

新能源篇：马宁、吴金、孟思琦、马乔治、刘建英。

大事记、数据库与附表：宫雨、刘建英、陆宽玉婷、张月美。

专题篇：乙醇汽油对成品油市场带来的机遇和挑战（孙桐、刘贵贤、薛淑莲），LNG 市场特征分析及发展对策研究（姜洪殿、马郑玮），中国独立炼厂绿色发展的战略思考（宫雨、秦曼曼、孙仁金），独立炼厂成品油营销的战略思考（胡东欧、冯晓丽），我国成品油管道布局以及建设发展方向分析（孙凯悦、齐明），成品油供应链管理体系建设（马杰），民营加油站发展的战略思考（郭肖月、冯晓丽），我国原油和电力价格传导关系分析（秦曼曼、孙仁金），成品油消费与汽车行业发展的相关性分析（贾珍、方红、乔丽娟、胡东欧），我国分布式能源发展现状与模式分析（吴金、孙仁金）。

孙仁金、董秀成、王文澜统领了蓝皮书框架设计，并负责组织了全书编写；孙仁金负责蓝皮书最终统撰工作与核定；邱建凯、王文澜等参与书稿修改和审定工作。

特别感谢中国经济出版社李祥柱、李玄璇编辑对本书的鼎力支持。本书撰写过程还得到了众多专家及机构的指导和帮助，在此一并致谢。

由于时间仓促、编者水平有限，报告中难免有疏漏之处，恳请读者批评指正。

编委会

2018 年 3 月 6 日

CONTENTS 目　录

第一篇　行业环境与政策篇 …… 1

一、2017 年世界石油流通行业发展概述及 2018 年展望 …… 3

（一）2017 年世界炼油能力及开工情况 …… 3

（二）2017 年国际成品油消费量及价格 …… 4

（三）2017 年影响国际石油流通业发展的主要因素 …… 5

（四）2018 年世界石油流通行业发展展望 …… 6

二、国际宏观环境及对中国石油流通业的影响 …… 8

（一）2017 年国际政治环境分析 …… 8

（二）2017 年国际经济环境分析 …… 12

（三）2017 年国际政治经济环境对中国石油流通业的影响 …… 13

三、中国宏观环境及石油流通产业政策分析与展望 …… 14

（一）2017 年中国宏观环境及对石油流通行业影响 …… 14

（二）2017 年中国石油流通产业政策 …… 20

（三）2018 年中国石油流通展望 …… 23

第二篇　炼油与市场供给篇 …… 25

一、2017 年中国炼化产业发展状况 …… 27

（一）炼化产业盈利能力得到明显改善 …… 27

（二）炼化企业布局调整 …… 28

（三）炼化产业低端产能过剩缓解措施 …… 29

（四）炼化产业油品质量升级提速 …… 29

(五) 炼化产业技术装备建设升级加快 …… 30
(六) 炼化产业柴汽比降低 …… 30
二、2017 年中国炼化产业面临问题 …… 32
(一) 炼化产业产能过剩现象依旧严峻 …… 32
(二) 炼化产业柴汽比不均衡 …… 32
(三) 设备技术水平仍有待提升 …… 33
(四) 炼化企业环保压力加大 …… 33
三、2018 年中国炼化产业展望 …… 35
(一) 炼化产业布局将进一步优化 …… 35
(二) 独立炼厂产能进一步扩大 …… 35
(三) 煤油产量上升，柴油产量小幅度下降 …… 36
(四) 清洁化、低碳化成为炼化产业改造升级主要目标 …… 36
(五) 炼化企业销售终端建设将逐渐加强 …… 36
(六) 炼化企业市场竞争与合作将进一步加强 …… 37

第三篇　成品油价格与批发篇 …… 39
一、中国成品油价格现状与展望 …… 41
(一) 2017 年中国成品油价格现状 …… 41
(二) 2018 年中国成品油价格展望 …… 47
二、中国成品油批发市场现状与展望 …… 49
(一) 2017 年中国成品油批发市场现状 …… 49
(二) 2018 年中国成品油批发市场展望 …… 53

第四篇　成品油管道与仓储篇 …… 57
一、2017 年中国成品油管道发展状况 …… 59
(一) 中国成品油管道发展情况与建设概况 …… 62
(二) 典型成品油管道现状 …… 63
(三) 中国成品油管道发展的技术现状 …… 64
二、2017 年中国成品油仓储发展状况 …… 67

（一）中国油库发展状况 …… 67
（二）中国成品油码头发展状况 …… 68
三、2017 年中国成品油管道、仓储面临的问题分析 …… 69
四、2018 年中国成品油管道、仓储的发展展望 …… 71
（一）2018 年中国成品油管道的发展展望 …… 71
（二）2018 年中国成品油仓储的发展展望 …… 73

第五篇　成品油零售与加油站篇 …… 75
一、2017 年中国成品油零售市场发展状况 …… 78
（一）2017 年成品油零售规模及结构 …… 78
（二）成品油零售市场的竞争态势 …… 84
（三）政府政策对成品油零售的影响 …… 86
二、2017 年中国加油站发展状况 …… 89
（一）加油站数量及构成 …… 89
（二）加油站零售业务影响因素分析 …… 93
（三）加油站经营模式分析 …… 96
（四）加油站非油业务的发展情况 …… 98
三、2017 年成品油零售和加油站经营存在的问题分析 …… 102
（一）市场集中度较高 …… 102
（二）定价机制还未实现完全市场化 …… 102
（三）存在市场监管不到位、部分地方市场无序竞争现象 …… 103
（四）加油站经营效率总体有待提高 …… 103
（五）加油站经营模式有待优化 …… 104
（六）非油业务处于外延发展阶段 …… 104
四、2018 年中国成品油零售、加油站发展展望 …… 106
（一）成品油市场深化改革将加剧油品业务竞争 …… 106
（二）炼油产能过剩常态下成品油销售标准趋严 …… 107
（三）加油站利用“互联网 +”的发展态势将提速 …… 107
（四）石油公司非油业务的销售占比将继续增大 …… 107

第六篇　航煤、船燃、独立炼厂与国际贸易篇 ………………………… 109
一、航空煤油发展现状及展望 ………………………………………… 111
（一）2017 年中国航空煤油发展现状及分析 ……………………… 111
（二）2018 年中国航空煤油发展展望 ……………………………… 114
二、船用燃料油发展现状及展望 ……………………………………… 115
（一）2017 年中国船用燃料油发展现状分析 ……………………… 115
（二）2018 年船用燃料油市场展望 ………………………………… 117
三、独立炼厂发展现状及展望 ………………………………………… 119
（一）2017 年中国独立炼厂发展现状及分析 ……………………… 119
（二）2018 年中国独立炼厂发展展望 ……………………………… 121
四、成品油进出口现状及展望 ………………………………………… 122
（一）2017 年成品油进口现状及分析 ……………………………… 122
（二）2017 年成品油出口现状及分析 ……………………………… 124
（三）2018 年成品油进出口发展展望 ……………………………… 127

第七篇　客户与市场需求篇 ……………………………………………… 129
一、2017 年中国成品油消费状况分析 ………………………………… 131
（一）成品油消费量分析 ……………………………………………… 131
（二）成品油消费结构分析 …………………………………………… 132
（三）成品油消费领域分布分析 ……………………………………… 135
（四）影响成品油需求变化的主要因素 ……………………………… 138
（五）成品油消费与 GDP 相关性分析 ……………………………… 141
（六）成品油消费与汽车行业发展相关性分析 ……………………… 144
二、2017 年中国成品油供需平衡分析 ………………………………… 146
（一）成品油供需变化分析 …………………………………………… 146
（二）影响成品油供需变化的因素分析 ……………………………… 150
（三）成品油市场供需预测 …………………………………………… 153
三、中国成品油消费客户的基本分类及消费特征 …………………… 155
（一）成品油消费客户基本分类 ……………………………………… 155

（二）中国不同成品油客户群的消费趋势 …… 160
（三）各成品油消费客户群稳定性分析 …… 167
（四）成品油消费客户群消费趋势分析 …… 169
四、2018 年中国成品油市场发展展望 …… 172
（一）成品油市场总体发展趋势 …… 172
（二）成品油需求趋势预测 …… 174

第八篇 新能源篇 …… 179
一、2017 年中国新能源发展现状 …… 181
（一）新能源概况 …… 181
（二）乙醇汽油发展现状及问题分析 …… 182
（三）电动汽车发展现状及问题分析 …… 187
（四）氢能源发展现状及问题分析 …… 188
二、2017 年中国新能源替代传统能源分析 …… 190
（一）对能源结构的影响 …… 190
（二）对成品油需求的影响 …… 190
（三）对成品油价格的影响 …… 190
三、2018 年中国新能源发展展望 …… 191
（一）乙醇汽油逐步替代车用汽油 …… 191
（二）电动汽车行业由政策驱动转向市场驱动 …… 192
（三）氢能源市场化模式仍需探索 …… 192

第九篇 专题篇 …… 193
专题一 乙醇汽油对成品油市场带来的机遇和挑战 …… 195
专题二 LNG 市场特征分析及发展对策研究 …… 203
专题三 中国独立炼厂绿色发展的战略思考 …… 213
专题四 独立炼厂成品油营销的战略思考 …… 222
专题五 我国成品油管道布局以及建设发展方向分析 …… 233
专题六 成品油供应链管理体系建设 …… 238

专题七　民营加油站发展的战略思考 …… 244
专题八　我国原油和电力价格传导关系分析 …… 254
专题九　成品油消费与汽车行业发展的相关性分析 …… 262
专题十　我国分布式能源发展现状与模式分析 …… 281

附录 1　2017 年中国石油流通行业大事记 …… 286
附录 2　2017 年国内外石油流通相关统计资料 …… 294
表 1　2007—2016 年世界主要国家炼油能力 …… 295
表 2　2017 年国际市场原油现货月平均价格 …… 295
表 3　2017 年国际市场主要油品月平均现货价格 …… 296
表 4　2017 年国内成品油管道运输现状 …… 296
表 5　2017 年国内主要油品月平均价格 …… 299
表 6　具有原油进口权企业名单及数量 …… 299
表 7　具有原油进口权企业数量及分布 …… 301
表 8　具有成品油批发资质企业数量及分布 …… 301
表 9　2017 年国内加油站主要分布情况 …… 301
表 10　轻型汽车污染物排放限值及测量方法——中国第六阶段（即国Ⅵ标准） …… 302
表 11　2017 年中国石油石化主要产品产量 …… 302
表 12　2017 年中国石油石化主要产品表现消费量 …… 303
表 13　2017 年中国石油石化主要产品进口量 …… 303
表 14　2017 年中国石油石化主要产品出口量 …… 304
表 15　2017 年中国石油石化行业进出口总额及贸易差情况 …… 304
表 16　2017 年全国主要石油石化产品进口平均价格 …… 305

参考文献 …… 306

第一篇

行业环境与政策篇

一、2017 年世界石油流通行业发展概述及 2018 年展望

2017 年，世界石油流通行业整体进入低缓复苏期，全球原油加工量小幅增长，炼厂全年开工率波动明显，炼油毛利变化不明显。2017 年第一季度以来，全球成品油消费量持续增长，全年成品油消费量为 9699 万桶/天，较上年增加 157 万桶/天，增幅达 1.2%。此外，除 9 月大幅震荡外，2017 年全球各类成品油价格趋于稳定。

2018 年，世界原油加工量将进一步提高，炼油毛利有望保持较好水平；世界成品油消费将延续增长态势，各类油品价格小幅上升。此外，受可再生能源发展的拉动，能源消费结构清洁化将进一步加速，进而冲击世界石油流通业的发展。

（一）2017 年世界炼油能力及开工情况

2017 年全球原油加工量呈小幅上涨态势，下半年涨幅明显高于上半年。欧佩克组织（OPEC）统计数据显示，自 2017 年第一季度开始，全球原油加工量显现整体上涨趋势，全年较 2016 年小幅增长。2017 年四个季度全球原油加工量分别达到 7869 万桶/天、7891 万桶/天、7972 万桶/天和 8061 万桶/天。其中，受炼油毛利较低影响，北美地区原油加工量呈先增后减局势，由第一季度的 1856 万桶/天增至第二季度的 1980 万桶/天，随后降至第三季度的 1903 万桶/天，第四季度持续下降至 1900 万桶/天；受原油价格影响，2017 年上半年欧洲地区原油加工量呈明显下滑态势，从第一季度的 1188 万桶/天减至第二季度的 1178 万桶/天，随后有所回升，增至第三季度的 1243 万桶/天，第四季度仍有所下降，降至 1220 万桶/天；由于淘汰落后产能，2017 年上半年亚太地区原油加工量持续下降，从第一季度的 2333 万桶/天降至第二季度的 2232 万桶/天，其中日本表现较为明显，从第一季度的 349 万桶/天降至第二季度的 299 万桶/天，随后，2017 年下半年亚太地区原油加工量有所回升，持续增至第四季度的 2404 万桶/天，其中中国表现较为明显，从第三季度的

1127 万桶/天增至第四季度的 1192 万桶/天，增幅达到 5.8%；相反，受原油价格、增产协议实施等多因素影响，2017 年全年中东地区原油加工量持续上升，从第一季度的 661 万桶/天持续增至第四季度的 711 万桶/天，增幅达到 7.6%。

2017 年全球炼厂开工率波动较大，整体运行稳定性较差。其中，北美炼厂开工率由 1 月的 89.6%降至 2 月的 84.4%，持续增至 4 月的 93.1%并维持这一水平至 8 月，随后陡降至 9 月的 82.2%，受极寒天气影响，自 10 月北美炼厂开工率开始回升，持续增至 12 月的 95.0%；1—5 月，欧洲炼厂开工率小幅下降，从 1 月的 91.1%持续降至 5 月的 87.2%，随后回升至 7 月的 93.8%，8—12 月开工率基本稳定在这一水平；亚太地区新加坡炼厂开工率基本稳定在 88.2%左右，而日本炼厂开工率波动最为明显，在最低点 80.7%（6 月）和最高点 95.8%（8 月）之间反复震荡。

2017 年 1—5 月世界炼油毛利小幅增长，6—8 月明显增高，9—12 月大幅下滑。其中，1—5 月 WTI 原油裂化毛利基本维持在 8.0 美元/桶的水平，自 6 月开始毛利水平明显提高，从 6 月的 7.7 美元/桶增至 9 月的 16.0 美元/桶，随后持续下滑至 12 月的 10.1 美元/桶；1—9 月，新加坡迪拜原油裂化毛利持续增长，7.8 美元/桶增至 9 月的 11.5 美元/桶，增长接近 50%，随后持续降至 12 月的 8.9 美元/桶；自 1 月以来，西北欧布伦特原油裂化毛利小幅震荡上升至 9 月的 9.4 美元/桶，随后持续降至 12 月的 5.3 美元/桶，毛利水平降幅为全球三大炼油中心最高。

（二）2017 年国际成品油消费量及价格

2017 年第一季度以来，以美国为主的北美地区成品油消费量持续增长，从第一季度的 2462 万桶/天增至第三季度的 2516 万桶/天，随后有所下降，降至第四季度的 2508 万桶/天；全年成品油消费量为 2497 万桶/天，较上年增加 23 万桶/天，增幅达到 0.9%。北美地区成品油消费以汽油、柴油、液化石油气和煤油为主，2017 年全年消费量分别为 935 万桶/天、397 万桶/天、255 万桶/天和 171 万桶/天。价格方面，除 9 月各类成品油价格大幅上涨外，2017 年全年北美地区各类成品油价格小幅震荡，基本趋于稳定；较上一年，2017 年北美地区汽油、柴油、液化石油气和煤油价格均大幅上涨，分别为 74.4 美元/桶、62.3 美元/桶、68.8 美元/桶和 66.1 美元/桶。

2017 年第一季度以来，以德国、法国、意大利和英国为主的欧洲地区成品油消费量持续增长，四个季度消费量分别为1454万桶/天、1484万桶/天、1531万桶/天和1507万桶/天；全年成品油消费量为1494万桶/天，较上年增加20万桶/天，增幅达1.4%。2017年，欧洲成品油消费以汽油和柴油为主，消费量分别为326万桶/天和104万桶/天，二者较上年均小幅降低，降幅分别达2.7%和2.9%。价格方面，9月，欧洲汽油价格达到顶峰随之大幅下降，全年均价为75.1美元/桶，其余成品油价格较为稳定，柴油、煤油和燃料油全年均价分别为66.4美元/桶、66.8美元/桶和48.7美元/桶。

2017年前两个季度，以中国、日本和澳大利亚为主的亚太地区成品油消费量小幅下降，从第一季度的2048万桶/天降至第三季度的2012万桶/天，降幅达到1.8%，随后持续上涨至第四季度的2095万桶/天；2017年全年成品油消费量较上年大幅提升，从2016年的1992万桶/天增至2017年的2044万桶/天，增幅达到2.6%。其中，中国成品油消费量增幅表现较为明显，2017年全年消费总量为1228万桶/天，较2016年同比增加48万桶/天，增幅达4.1%，液化石油气、汽油和柴油消费量分别增加7万桶/天、21万桶/天和24万桶/天。价格方面，亚太地区各类成品油价格较为稳定，汽油、煤油和柴油全年均价分别为68.0美元/桶、65.3美元/桶和66.3美元/桶。

（三）2017年影响国际石油流通业发展的主要因素

石油流通行业主要涉及成品油生产、运输、储存及销售等环节，因此其发展不仅受经济、政治等宏观环境的影响，还将受到原油供需平衡、能源结构调整及产业结构升级等中观因素影响，此外，石油流通相关企业、技术创新等微观因素也将对石油流通行业的发展产生重要影响。因此，下述内容将从宏观、中观及微观三层面阐述并分析影响2017年国际石油流通业发展的主要因素，为展望国际石油流通业未来发展提供理论依据。

2017年，复杂的国际政治环境进一步加剧国际石油流通市场波动。2017年，国际政治环境较为复杂，多国大选、政权更迭、战乱不断、恐怖袭击频发等一系列国际大事件均对国际石油流通业的发展产生影响。其中，欧佩克组织减产协议实施、特朗普政府退出《巴黎气候协议》以及中东地缘政治恶化对2017年国际石油流通业发展的影响更为明显。2017年，全球多国开始通过政策调控减少对传统化石能源依赖，势必冲击国际石油流通行业发展。其中，全球多国已开始逐渐淘汰燃油车，以更加清洁的电动或混合动力汽车取代，并制定相关时间表，如荷兰和挪威设定最后期限为2025年，德国和印度为2030年，英国和法国都是2040年。此外，中国也已经开始研究制定传统燃油汽车停产停售时间表。2017年，全球经济复苏，仍是促进国际石油流通业发展的关键因素。欧佩克数据显示，2017年全球经济仍保持缓慢复苏态势，GDP增速3.2%，较上年增加0.2个百分点；经济复苏拉动了全球成品油需求量，促进相关产业发展，从而有效促进国际石油流通业的发展。

2017年第二季度以来，世界原油供需基本面转变，刺激国际原油价格，进而影响国际石油流通市场。2017年第一季度，OPEC国家减产难抵美国等非OPEC国家大举增产，世界石油市场延续供需宽松基本面，供大于求达到40万桶/天；自第二季度开始，世界石油供需基本面开始转变，由供大于求转变为供不应求。受国际原油供需基本面转变影响，国际油价波动明显，进而影响国际石油流通市场。2017年，受可再生能源拉动全球能源结构清洁化进一步加速，进而影响国际石油流通业发展。2017年，清洁能源在全球一次能源消费结构中的比重持续增长，化石能源比重进一步下降。据国际能源署（IEA）统计，2017年全球清洁能源占比相较于2016年上升1.6个百分点，其中，核电下降0.4个百分点，水电上升0.7个百分点，可再生能源发电上升1.3个百分点。

2017年，炼化技术创新，全球炼油业落后产能进一步淘汰，促进国际石油流通业发展。另外，相较于2016年，2017年全球在清洁能源技术创新方面取得进一步发展，如人工光合作用、太阳能热光伏电池、钙钛矿太阳能电池、碳储存以及二氧化碳转化为乙醇等。清洁能源技术的使用，促进清洁能源的快速发展，使得世界主要能源消费国逐渐摆脱对化石能源的依赖，进而促进对世界石油流通行业的发展。

（四）2018年世界石油流通行业发展展望

1. 世界原油加工量将进一步提高，炼油毛利有望保持较好水平

2018年，受全球石油供需两端同时增加影响，世界原油加工增加量将有望进一步提高，全年加工量较2017年将小幅增长。其中，新增炼油能力仍将来源于北美及中东地区，而淘汰炼油能力来自于中国等亚太地区。此外，受供需基本面及油价影响，世界炼油毛利在2017年第四季度大幅下滑，预计2018年开始，炼油毛利将小幅回升，全年平均炼油毛利将有望保持较好水平，其中美国炼厂炼油毛利将保持在全球三大炼油中心首位。

2. 世界成品油消费将延续增长态势，各类油品价格小幅上升

2018 年，预计世界成品油需求增速放缓，但仍保持小幅增长。以美国为例，预计将从 2017 年的 1985 万桶/天增至 2018 年的 2026 万桶/天，增长 2.1%，增速较 2017 年将增加 1.3 个百分点。其中，汽油、煤油和柴油预计分别达到 935 万桶/天、402 万桶/天和 168 万桶/天。各类油品价格将延续上年增长态势小幅增长，预计汽油年均价格从 2017 年的 2.40 美元/加仑增至 2018 年的 2.45 美元/加仑，柴油价格由 2017 年的 2.65 美元/加仑增至 2018 年的 2.83 美元/加仑，燃料油价格由 2017 年的 2.51 美元/加仑增至 2018 年的 2.71 美元/加仑。

3. 可再生能源将加速能源结构清洁化，进一步冲击世界石油流通业

2018 年，预计全球经济仍处于低缓复苏状态，全球能源消费仍将处于平台期，保持小幅增长，预计达到 135.8 亿吨油当量，同比增长 1.2%，增速较 2017 年同样提高 0.2 个百分点。全球技术创新和政策调控下，受可再生能源的拉动，清洁能源在全球一次能源消费结构中的比重将持续增长，化石能源尤其是煤炭比重进一步下降，预计提高 2 个百分点。其中天然气和核能需求量将呈缓慢增长态势，而受到技术创新、政策调控等多方面扶持的可再生能源消费量将快速增长。全球清洁能源的发展势必冲击世界石油流通行业，主要体现在炼油业、原油贸易及成品油消费等方面。

二、国际宏观环境及对中国石油流通业的影响

（一）2017 年国际政治环境分析

2017 年国际政治混乱而繁忙。多国大选、政权更迭、战乱不断、恐怖袭击频发，世界格局开始从一国独大走向多强制衡。

1. 多国大选、政治格局面临改变

（1）英国脱欧及首相大选。

2017 年上半年一项大事件就是英国脱欧和之后的脱欧谈判。英国脱欧程序分为两个阶段：第一阶段是“离婚”谈判，处理英国退出欧盟的事宜；第二阶段是建立新的经贸合作安排，重构英国与欧盟的关系，换言之，“先破后立”。如果双方无法达成“软脱欧”，“硬脱欧”则影响深远：脱欧必然导致脱欧情绪蔓延，这是对欧盟的沉重打击，一旦欧盟分崩离析，将导致世界政治、经济格局发生剧烈变化；对英国本身而言，苏格兰和北爱尔兰分裂势力将利用英国脱欧的契机，争取重回欧盟的怀抱，必然导致英国政治形势的动荡，成为地区不稳定的因素；经过几十年的一体化，英欧经济已高度融合，利益相互交织，英欧在商谈建立新的经贸关系时能否互谅互让，有予有取，世界都在等待。

6 月 9 日英国大选结果揭晓，特雷莎梅领导的保守党获得 318 个议员席位，虽继续成为议会第一大党，但议席无法达到过半数所需的 326 席，英国出现“悬浮议会”。按照惯例，此种局面可由筹组联合政府、组建少数派政府或重新选举三种方式来解决。由于本次大选是去年 6 月英国公投决定“脱欧”后举行的首次大选，选举结果将对英国政局走势和“脱欧”进程产生重要影响。

（2）德国总理大选。

当德国大选在 9 月 24 日尘埃落定，默克尔如普遍预期的那样有望开启第四个总

理任期后，人们对欧盟的未来发展反而又多添了一份忧虑。从大选结果来看，两大执政党基民盟/基社盟和社民党不如人意，而几个小党普遍崛起，尤其是德国选择党异军突起，不仅如期越过了5%的门槛，使得德国联邦议院首次有右翼民粹政党占位，而且取得了12.6%的得票率，成为议会内的第三大党。眼见德国这样一个稳健和反思型国家无法对右翼民粹政党的侵袭“免疫”，无疑会再次鼓舞欧盟其他国家的右翼民粹主义势力，从而为欧盟未来的不确定前景平添一层阴影。不仅德国选择党将来会在联邦议院里毒化有关德国欧洲政策的讨论，使得各党无法在欧洲政策上达成共识，而且也必须看到，默克尔新政府自身的行动能力也将受到限制。

（3）法国总统大选。

随着代表中间派的“前进”运动候选人埃马纽埃尔·马克龙当选新一任法国总统，法国——这个站在欧洲十字路口的国家翻开了新的一页。2017 年的法国大选，一直吸引着全世界的目光，从多位重量级候选人在初选阶段出局，到轮流执政的社会和共和党候选人未能进入第二轮，再到极右翼和极左翼在选战中的突出表现，此次大选给法国留下了一道深刻的历史痕迹。在欧盟危机重重、反全球化浪潮此起彼伏的当下，此次法国大选对欧洲政治、世界政治格局的影响不言而喻。从表面看，欧盟暂时止住了离心倾向，但深层次的民粹主义泛滥、极端主义沉渣泛起、恐怖主义虎视眈眈，无时无刻不在考验着法国领导人和其身后的欧盟政客。

（4）其他国家和地区大选情况。

韩国总统选举：随着文在寅当选韩国总统，这个被大国环绕的国家迎来了新的时期。韩国的主要危险来自于他的北方邻国，三八线上的剑拔弩张，使得它无时无刻都得紧随美国的步伐，但这样又会进一步加剧地区局势的紧张，形成一个无限循环的死结。因引进萨德问题，中韩之间矛盾重重；因岛屿争端、慰安妇问题，韩日之间彼此防备、互不信任。文在寅的各种内政外交政策不同于前任政府，而是在国内各方势力之间、各大国之间寻求一种战略平衡，但这一目标实现起来难度不小，将考验其政治智慧。

泰国总理选举：泰国总理巴育上将表示，将在 2018 年 11 月举行大选，具体选举日期将在 2018 年 6 月宣布。随着选举日期的一步一步临近，泰国内各势力必将掀起新一轮的博弈，红衫军、黄衫军、泰军方、南方州府分裂势力将会以何种形式影响政治格局，大家拭目以待。泰国作为东南亚地区重要国家，中国“一带一路”战略重要节点，它的一举一动势必影响着东南亚地区的稳定。

日本众议院选举：安倍首相解散众议院提前大选，执政联盟以压倒多数获胜。获胜之后，日本势必在修宪的道路上越走越远。同时与中国等域内国家在东海、南海等热点问题上的纷争，会愈发朝不确定的方向发展。

在非洲，因其沉重的历史、尴尬的国际市场定位、纷乱的种族关系和无孔不入的各方势力，其选举往往并不代表着希望与安定，而有可能是持续的动荡和不宁。非洲依据政治、民族、宗教等因素大体可划分为北非和撒哈拉以南非洲这两块区域。北非地区是世界能源供应板块中重要的一员，也是阿拉伯世界的重要组成部分。自2011年阿拉伯之春以来，域内国家始终遭受政治动荡、经济停滞、恐怖主义横行的威胁，甚至战乱不断、民生凋敝（利比亚）。而撒哈拉以南非洲国家经济虽有一定发展，但国内依旧存在政局不稳、反政府组织层出不穷、社会贫穷、安全形势持续恶化的困境。

2. 战乱不断、恐怖袭击频发、国际安全形势严峻

（1）中东战火频仍。

中东地区主要焦点有两处，一是反恐战争：斗争的各方包括以叙利亚、伊朗、黎巴嫩真主党和俄罗斯为代表的叙利亚政府军与伊斯兰国恐怖分子、伊拉克政府军与伊斯兰国恐怖分子、以美国为首的反恐联盟与伊斯兰国恐怖分子、库尔德武装与伊斯兰国恐怖分子，同时牵扯在内的力量还包括以色列、海合会（意见不一）、土耳其以及多如牛毛的反阿萨德武装。各方势力及其代理人势力范围犬牙交错，形成极其复杂的军事关系网。进入2017年之后，由于俄罗斯的强力介入，叙利亚战场形势逐渐明朗，伊斯兰国已如强弩之末，各方势力态度已经日趋明朗，叙利亚政府军和反政府武装之间的冲突势必会成为今后战场的主导，而库尔德独立运动也牵扯各方的神经，总之，叙利亚这块苦难的土地上，局势的动荡依然会持续下去。二是以沙特为首的海合会成员对也门胡塞武装的战争：沙特与伊朗这两个中东地区大国在也门胡塞武装这个问题上，多番交手；以沙特为首的多国联军在战场上始终没有取得优势，战争还会持续下去，中东依旧处在不安与动荡之中。

（2）非洲内乱不断。

自20世纪60年代以来，非洲的独立运动风起云涌，随之而来不仅有国家独立、民族解放还有持续不断的动荡。据不完全统计，非洲各国发生的政变共有200余次。进入2017年，非洲的动荡依然持续，利比亚各方之间的纷争依旧持续、索马里依然

危机四伏、苏丹南部和达尔富尔地区依旧不平静、南苏丹政府军与反政府武装依旧严重对峙、肯尼亚仍然受到恐怖主义和国内政治集团对立的威胁。作为世界重要的能源供应地，非洲局势严重影响着国际市场。

（3）欧洲、北美及其他地区恐袭四起。

欧洲国家紧靠中东，时刻受到国际恐怖主义势力的威胁，而欧洲难民危机持续和伊斯兰国恐怖分子回流必然加剧欧洲遭受恐怖袭击的概率。美国的高压反恐政策使得输入性恐怖袭击日趋减少，但独狼式恐怖袭击却时有发生。

3. 世界格局开始从一国独大走向多强制衡

（1）美国依然是第一强国。

美国的经济军事实力依然稳居世界第一，但其影响力和控制力却在逐渐下降。新任总统特朗普依旧没有清晰地阐述其亚太战略，使得美国在亚洲的盟友们疑虑重重；而财政经费的捉襟见肘，使得美国不断收缩其战略要点，把盟友推到亚太地区争夺的第一线，部署萨德系统就是这种战略收缩的集中体现。不过从长远来看，欧洲和中东依旧是其战略的中心，武力、欧洲盟友、石油和美元是维持其霸权的有力保障。

（2）世界其他主要国家的发展。

欧洲的衰落：进入新世纪的欧洲，主体民族人口比例不断降低，随着近期中东、非洲移民的大量涌进，民粹主义倾向愈发明显；而经济的持续不景气，又造成离心化倾向有了更大的市场，各种分裂势力死灰复燃，英国、法国、德国都不能幸免。作为整个欧洲家长的欧盟步履维艰并时刻受到美国政策的影响。

俄罗斯的挣扎：作为世界传统强国，俄罗斯自乌克兰危机以来始终受到美国和欧洲的经济制裁，国际原油价格暴跌，造成其收入急剧减少，货币贬值、经济陷入困境，而北约的东扩又严重压缩了俄罗斯的战略安全空间。为了应对这种不利局面，俄罗斯一方面加强与中国的原油合作、扩展市场，另一方面利用输欧天然气为筹码与欧洲各国讨价还价；军事上与伊朗合作直接介入叙利亚危机，坚守在中东最后一个战略据点。自年初以来，俄罗斯在经济上有所起色，军事上叙利亚战场逐步向好，但其外部压力始终没变，会继续在挣扎中前进。

日本的愿望：在全球经济复苏的大背景下，日本的经济也呈现不断复苏的迹象，这也给了安倍政府突破和平宪法的底气。日本究竟会走到哪一步，一方面取决于日本民众，另一方面取决于美国的态度。日本的梦想是成为正常国家，它必然会在这条修宪的道路上笃定地走下去。

印度的梦想：作为除中国之外世界上最大的发展中国家，印度近年来的发展取得了举世瞩目的成绩。印度的目标是成为一个有声有色的大国，而它的体量会支撑它实现这个梦想。但是其内部错综复杂的政治派系、与北方邻国的领土纠纷、与巴基斯坦之间的势成水火，都会对它的发展埋下阴影。

（3）中国供给侧改革持续深化，经济发展转向高质量。

作为世界上第二大经济体，中国拥有广阔的市场和无与伦比的生产能力。她的一举一动都深刻影响着世界政治、经济格局。特别是“一带一路”战略的提出，更进一步加深了中国与世界经济的联系，而内部的深化改革，又不断地为这种发展提供源源不断的动力。但在现有的逆全球化的浪潮中，经济如何实现高质量发展，如何继续保持自身可持续的健康，同样是摆在国家领导人面前的难题。

（二）2017 年国际经济环境分析

1. 世界经济保持复苏势头，下半年向好态势愈加明显

国际货币基金组织多年以来第一次在年度中间提高了对全球经济增长的预测，从 3.4% 调到 3.5%，尽管只是 0.1 个百分点的增加，但是它反映了全球经济的走势。回顾过去几年，在年度中间国际货币基金组织几次下调全球的经济增长率，而 2017 年是多年来第一次在年中上调全球经济增长率。美国经济缓慢复苏，但动力依然强劲。中国国民经济全面企稳，但下行压力依然较大。欧洲各国经济低速运行，但对扩大宽松表示谨慎。联合国发布《2018 年世界经济形势与展望》报告，全球经济增长趋强，中国贡献约占三成。

2. 地区经济的不确定、不稳定因素依然很多

美国的税改、缩表和加息政策不明朗，对世界经济影响有待观察；欧洲正在逐步走出欧债危机的影响，但欧元区各国国内经济政策的不一致性会对欧元区的复苏造成怎样的影响还未有定数。中国一直面临提振实体经济的压力，去产能、去杠杆、去泡沫化、减轻对房地产的依赖，振兴东北、产业升级、引领创新型经济，机遇与危机并存。2017 年以来原油价格持续回升，已在 55—60 美元之间徘徊。大宗商品价格高位震荡，经济下行风险增大。

（三）2017 年国际政治经济环境对中国石油流通业的影响

1. 世界政治格局的不稳定加剧国际石油流通市场和油品价格波动

2017 年 1 月 20 日特朗普宣誓就任美国总统。短期来看，特朗普上任后的施政走向可能改变美国乃至全球的经济、政治格局，给投资者带来不确定性。长期来看，特朗普青睐石油、天然气等化石能源，但美国原油产量回升将使石油市场再平衡之路遇阻，不利于油价回升。但值得注意的是，不排除特朗普上台后会采取一些抬升油价的举措。例如特朗普反对伊核协议，对朝鲜政策前景堪忧，不排除对伊朗石油行业和朝鲜制裁，从而加剧国际石油市场和油价波动。

2. 全球经济复苏带来成品油需求温和增长、成品油价格上行

2017 年，全球经济延续缓慢复苏，经济增速从 2016 年的 3.1% 提高至 3.2%，但存在美联储加息、英国脱欧继续发酵、新兴经济体经济下行等风险因素，同时低油价对需求的边际拉动效应将继续减弱。2017 年世界成品油需求继续温和增长，比上年增加 130 万桶/日，与 2016 年增幅基本持平，非经合组织国家仍将是需求增长的主要来源。

全球经济复苏，中国经济积极向好，中国国内原油、成品油需求旺盛。各国一系列环保政策的出台，势必会增加相关企业的制造成本，会推动成品油品质的提升和成本的增加，造成成品油价格上行。

三、中国宏观环境及石油流通产业政策分析与展望

(一) 2017 年中国宏观环境及对石油流通行业影响

1. 中国宏观经济运行情况

2017 年中国经济增长韧性较强、结构调整持续推进。2017 年，国内生产总值现价827122 亿元，同比增长 6.9%，高于 2016 年的 6.7%，连续 10 个季度运行在 6.7% ~6.9%的中高速增长区间。在房地产调控、金融去杠杆持续实施的背景下，2017 年宏观经济增速展现出较强的抗压能力。消费的基础性作用有所增强，增长结构持续改善。工业对 GDP 增长的拉动在四个季度分别达到 2.2%、2.2%、2.1%和 2.1%，贡献率分别达到了 31.5%、31.8%、31.0%和 30.9%；批发和零售业对 GDP 增长的拉动作用仅次于工业，在四个季度分别达到 0.7%、0.7%、0.7%和 0.7%，贡献率分别达到了 10.8%、10.3%、10.0%和 9.8%，均高于 2016 年的同期水准；建筑业对 GDP 增长的拉动在四个季度分别达到 0.2%、0.3%、0.3%和 0.3%，贡献率分别达到了 3.5%、4.5%、4.3%和 4.1%，均低于 2016 年的同期水平；此外，第三产业对 GDP 增长的拉动在四个季度分别达到 4.3%、4.1%、4.0%和 4.1%，贡献率分别达到了 61.7%、59.1%、58.8%和 58.8%，均高于 2016 年的同期水平。

(1) 投资增速总体下行。

固定资产投资增速趋缓，分类投资中，房地产投资热情不足，民间固定资产投资增速小幅上涨，第二产业拉动作用最大，基建投资增速有所下降。房地产投资热情不足，去库存效果明显同时量跌价微升。1—12 月房地产市场中新开工面积增速有小幅上升，增速为 7.0%；竣工面积增速有明显下降，增速为 -4.4%，12 月延续上月负增长趋势并达到 2016 年以来最低水平。1—12 月房屋施工面积累计同比增长

3.0%，较前值下降0.1个百分点。销售端，商品房销售面积持续下滑，达到2016年以来的最低点，销售额稍有回暖，比1—11月上升1个百分点，住宅销售额上涨1.4个百分点达到11.3%，或是因为二三线城市房价略有上涨所致。房地产去库存效果显著，1—12月商品房待售面积累计同比减少15.27%。1—12月民间固定资产投资累计增速6.0%，前值5.7%，增速上升0.3个百分点，一改6月以来的下跌趋势。分行业来看，第二、第三产业增速上升，其中第二产业增速涨幅较大，较前值上升0.6个百分点。其中石油和天然气开采业、建筑业降幅收窄，较前月分别上涨5.7和4.4个百分点至-13.7%和-11.9%；铁路运输业波动仍较大，下跌9.4个百分点至-4.5%；电力、热力的生产和供应业延续下跌趋势，下跌1.7个百分点至3.3%。基建投资增速继续下滑，1—12月基建投资累计增速为14.93%，较前值下降0.9个百分点；不含电力、热力、燃气及水生产和供应业基建投资同比增速为19.0%，较前值下降1.1个百分点。道路运输业、公共设施管理业、水利管理业、铁路运输业投资增速均下跌。或因今年财政支出进度明显快于往年，预算支出在前期落实增多，后期支出量相应减小，基建投资难以逆转下降趋势。

（2）消费保持整体平稳走势。

2017年CPI同比走势呈不对称“V”形。1月份，因“春节错月”影响，CPI同比上涨2.5%，为全年高点；2月份节日因素消退，迅速回落至0.8%，为全年低点；3月份后各月在0.9%~1.9%之间波动上涨。全年1.6%的平均涨幅，低于2016年，延续了2012年以来涨幅低于3%的态势，属温和上涨。

食品价格下降是CPI涨幅回落的主要原因。2017年，食品价格下降1.4%，是2003年以来首次出现下降，影响CPI下降约0.29个百分点。食品价格较低既有鲜活食品价格周期性波动的原因，也有天气等自然因素的影响，上年对比基数相对较高也是原因之一。猪肉价格全年持续低位变动，在1月份同比上涨7.1%后，连续11个月同比下降，最低降幅达16.7%，全年下降8.8%。主要原因是前期市场价格较高，2015年和2016年猪肉价格涨幅分别达9.5%和16.9%，拉动养殖效益好转。随着养殖规模扩大，市场供应增加，价格又迅速回落下来。鲜菜价格受天气影响变化明显，2017年整体气候条件较为适宜，鲜菜供应比较充足，价格下降8.1%。相比较，2016年年初全国大部分地区遭遇大风降温和雨雪天气，鲜菜价格涨幅较大，全年上涨11.7%，客观上也提高了2017年的对比基数。鸡蛋价格全年波动较大，上半年鸡蛋价格下降较多，同比降幅最大达到17.1%。主要原因是前期蛋鸡存栏量较高，价格持续走低。下半年开始恢复性上涨，12月份同比涨幅高达13.7%，但全年平均价格仍比上年下降4.5%，连续第三年下降。猪肉、鲜菜和鸡蛋三项合计影响CPI下降约0.49个百分点，是食品价格下降的主要原因。其他食品价格涨跌互现，保持基本平稳，粮食、水产品、牛羊肉和鲜果等价格小幅上涨，食用油和禽肉等价格略有下降。

(3) 外贸形势延续向好态势。

2017年，中国货物进出口总额同比增长14.2%，彻底扭转了2016年同期大幅下降的局面。其中，货物进口额同比增长18.7%，货物出口额同比增长10.8%。据世界银行测算，2017年1—11月份，中国货物进出口总额占世界货物进出口总额的比重为8.8%，高于2016年同期占比。中国对外贸易好转不仅对世界贸易产生积极影响，也对世界经济稳定复苏做出了贡献。具体来看：第一，来自新兴经济体和美国的出口需求最为强劲，中国对这些地区的出口增速大幅增加；第二，上半年人民币持续贬值和基数效应共同导致了出口价格的增长，2016年同期进出口增速较低，因此，2017年进出口的高速增长可部分归因于基数效应；第三，加工贸易出口的回升趋势好于一般贸易出口。

(4) 居民收入增速扭转近年回落态势，城乡居民间收入差距继续缩小。

居民收入增速扭转近年回落态势。2017年，全国居民人均可支配收入实际增速比2016年加快1.0个百分点，扭转了居民收入增速近年来的回落态势。其中，城镇居民人均可支配收入实际增速比上年加快0.9个百分点，农村居民人均可支配收入实际增速比上年加快1.1个百分点。

城乡居民间收入差距继续缩小。按常住地分，城镇居民人均可支配收入36396元，比2016年实际增长6.5%；农村居民人均可支配收入13432元，实际增长7.3%。农村居民人均可支配收入实际增速高于城镇居民0.8个百分点。城乡居民收入比由2016年的2.72下降为2.71，城乡居民间收入差距继续缩小。

(5) 货币政策维持稳健中性，财政政策持续发力。

2017年度央行货币政策保持了稳健中性的基调。央行以“维持流动性基本稳定”为中心开展操作，通过灵活运用多种公开市场工具“削峰填谷”，保持市场资金面“不松不紧”。十九大报告提出要健全金融监管体系，守住不发生系统性金融风险的底线。监管层将继续探索货币政策和宏观审慎政策双支柱调控框架，进一步强化金融业监管，坚决抵御和化解金融风险，维护系统性金融稳定。着眼于防范部分区域房地产泡沫、人民币汇率大幅波动等可能的金融风险，央行将维持稳健中性的货币政策基调，保持流动性基本稳定。此外，政府将继续实施积极财政政策，在减税费、稳支出、保民生和控债务等方面持续发力。

2. 中国能源行业状况

（1）能源消费持续回暖。

能源消费回暖，增速全面回升。全国能源消费增速从2015年的1%、2016年的1.4%，提高到2017年的2.9%。用电行业需求回暖，电能替代加快推进，用电增速大幅回升。在工业生产回暖、火电增发等因素带动下，煤炭消费结束持续3年的负增长。煤炭受去产能政策和先进产能释放影响，2017年产量34.5亿吨，比2016年增长3.2%。2017全年进口原煤2.7亿吨，比上年增长6.1%。国内煤价继续保持中高位运行，2017年底环渤海动力煤价格指数为578元/吨，与年初592元/吨相比下降了14元/吨。原油受国际市场原油价格低位运行和缓慢回升等因素影响，产量持续下降，2017全年生产1.9亿吨，下降4.0%；原油进口4.2亿吨，增长10.1%。天然气供需两旺，全年产量1474.2亿立方米，增长8.5%。

物流运输和工业生产带动柴油消费小幅回暖，扭转了2016年负增长的局面。居民消费升级拉动汽油、煤油需求持续向好，化工轻油继续保持旺盛需求；北方地区清洁取暖工程加快推进，各地“煤改气”力度加大，非居民气价下调，城市燃气、发电用气、工业燃料、化工用气需求全面增长，2017年天然气实现四年来首次两位数增长。

（2）能源结构持续优化。

随着能源消费革命不断深化，国家治理大气环境、控制煤炭消费总量等措施的进一步落实，我国用能方式不断改善，能源利用效率不断提高，非化石能源对煤炭的替代作用不断增强，能源清洁高效利用成效进一步显现，能源消费结构明显优化，节能降耗取得新成效。单位产品能耗多数下降。经初步统计，2017年，39项重点耗能工业企业单位产品生产综合能耗指标中八成多比上年下降。其中，合成氨生产单耗下降1.5%，钢综合能耗下降0.9%，粗铜生产单耗下降4.9%，火力发电煤耗下降0.8%。能源消费结构明显优化，经初步核算，2017年，全国能源消费总量比上年增长约2.9%。天然气、水电、核电、风电等清洁能源消费占能源消费总量比重比上年提高约1.5个百分点，煤炭所占比重下降约1.7个百分点。节能降耗取得新成效，经初步核算，2017年，全国单位GDP能耗下降约3.7%，顺利完成全年下降3.4%的目标任务。

（3）能源供给侧改革不断深入。

供给侧结构性改革深入推进，能源供给质量有所改善。一是煤炭去产能工作顺利推进，超额完成年度去产能目标任务，先进产能建设有序推进；二是防范化解煤电产能过剩风险取得阶段性成果，煤电建设速度明显放缓，2017年全国主要发电企业煤电建设投资同比下降，煤电新投产装机同比减少，利用小时数和发电量同比增加，调控成效正在逐步显现；三是成品油质量升级加快推进，继2017年初开始在全国范围供应国Ⅴ标准车用汽柴油后，7月1日起全面供应含硫量不大于50ppm的普通柴油，京津冀及周边地区“2+26”个城市已经提前供应国Ⅵ标准车用汽柴油；四是弃风率、弃光率有所下降。

（4）清洁能源快速发展，能源进口继续较快增长。

2017年可再生能源已成为我国新增电力的主力，清洁能源替代作用日益凸显。2017年，我国可再生能源行业整体发展形势向好。受宏观经济稳中向好，供给侧结构性改革拉动工业用电回暖，以及夏季高温等影响，电力需求增长较快，全年发电62758.2亿千瓦时，增长5.7%，加快1.2个百分点，其中水电、核电、风电、太阳能发电比重比上年提高0.9个百分点。此外，新能源开发正从资源集中地区向负荷集中地区推进，新能源集中与分散发展并举的格局正逐渐形成。

3. 中国宏观环境对石油流通行业影响

（1）民间投资加强，成品油市场主体多元化。

随着中国成品油市场逐步开放，民间投资比重快速上升，投资方式更加灵活，民营石油企业市场地位和作用将不断增强，成品油市场主体趋于多元化。网络商品消费等新业态快速发展，“互联网”模式进一步扩展、移植，影响并推动大宗商品电商平台的发展。成品油零售行业的终端加油站成为民营投资的关注点。随着市场竞争加剧，社会主义市场经济体制逐步完善以及更加公平的制度和政策环境下，民营企业的主体地位将进一步加强。

（2）交通物流业发展迅速，助成品油需求上升。

新能源汽车发展快速，但是总量较小，对成品油消费造成影响较小。随着原油对外依存度逐步增加，我国能源消费结构面临转型。新能源汽车节能减排性能良好，在国家政策的支持下，得到快速发展。新能源汽车保有量不断增加，但总量较小，2017 年对成品油的替代影响不足 1%。

实物网上商品消费总量增长迅速，推动交通物流业快速发展，促进汽油和柴油消费量提升。随着我国居民收入的持续增长，消费结构的不断优化，以及政府推动的十大扩消费行动等一系列政策措施的落地实施，消费市场发展呈总量扩张、结构升级的态势。网上实物消费的快速增长，促进电商、快递和外卖等新兴行业发展，从而加大交通物流业对成品油的消费。

（3）去产能效果初显，成品油供应增幅放缓、价格上升。

随着供给侧改革的推进，炼厂去产能工作的不断落实，落后的炼油装置逐渐被淘汰，成品油供应量增幅下缓。主营单位炼厂开工率高位回落，成品油产量增幅放缓，国内柴油资源整体保持略紧状态。同时，成品油贸易出口配额下发，主营炼厂为保证出口任务，系统资源外流量加大，国内资源供应缺口将继续增加，成品油供应增幅下降。

在环保督察、清除低效产能及国内需求旺盛等因素下，成品油供需相对紧张，导致成品油价格呈上涨趋势。中央供给侧结构性改革的政策实施成效明显，石油行业“三去一补一降”和结构调整各项工作取得进展，另一方面就是 2017 年商务部下发成品油出口配额，促使国内柴油供应趋紧，助推价格上升。

（4）能源结构优化，加速油品质量升级。

供给侧结构性改革深入推进，能源供给质量提升，加速油品质量升级。加快推进成品油质量升级既有利于改善环境、治理雾霾、促进绿色发展，鼓励支持炼油企业走质量效益型发展道路，也有利于扩大投资和消费，促进产业结构调整与升级。为应对日益严峻的大气污染防治形势，促进能源行业与生态环境的协调和可持续发展，切实改善大气环境质量，我国相继出台《大气污染防治行动计划》等系列政策措施，部署加快成品油质量升级国家专项行动。在油品升级的进程中，以汽、柴油质量升级为着力点，按照“政府引导、市场推动、保障供应、强化监管”的思路，建立加快成品油质量升级工作机制，督促炼油企业升级改造，加强行业监管，切实保障市场供应，扎实推进实施成品油质量升级。

（5）浙江石油成立，促进油品贸易自由化。

2017 年 9 月 29 日，浙江省石油股份有限公司成立。该公司注册资本为 110 亿元，由浙江省能源集团有限公司控股设立。组建浙江石油是浙江省委省政府积极实施国家打造中国（浙江）自贸区油品全产业链、实现人民币国际化战略的重要举措，为我国油品贸易自由化提供了新思路。新组建的浙江省石油公司将担负浙江省成品油的稳定安全供应的责任，主要从事原油、成品油、燃料油进出口，参与国内原油、船供油、成品油市场开发与加工利用，参与境外石油资源开发开采，并围绕海上燃料油加注、油品储运贸易、油品零售“三大”发展方向，逐步形成以海上船供油为重点、成品油储备为基础、成品油批发零售为主导、原油储备贸易为支撑、航空煤油销售为补充的“五大”业务布局，成为保障浙江省油源供应的重要渠道和推动中国（浙江）自贸试验区建设的中坚力量。

（6）山东炼化成立，促进炼化行业转型升级。

2017 年 12 月由核心骨干独立炼厂企业牵头发起，以市场化运作方式组建的山东炼化能源集团正式成立，成为山东省炼化行业转型升级的重要转折点。集团成立后将主要从投资高端产业项目、盘活成员企业存量资产、推进产业并购、国际贸易、国际投资等方面开展业务。独立炼厂的合作也从原先的进口原油采购扩展到了统一储运和零售终端领域。山东炼能集团负责原油和成品油的采购销售以及储运物流，配套建设仓储、管道、码头等物流设施，各股东单位负责组织生产、经营除成品油以外的其他产品。总体来看，山东炼化能源集团最大问题是各炼厂产品基本为汽油柴油，加之目前成品油出口配额收紧，面临着去“同质化”的严峻考验。

（二）2017 年中国石油流通产业政策

1.《石油发展“十三五”规划》出台

2017 年 1 月，国家发展和改革委员会印发《石油天然气发展“十三五”规划》，提出六大重点任务：加强勘探开发保障国内资源供给，推进原油、成品油管网建设，加快石油储备能力建设，坚持石油节约利用，大力发展清洁替代能源，加强科技创新和提高装备自主化水平。

《规划》指出，协调推进国家石油储备基地收储工作。积极利用符合规定的企业库容代储国家储备原油。鼓励社会资本参与商业仓储设施投资运营。尽快出台《国家石油储备条例》，建立企业义务储备，推动建立完善政府储备、企业义务储备和企业生产经营库存有机结合、互为补充的储备体系，多方式、多途径提高国家石油保障能力。

《规划》指出，持续开展工业、交通和建筑等重点领域节能，推进终端燃油产品能效提升和重点用能行业能效水平对标达标。实施内燃机、锅炉等重点用能设备能效提升计划，推进工业企业余热、余压利用。实施更加严格的燃油标准。加快发展轨道交通和水运等资源节约型、环境友好型运输方式。

《规划》指出，大力推广电能、天然气等对燃油的清洁化替代。积极支持天然气汽车、船舶发展，加快电动汽车等节能环保和新能源汽车应用。在“禁煤区”将排放不达标的燃油工业锅炉和窑炉列入禁燃范围，重点开展20蒸吨/小时以下的燃油工业锅炉天然气、电能替代。实施港口气化示范工程，推广港口岸电系统。

2. 推进油气管网规划建设

2017年5月19日，国家发展和改革委员会和国家能源局印发《中长期油气管网规划》。推动“一带一路”油气合作。《中长期油气管网规划》将“一带一路”进口通道作为油气管网布局的重要内容，加强陆海内外联动、东西双向开放，促进沿线国家和地区能源互联互通，提升油气供需互补互济水平。在满足国内油气资源稳定供应的同时，对“一带一路”沿线国家油气资源开发、基础设施建设和相关产业发展起到了较好的带动作用。我国正在推动能源生产与消费革命，加速能源转型进程，发展可再生能源，扩大天然气利用规模，逐步建立以非化石能源为主体的现代能源体系。在这一过程中，我国油气消费总体规模仍将保持快速增长，油气在能源中的地位逐步提高，在一次能源中的占比将从24%增加到约30%。油气管网是保障油气供应的主要基础设施，是实现能源生产与消费革命的重要支撑。

3. 加快成品油质量升级

2017年6月28日，国家发展和改革委员会、公安部、环境保护部、商务部、国务院国有资产监督管理委员会、国家工商行政管理总局、国家质量监督检验检疫总局和国家能源局联合发布公告：（1）严格按时供油，2017年7月1日起，全国全面供应硫含量不大于50ppm的普通柴油，同时停止国内销售硫含量大于50ppm的普通柴油，鼓励有条件地区提前供应硫含量不大于10ppm的普通柴油；（2）保障油品质量，成品油生产、流通、销售企业按照现行国家标准，强化油品质量管理和控制，保障清洁油品市场供应；（3）规范油品标示，加油站（点）按照相关法规和标准要求，明确标注所售柴油产品名称、牌号和等级，明确区分车用柴油和普通柴油［如：0号车用柴油（V）、0号普通柴油等］，以便于消费者选择、政府监管和社会监督。2017 年 9 月 25 日，再次发布公告，补充严格按时供油要求，即 2017 年 11 月 1 日起，全国全面供应硫含量不大于 10ppm 的普通柴油，同时停止国内销售硫含量大于 10ppm 的普通柴油。京津冀及周边地区“2 + 26”城市按照《关于做好“2 + 26”城市提前供应国六标准油品有关工作的通知》有关要求执行。

4. 促进石油流通行业公平竞争

2017 年 10 月，根据《国务院关于在市场体系建设中建立公平竞争审查制度的意见》（国发〔2016〕34 号）要求，国家发展和改革委员会、财政部、商务部、国家工商行政管理总局、国务院法制办会同有关部门研究制定了《公平竞争审查制度实施细则（暂行）》。下一步，国家发展和改革委员会将会同有关部门，督促和指导各地区、各部门进一步健全审查机制、落实审查责任，把公平竞争审查落实到每一项政策的起草和决策过程中，防止再出台新的排除、限制竞争的政策措施。同时，将依法加大执法力度，查处一批典型的滥用行政权力排除、限制竞争案件，使反垄断执法与公平竞争审查形成合力，共同规范行政行为、维护市场公平竞争。

逐步建立并完善公平的市场准入机制，即本着充分发挥市场配置资源基础性作用的原则，循序渐进地开放成品油市场和原油市场，建立适度的市场进入门槛，在原油和成品油的进口、批发及零售等各个环节公平的对待各类投资主体，为各类市场主体的平等竞争创造有利条件，努力创造一个有序的竞争市场，一个平等竞争、一视同仁的法治环境、政策环境和市场环境。

5. 大力推广乙醇汽油

2017 年 9 月，经国务院同意，国家发展和改革委员会、国家能源局等十五部门联合印发《关于扩大生物燃料乙醇生产和推广使用车用乙醇汽油的实施方案》，明确了扩大生物燃料乙醇生产和推广使用车用乙醇汽油工作的重要意义、指导思想、基本原则、主要目标和重点任务。到 2020 年，在全国范围内推广使用车用乙醇汽油，基本实现全覆盖，市场化运行机制初步建立，先进生物液体燃料创新体系初步构建，纤维素燃料乙醇 5 万吨级装置实现示范运行，生物燃料乙醇产业发展整体达到国际先进水平。到 2025 年，力争纤维素乙醇实现规模化生产，先进生物液体燃料技术、装备和产业整体达到国际领先水平，形成更加完善的市场化运行机制。

（三）2018 年中国石油流通展望

1. 宏观经济环境稳中向好，能源消费持续回暖

2018 年中国的经济增速将与 2017 年的水平基本相近，从 2017 年的 6.9% 略微下降到 2018 年的 6.8%，而增长的动力将会更可持续，经济结构将进一步改善。预测 2018 年，固定资产投资增速继续下行。三大类投资中，基建投资增速继续下降，预计从增速 19% ~20% 下降至 16% ~17%。房地产市场正在形成“多主体供给、多渠道保障、租售并举”这一十九大报告提出的新格局。房价快速增长的态势将会从根本上得到改变，租赁市场将得到快速发展。房地产开发投资的增速将从 10% 降至 5% 左右。民间投资将维持上行态势，预计增速将从 4% ~6% 上升到 8%。消费在 2018 年以及未来若干年将形成基本稳定的格局，成为中国经济的保障，预计 2018 年保持 8% ~9% 的实际增速。在当前的国际形势下，中国进出口贸易将呈稳中向好态势。

在经济运行稳中向好、稳中有进的背景下，预期 2018 年能源形势将呈现向好态势。能源消费将持续回暖，预计 2018 年能源消费增速从 2017 年的 2.6% 上升到 2.6% ~2.8%。结构调整步伐加快，钢铁、有色金属、建材、化工四大高耗能行业增速放缓，第二产业能源消费占比下降。随着能源战略革命的推进，能源结构优化和新能源产业将会得到更大的发展。

2. 消费理念逐步转变，燃油替代趋势不变

替代燃料短期内对成品油市场的冲击可控，长期可能产生颠覆性影响。天然气仍是规模最大的替代品种，但是，车用燃气较汽柴油的成本优势将稳中有降，替代量趋于稳定。公众对电动汽车接受程度的提高，加速了电能对汽油的替代。目前制约电动汽车市场的因素是缺少充电桩和车价过高。但是，电动汽车安全性较优、载重较重、制动性好、能量回收效率高以及不限号、不限行等有利因素，极大地促进了电动车的发展。同时，汽车销售总量放缓，减弱对油品消费的拉动作用，成品油总体消费增长放缓。

3. 成品油批零价差将逐步收窄，对现有盈利模式提出挑战

从零售方面来看，独立炼油厂和经销商正加速加油站的布局，外资进入步伐也在加快，未来，直接降价、促销等措施将压缩油品零售利润空间；从资源运作趋势来看，国企正加大出口规模，独立炼油厂也将取得出口资质，炼油厂开工率会

根据市场变化灵活调整，过剩批发资源将收紧，批发价格逐步接近正常水平；从政策来看，成品油消费税将由中央税调整为中央和地方共享，有利于提高征收率，各来源渠道资源的价差将缩小。

4.“互联网＋油品”初露头角，消费行为和经营方式发生变化

国家“互联网＋”战略实施后，大数据、云计算等创新技术对油品经营方式也产生了深刻影响，逐步形成了“互联网＋油品”的新方式，降低了交易成本，提升了交易效率。以加油站为例，在以用户为核心的互联网新业态下，加油站不再是传统的买卖场所，而是加油员与消费者交流的平台，增进了“人与人”的互联；加油站的标准化服务逐渐被人机交互所替代，快捷加油、便利购物成为主流消费模式，增进了“人与物”的互联；互联网的迅猛发展推动整个社会的万物互联，车与加油站的无缝链接，“物物互联”成为重要元素。“互联网＋”飞速发展，商流的扁平化带来物流去程化、零担化、广域化，货物运输周转量降低，车用柴油需求减少。

第二篇

炼油与市场供给篇

一、2017 年中国炼化产业发展状况

目前世界经济增速和增长预期提升，中国经济在缓增长预期中仍保持增长态势，在国际争夺石油资源和控制石油市场斗争的综合作用下，炼化产业竞争加剧。据 2017 年国家统计局数据显示，中国国内石油表观消费量 5.88 亿吨，同比增长 5.9%。其中，原油表观消费量 6.10 亿吨，同比增长 6.0%，对外依存度 68.6%。成品油消费量3.07 亿吨，同比增长5.9%。其中汽油同比增长 10.2 %；柴油同比增长 2.0%。

2017 年中国炼油产业原油加工量 5.68 亿吨，同比增长 5.0%。其中生产汽油 1.33 亿吨，生产柴油 1.83 亿吨，生产煤油 0.42 亿吨，成品油产量合计 3.46 亿吨，比 2016 年增长 6.9%。2017 年化工产业增加值同比增长 3.6%，增幅同比减缓 4 个百分点。主要产品中，乙烯产量 1821.8 万吨，同比增长 2.4%；初级形态的塑料产量 8377.8 万吨，同比增长 4.5%；合成橡胶产量 578.7 万吨，同比增长 4.0%；合成纤维产量 4480.7 万吨，同比增长 5.0%；烧碱产量 3365.2 万吨，同比增长 5.4%；纯碱产量 2677.1 万吨，同比增长 5.0%；化肥产量 6065.2 万吨，同比下降 2.6%，其中，氮肥产量下降 4.4%，磷肥、钾肥产量分别增长 0.7% 和 0.3%；农药产量 294.1 万吨，同比下降 8.7%；橡胶轮胎外胎产量 92617.5 万条，同比增长 5.4%；电石产量 2447 万吨，增长 1.7%。

（一）炼化产业盈利能力得到明显改善

根据国家统计局数据显示，2017 年中国炼油业主营业务收入为 4.08 万亿元，同比增长 24.1%；化工行业主营业务收入为 8.71 万亿元，同比增长 13.9% 。2016 年炼化产业利润总额增加，全行业累计实现利润总额 8248.9 亿元，其中炼油业利润总额 2203.3 亿元，增幅 27.0%，化工行业利润总额 6045.6 亿元，增长 40.9%，比

2016 年有较大提升。炼油业主营业务收入利润率为 5.41%，化学工业主营业务收入利润率为 6.94%，分别比全国规模以上工业主营业务收入利润率低 1.05% 和高 0.48%。

2017 年国际石油市场供需趋向平衡，国际油气价格较上年同期大幅上升，国内成品油市场竞争激烈。此外，受“煤改气”工程等影响，天然气市场需求持续较快增长，2017 年天然气消费量 2373 亿立方米，同比增长 15.3%，中石油、中石化、中海油三家企业盈利能力均有改善。其中，2017 年 1—9 月，中国石油净利润 173.66 亿元，比上年同期增加 156.35 亿元。炼油与化工板块实现经营收益 277.32 亿元，同比下降 19%，其中炼油业务实现经营收益 167.95 亿元，受成品油地板价政策影响，比上年同期减少 35%；化工业务实现经营收益 109.37 亿元，比上年同期增长 27%。2017 年 1—9 月，中国石化实现净利润 383.73 亿元，同比增长 31.6%。其中，炼油板块实现经营收益 438.54 亿元，同比增长 3.4%；化工板块经营收益 167.27 亿元，同比增长 8.3%。2017 年 1—9 月，中国海油实现未经审计的油气销售收入约 359.4 亿元，同比增长 16.9%。

（二）炼化企业布局调整

独立炼厂发展迅猛。独立炼厂发展之初经历过一段时间的单打独斗，为在竞争市场中争得一席之地，部分企业采取了集团联合发展的策略。“两权”放开后，非国营炼厂进入炼化行业，从规模上看，独立炼厂已经具备了追赶中国石油、中国石化、中国海油的能力，成为了中国炼化行业的重要力量之一。至 2017 年底，中国独立炼厂企业约有 80 多家，合计炼油能力占全国总炼油能力的三分之一。2017 年 9 月，全国具备常减压装置的十大独立炼厂中，八家位于山东省，一次加工能力合计 5090 万吨/年，占全国一次总炼油能力的 6.09%，占全国独立炼厂一次总炼油能力的 15.89%。在山东省经信委下发的《关于加快全省独立炼厂转型发展组建山东炼化能源集团有限公司的复函》（鲁经信字〔2017〕131 号）文件中，同意由山东东明石化集团有限公司等核心企业组建山东炼化能源集团有限公司，以促进当地炼化一体化、装置大型化、生产清洁化、产品高端化、企业园区化发展。山东省作为大型独立炼厂集中分布的最具代表性的地区，其政策对全国独立炼厂未来发展具有很大影响。近年来，山东独立炼厂正在被大型资本快速收编，重新回到国企或炼化龙头企业中，山东独立炼厂的省内集团化如能成功，在一定程度上也利于当地炼化行业的发展。

（三）炼化产业低端产能过剩缓解措施

随着“两权”对非国营炼油企业逐渐开放，众多的非国营炼油企业进入炼化行业，凭借其灵活的价格机制和管理模式，非国营炼化企业发展迅猛，对中国石油、中国石化的市场份额造成了冲击。随着油品市场化进程加快，竞争主体多元化，国内成品油市场竞争日益激烈。截至2017年底，国内炼油能力为7.7亿吨/年，加工量为5.68亿吨，2017年成品油消费量3.07亿吨，同比增长5.9%。

当前我国传统石化产品明显供过于求，同时替代能源、新能源争夺市场需求，成品油市场需求放缓，产能过剩的问题日益严峻。从技术角度出发，过剩的是低端产能，达到世界先进水平的高端产能并不会过剩，我国许多高端的化工产品，如乙烯、对二甲苯，仍依赖于进口，芳烃、烯烃等基础有机化工原料仍存在短缺，发展炼化新型技术、加快炼化信息化、发展“炼化一体化”项目是淘汰低端产能、缓解产能过剩、促进产业升级的重要措施。

我国目前有炼油企业360多家，80%的省（直辖市、自治区）均建有炼厂，产业布局较为分散，远未形成区域集中优势。在此现状下，国内炼化企业改变策略，逐步进行结构调整，形成一体化炼化基地。“十三五”期间，中国石化计划投资2000亿元，升级打造茂湛、镇海、上海和南京四个世界级炼化基地；中海油也在着力打造惠州石化基地。民营企业新建的舟山、长兴岛等石化企业在建设前便按照一体化、基地化、大型化方向先布局，再建设。

（四）炼化产业油品质量升级提速

根据《关于进一步推进成品油质量升级及加强市场管理的通知》中的规定，2017年1月1日中国正式迈入国Ⅴ时代。2017年2月17日，国家环境保护部等四部门和北京、天津、河北等六省市发布《京津冀及周边地区2017年大气污染防治工作方案》，要求“2+26”城市于2017年9月底前全部供应符合国Ⅵ标准的车用汽柴油，到2020年国Ⅵ在全国范围内实施。国Ⅵ标准对炼厂提出了很高的要求，从国Ⅰ到国Ⅵ，汽油硫含量降至10ppm，降低了80倍，国Ⅵ油品的烯烃和芳烃含量比国Ⅴ大幅降低，降低了车辆非甲烷有机气体、氮氧化物与颗粒物的排放，有利于改善空气质量，发展环境友好型经济。

为按期完成向“2+26”城市区域供应国Ⅵ标准汽柴油，炼化企业投入大量资金对装置设备进行更新改造。2017年9月底，中国石油大港石化、华北石化等7家炼化企业已完成装置升级改造；大港石化在本次装置大检修时对设备进行了适应性改造，更换加氢裂化催化剂，每月可供应国Ⅵ汽柴油26余万吨；2017年7月初，华北石化公司开始向市场供应国Ⅵ标准汽柴油，三个月累计销售132万吨。2017年7月，中国石化在“2+26”城市区域内的所属全部11家炼油企业都具备了生产国Ⅵ汽油的能力。

（五）炼化产业技术装备建设升级加快

在国际油价波动不定，国内产能过剩形势严峻，行业竞争不断加剧的大环境下，炼化行业必须不断进行技术创新、结构改造、信息化建设，才能实现绿色、可持续发展的目标，不被行业所淘汰。中国炼化企业在清洁生产、油品质量升级等技术方面取得了很大进步，但与发达国家领先的技术和各方面超前的创新性相比，我国炼化产业仍有不小的差距，主要体现在烷基化、异构化、清洁油品技术、自动化和智能化、高附加值专用化学品等领域。2017年，中国炼化企业在上述领域不断进行拓展创新，逐步缩小与发达国家的差距。

在烷基化方面，2017年6月23日，中国石化九江石化新建30万吨/年烷基化项目拆还建工程开工，2017年10月30日按计划转入安装阶段。该项目促进了油品质量升级，推动了国Ⅵ汽柴油顺利实施，为企业创造了价值，并为烷基化项目的顺利建成作出了榜样。

在清洁油品技术和高附加值专用化学品方面，2017年10月26日，中国石油乌鲁木齐石化公司自主研发的C5正构烯烃异构化增产活性烯烃催化剂在40万吨/年轻汽油醚化装置工业中首次成功应用，自此我国也拥有了研发轻质烯烃骨架异构化催化剂和工业化生产的技术。该催化剂的成功研发，对生产低硫、低芳烃、低烯烃、低蒸汽压和高辛烷值的清洁汽油具有十分重要的意义。

（六）炼化产业柴汽比降低

从2011年开始，我国成品油消费增长由柴油拉动转为汽油拉动，炼厂柴汽比呈逐年下降态势。2017年我国柴汽油产出比为1.38，较2010年下滑0.69。我国柴油的供需差已经由2010年的267.889万吨扩大至2016年的1452.6万吨，值得注意的是，截至2017年9月底，供需差已为1141万吨。柴油需求增速下降，已连续三年陷入停滞甚至下滑，供过于需情况逐年加重。由国家统计局提供的数据计算可得，

2016 年我国消费柴汽比为 1. 39。2017 年我国柴汽比下降幅度较小，为 1. 38。2017 上半年中石化柴汽产量比为 1. 33，略低于全国柴汽油比；而中石油柴油产量比则为 1. 14，比全国柴汽油消费比水平低 0. 24。

二、2017 年中国炼化产业面临问题

为了应对经济增速放缓以及油价持续下跌的影响，中国炼化产业实行了优化产业布局、加速促进油品升级、推动技术装备建设以及拓展合作领域等措施，但仍面临着产能过剩、产品结构调整、油品质量升级、装备技术存在不足以及环保压力过大等问题。从实际情况来看，随着国际油价持续稳定并逐渐走高、国内炼能的不断竞争和成品油消费量的下降，中国的炼厂将会面临更加严峻的环境。

（一）炼化产业产能过剩现象依旧严峻

产能过剩是困扰炼化产业多年的难题。2017 年，中国炼油产能一改过去两年减少或略增的态势转为显著增长，位于昆明的云南石化和位于惠州的惠州炼厂二期开工，算上即将开工的华北石化扩建产能，共有 3500 万吨新增炼能等候上场。据中石油经济技术研究院统计，2016 年全年成品油表观消费量为 3.13 亿吨，同比下降 1%。对于开始出现萎缩的中国成品油消费市场而言，这样的产能扩张幅度值得警惕。早在 2016 年初，中国石化联合会联合中石油集团发布了一份产能预警报告，报告显示，全年中国炼化产能过剩或达 1.2 亿吨。如国内不削减产能，2020 年国内炼油产能将达到 8 亿吨/年 ~8.4 亿吨/年。炼油专家表示："2017 年整体的产能还是过剩的，必须持续淘汰过剩产能，鼓励高效产能，优化中国的总炼油能力，这是 2017 年炼化行业的最大主题。"同时，2017 年中国炼厂向产业链的下游进行更加纵深的发展。在供给侧改革思路的引导下，炼化产业产能问题将被推升至新高度，未来为化解产能过剩问题，落后产能退出机制将是发展趋势。

（二）炼化产业柴汽比不均衡

近年来，我国经济增速放缓，天然气、煤制油、生物柴油等可再生与替代能源的迅速发展，使中国柴油表观消费增速明显放缓。从 2011 年开始，我国成品油消费

增长由柴油拉动转为汽油拉动，柴油需求增速下降，炼厂柴汽比呈逐年下降态势。2017 年我国柴汽油产出比为 1.38，较 2010 年下滑 0.69。2017 上半年中石化柴汽产量比为 1.33，略低于全国柴汽比；而中石油柴油产量比则为 1.14，比全国柴汽油消费比水平低 0.24。其中，中石化汽油占比由 38.6% 提高至 39.6%；中石油汽油占比由 38.22% 提高至 38.33%。占比上涨主要受汽油需求影响，随汽车保有量增加有所提高，加之国内独立炼厂进口原油使用权开放，加工轻质原油，使得轻质油加工率提高，故炼厂汽油产量有增无减。柴油占比持续下滑，中石化柴油占比由 54.46% 下滑至 52.73%；中石油汽油占比由 54.46% 下滑至 52.73%。柴油占比下滑还受到经济形势不佳的影响，工矿企业以及房地产开发疲软，加之物流运输业整体呈下行走势，使得企业出货量不佳，降低了柴油的需求量。数据显示，2017 年 1—9 月年国内柴汽油消费比为 1.37，较 2016 年下滑 0.01，与此同时较 2010 年下滑 0.8。

（三）设备技术水平仍有待提升

虽然产能在不断提升，但是中国的炼厂规模还是无法与世界顶尖相提并论。其中重要原因就是我国现有的炼化产业设备技术水平较之世界顶尖技术水平还有一定的差距。现阶段我国炼化行业的发展的问题主要表现在三个方面：第一，设备与原材料的样式多种多样，但其科学技术水平普遍偏低，且应变能力较差，特别是部分重要的设备原料只能依赖于进口；第二，尽管炼油设备的发展速度较快，也可以从基本上达到炼油设备的技术与质量要求，但针对炼油设备的相关研究还需进一步加强；第三，部分关键技术受到技术标准的制约，导致国内已有的技术无法满足相关要求的标准，我国炼化产业急需进行设备技术水平的全面升级。提质增效是当前国家对国有企业提出的一项重要的战略性任务要求，也是“十三五”期间中央企业要做好的头号任务。

（四）炼化企业环保压力加大

2015 年 1 月 1 日，被称为史上最严厉的新《环境保护法》正式实施，各地环保部门不断刷新的环境违法行为罚款纪录，让人们领教了这部法律的震慑力。而众所周知，炼化产业是传统的高能耗、高污染产业，其污染防治与生态保护一直受到社会高度重视。在新《环境保护法》中，“气十条”“水十条”及石油炼制工业和石油化学工业污染排放新标准等法律法规，显示环保政策导向已由污染物总量控制转为环境质量改善，对企业环保工作提出了更高要求。新出台的环保法增加了信息公开和公众参与的相关条例，强化了政府和相关部门在环境改善中的责任，强调了企业在环境污染治理中的责任，同时加大了处罚力度，增加了企业的违法成本。在逐步加大的环保压力下，一直在夹缝中生存的独立炼厂或将面临生死存亡的境况。由于油品升级和环保减排力度的增加，炼化企业环保成本提高，炼化企业的利润空间被压缩。炼油企业投入大量资金新建装置和升级改造现有装置满足国Ⅴ标准，其中中国石油和中国石化在炼化板块的资本支出大多应用在提高油品质量的装置支出。《“十三五”控制温室气体排放工作方案》和《控制污染物排放许可制实施方案》的发布使得排污许可权和碳排放权加大了企业的环保成本，《烧碱、聚氯乙烯工业污染物排放标准》（GB15581—2016）增加了烧碱和聚氯乙烯现有企业的资本支出和生产成本。2016 年 10 月，第二批中央环保督查组在山东开展环保督察工作，使得很多中小独立炼厂在手续不全下关停。因此，环保成本加大依然是炼化企业面临的主要问题，在油价低迷的市场经济条件下，如何解决这个问题，为企业带来环境效益和经济效益是炼化企业面临的重要挑战。

炼化产业要形成自己的核心技术，降低环境成本，提高竞争力，尽快转型升级，提升绿色环保理念，主动加强企业环保内控，推进清洁生产和污染隐患治理项目的实施。我国政府已对世界做出绿色发展的郑重承诺，石油石化行业必须严格按照国家的要求，继续积极推进油品质量升级，努力为改善生态环境，为我国经济的绿色发展作出贡献。

三、2018 年中国炼化产业展望

（一）炼化产业布局将进一步优化

优化产业结构及产业布局是我国石化产业未来发展方向。炼化一体化产业基地建设以及化工园区建设将成为炼化企业优化产业结构，调整产业布局的重要举措。《石化和化学工业发展规划（2016—2020 年）》提出全面启动危险化学品生产企业搬迁入园或转产关闭工作，形成一批具有国际竞争力的大型企业集团和化工园区。受政策号召，化企搬迁入园持续推进，但仍存在资金短缺、搬迁难度大等问题。预计 2018 年政府将会通过设计专项资金继续加大对化企搬迁入园项目的资金支持，我国化工产业布局不合理、化工园区散乱现象将得到改善。未来，我国炼化产业新建大型炼化项目原则上将优先布局在七大石化基地，逐步改变我国炼化企业“多、小、散、乱”的分布格局。

（二）独立炼厂产能进一步扩大

受“两权放开”政策及“一带一路”政策的影响，2018 年我国独立炼厂产能将继续上升。“一带一路”政策将推动我国石油石化企业与沿线国家的合作，为我国炼化产业的发展提供良机。数据显示，“一带一路”沿线 64 个国家中，有 45 个国家存在成品油供需缺口，且部分国家存在成品油供需缺口持续增大的趋势。据预计，2020 年“一带一路”沿线国家的成品油需求将达到 7. 84 亿吨，2030 年沿线国家成品油需求量将进一步增长到 9. 34 亿吨，“一带一路”政策的提出为我国炼化产业开拓了新的市场，可在一定程度上缓解我国炼化产业产能相对过剩的问题，为我国石油石化企业提供新机遇。同时，“两权放开”政策的实施使独立炼厂受到的限制逐渐放开，独立炼厂成本进一步降低，再加上独立炼厂具有价格机制灵活等优势，独立炼厂的竞争力逐渐加大。独立炼厂在获得原油进口权和原油使用权后开工率逐渐上升，市场占有率也逐渐上升，独立炼油企业产能占全国总产能的比重已超过35%。2018年，独立炼厂产能将进一步扩大。

（三）煤油产量上升，柴油产量小幅度下降

2017年我国成品油消费量持续增长，但我国三大成品油（汽油、柴油、煤油）消费量发展趋势呈现出明显不同，其中汽油、煤油消费量持续增长，柴油消费量持续出现负增长。得益于航空业的发展，近几年我国煤油需求持续呈现高增长状态，预计2018年煤油需求将进一步上升，炼化产业煤油产量也将进一步提高。受宏观经济形势及产业政策调整的影响，我国柴油需求近几年持续呈现低增长甚至是负增长状态，2018年柴油需求将持续下降。柴油需求的下降将导致炼化企业柴油产品积压在库，影响企业盈利，预计2018年柴油产量将出现小幅度下降。

（四）清洁化、低碳化成为炼化产业改造升级主要目标

我国对环保的重视程度逐年增强，环保标准得到提升，节能减排目标得到落实。炼油行业是高耗能、高污染、高排放的“三高”企业，在全球能源清洁化、低碳化发展趋势下，炼油行业的发展受到资源、环保方面越来越多的限制，节能减排压力巨大。《能源技术创新“十三五”规划》提出，要加快清洁燃料加工转化技术的集中攻关和清洁油品生产技术等技术的应用推广，鼓励创新与技术升级。炼油企业要想在市场竞争中占据有利位置，就必须要加大创新力度，提高产品质量，努力提供清洁化、低碳化的能源。2018年，受环保标准及节能减排要求的影响，炼化企业环保压力将会继续增大，煤制油、生物燃料等清洁化、低碳化油品的加工与供应将会进一步增大。

（五）炼化企业销售终端建设将逐渐加强

“两权”放开政策极大地促进了独立炼油企业市场活力及市场竞争力的提升，但与国有炼油企业相比，独立炼油企业仍存在一些劣势，其中最突出的为销售终端（即加油站）的建设问题。因政府政策限制、企业资金短缺等原因，独立炼油企业在销售终端市场的发展极其落后。在独立炼厂原油加工量逐渐加大、成品油批发零售价差持续扩大的发展趋势下，独立炼油企业在加油站布局方面的劣势日渐凸显，不仅影响地方炼油企业盈利，同时也将影响企业流动资金的回收，降低企业对市场冲击的缓冲能力。独立炼油企业若想与中石油、中石化等国有炼油企业竞争，不仅需要不断加强上游生产端的生产能力，还需重视下游销售端的业务能力。近两年，

我国独立炼厂已开始重视销售终端的建设问题，通过新建加油站、收购私营加油站等方式推动销售终端的建设，同时通过价格优惠、积分换礼等形式进行宣传，抢夺市场资源。2018 年，独立炼厂在加油站建设方面将会取得快速发展，炼油企业的成品油销售终端建设将得到有效推动。

（六）炼化企业市场竞争与合作将进一步加强

“两权”放开后，独立炼油企业逐渐发展壮大，中石化等国企不断布局大型炼化项目，炼化产业市场竞争将会进一步加剧。竞争格局的改变，一方面会继续推动炼油企业的发展，促使炼油企业不断扩大业务范围，增强自身竞争能力；另一方面也会加强炼厂之间的合作交流程度。

进口原油使用权的放开意味着成品油市场上游的油源垄断开始放松。受经济新常态及国家节能减排号召的影响，我国成品油市场需求疲软。与国有炼油企业相比，独立炼厂的产品具有明显的价格优势，因此成品油零售企业对独立炼厂更加青睐。为追求更大收益，独立炼油企业产量大幅增加，国有炼油企业面临需求疲软和竞争加剧的双重压力。在独立炼油企业的冲击下，国有炼油企业在成品油市场的占有率逐渐下降，市场垄断程度降低。2018 年，预计炼化行业的市场垄断程度将会进一步降低，炼化企业之间的竞争程度将会进一步加强。

炼化产业市场竞争加剧促使炼油企业之间的合作交流明显加强。2016 年 2 月 29 日成立的中国（独立炼厂）石油采购联盟就是炼油企业加强合作的结果。炼化产业市场竞争的加剧使得炼油企业之间的合作继续加强。2017 年 9 月 1 日，由山东独立炼厂组成的山东炼化能源集团有限公司正式成立。2017 年 9 月 29 日，由浙能集团和浙江石化成立的浙江石油股份有限公司在杭州成立并举行揭牌仪式。2018 年，随着炼化产业市场竞争的加剧，将会有更多的独立炼厂通过区域一体化等合作方式提高自身竞争力。

第三篇

成品油价格与批发篇

一、中国成品油价格现状与展望

（一）2017 年中国成品油价格现状

1. 2017 年中国成品油价格管理机制

2017 年，中国现行的成品油价格机制主要包括成品油政府指导价或政府定价，以及成品油消费税两个部分。其中，成品油政府指导价或政府定价遵照 2016 年颁布的《石油价格管理办法》，由国家发展和改革委员会负责管理；成品油消费税由国家财政部和国家税务总局负责管理。

（1）成品油价格管理政策。

1）成品油价格管理政策历史演变。20 世纪 80 年代以前，成品油经营的主要品种是煤油和柴油，煤油主要用作照明。1989 年国家赋予石油企业成品油 9% 自销权。1992 年以前，国家对成品油市场实行计划管理，价格和流通都实行国家计划控制。1998 年 7 月，中国石油天然气集团公司和中国石油化工集团公司成立。1998 年 6 月，国家对油价形成机制进行调整，成品油价格与国际价格挂钩，以 5% 幅度浮动。2001 年，汽油、柴油零售价格的浮动幅度由 5% 扩大到 8% 。

2）现行的成品油价格管理政策。2016 年 1 月 13 日起，国内从事石油生产、批发和零售等经营活动的价格行为，由国家发改委价格司根据国家发改委颁布的《石油价格管理办法》，将我国成品油价格区别情况，分别实行政府指导价和政府定价：向社会批发企业和铁路、交通等专项用户供应汽柴油的价格，实行政府指导价；向国家储备和新疆生产建设兵团供应汽柴油的价格，实行政府定价。《石油价格管理办法》规定，国内汽柴油最高零售价与国际油价挂钩，每 10 个工作日为一个调整周期，当汽柴油调价幅度低于每吨 50 元时，零售价格暂不作调整，纳入下次调价时累加或冲抵，同时设置调控上限为每桶 130 美元，下限为每桶 40 美元。此外，经营企业不得加收或代收任何其他费用，由价格主管部门依法进行检查并对违法行为实施行政处罚。

（2）成品油消费税。

中国成品油消费税是指消费者在消费汽油、柴油、石脑油、溶剂油、航空煤油、润滑油、燃料油等成品油时交纳的消费税。2014 年末至 2015 年初受到国际石油市场供应充裕，市场需求疲软等因素的影响，国际市场油价震荡下行，国家财政部和国家税务总局三度上调成品油消费税。第三次上调规定自 2015 年 1 月 13 日零时起将汽油、石脑油、溶剂油和润滑油的消费税单位税额由 1.4 元/升提高到 1.52 元/升，将柴油、航空煤油和燃料油的消费税单位税额由 1.1 元/升提高到 1.2 元/升，航空煤油继续暂缓征收。2015 年至今尚未再次进行成品油消费税调整。2014 年至今中国成品油消费税调整情况见表 3－1。2018 年 1 月，国家税务总局发布 2018 年第 1 号公告，该公告就成品油发票开具、认证等事宜做出一系列规定，要求自 2018 年 3 月 1 日起“所有成品油发票均须通过增值税发票管理新系统中成品油发票开具模块开具”，从公告内容来看，税务机关通过推行成品油发票开具模块，对成品油从生产、到批发、再到零售将实施全流程源监控，税务管控力度更强，标志着国家税务总局对成品油消费税实施专门管理和严格规范。

表 3－1　2014 年至今中国成品油消费税调整情况　（单位：元/升）

时间	汽油	柴油
2014 年 11 月 28 日—2014 年 12 月 13 日	1.12	0.94
2014 年 12 月 13 日—2015 年 1 月 13 日	1.40	1.10
2015 年 1 月 13 日至今	1.52	1.20

2. 2017 年国家发改委成品油最高零售价格调整情况

2017 年 1 月至 12 月，国内成品油价格共经历 25 次调价窗口，其中，6 次下调，10 次上调，8 次不调整。涨跌互抵后，汽油价格累计上涨 365 元/吨，柴油价格累计上涨 350 元/吨。其中上半年因国际油价下行的原因，国内油价也相应整体下调。上半年汽油累计下调幅度达到 605 元/吨，柴油累计下调幅度达到 580 元/吨。下半年因地缘政治、OPEC 减产等原因导致国际油价维持高位，同时因国内需求相对旺盛、炼厂检修等原因，导致油价整体上涨。2017 年成品油政府指导价调整情况见表 3－2 及图 3－1。2017 年 12 月 28 日价格调整后，各省区市和中心城市汽油、柴油最高零售价格见表 3－3。

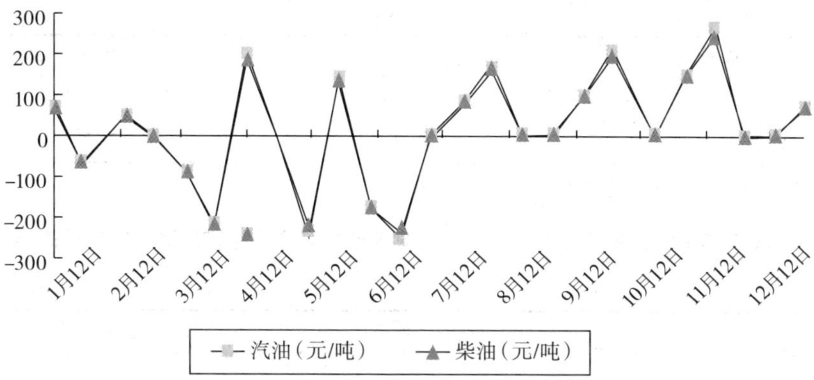

图 3－1　2017 年成品油政府指导价调整情况

表 3－2　2017 年成品油政府指导价调整情况

时间	汽油（元/吨）	柴油（元/吨）
1 月 12 日	上涨 70	上涨 70
1 月 25 日	降低 70	降低 70
2 月 14 日	上涨 50	上涨 50
2 月 28 日	不作调整	不作调整
3 月 14 日	降低 85	降低 85
3 月 28 日	降低 230	降低 220
4 月 12 日	上涨 200	上涨 190
4 月 26 日	不作调整	不作调整
5 月 11 日	降低 250	降低 235
5 月 25 日	上涨 140	上涨 135
6 月 9 日	降低 180	降低 175
6 月 23 日	降低 250	降低 240
7 月 7 日	不作调整	不作调整
7 月 21 日	上涨 75	上涨 75
8 月 4 日	上涨 175	上涨 165
8 月 18 日	不作调整	不作调整
9 月 1 日	不作调整	不作调整
9 月 15 日	上涨 95	上涨 95
9 月 29 日	上涨 210	上涨 195
10 月 19 日	不作调整	不作调整
11 月 2 日	上涨 150	上涨 150
11 月 16 日	上涨 265	上涨 250
11 月 30 日	不作调整	不作调整

续表

时间	汽油（元/吨）	柴油（元/吨）
12月14日	不作调整	不作调整
12月28日	上涨70元	上涨70元

数据来源：国家发改委价格司

表3-3　2017年12月28日各省（自治区、直辖市）和中心城市汽油、柴油最高零售价格

（单位：元/吨）

	汽油（标准品）	柴油（标准品）
一、实行“一省一价”的地区		
北京市	8515	7500
天津市	8480	7465
河北省	8480	7465
山西省	8550	7520
辽宁省	8480	7465
吉林省	8480	7465
黑龙江省	8480	7465
上海市	8495	7470
江苏省	8535	7505
浙江省	8535	7520
安徽省	8530	7515
福建省	8555	7530
江西省	8535	7525
山东省	8490	7475
湖北省	8505	7490
湖南省	8545	7550
河南省	8500	7485
海南省	8625	7600
重庆市	8695	7675
广东省	8560	7535
广西壮族自治区	8625	7600
宁夏回族自治区	8485	7465
甘肃省	8465	7485
新疆维吾尔自治区	8260	7360
二、暂不实行“一省一价”的地区		
呼和浩特市	8495	7480
成都市	8700	7700

续表

	汽油（标准品）	柴油（标准品）
贵阳市	8660	7625
昆明市	8690	7655
西安市	8465	7475
西宁市	8445	7510

数据来源：国家发改委价格司

1. 表中价格包含消费税、增值税以及城建税和教育费附加。

2. 表中汽油和柴油价格为符合车用汽、柴油国家第五阶段质量标准的价格。

3. 汽油、柴油第五阶段标准品分别为 89 号汽油和 0 号车用柴油。

4. 普通柴油（标准品）最高零售价格按照同阶段标准的车用柴油价格确定。

5. 供国家储备、新疆生产建设兵团用符合第五阶段质量标准的汽、柴油价格分别为每吨 7655 元和 6640 元；供渔业、林业、农垦用汽、柴油供应价格暂按供新疆生产建设兵团用油价格执行；其它相关成品油价格政策按《石油价格管理办法》规定执行。

3. 2017 年成品油市场价格变化

（1）2017 年成品油批发价格“波动明显”。

2017 年初，随着气温的缓慢回升，春节后终端用户陆续回归市场，柴油终端需求有所好转。2017 年 1—3 月，柴油终端购进价格略涨，汽油终端购进价格微跌。2017 年 4—7 月，由于国内炼油产能相对过剩，炼厂和加油站展开价格竞争，我国 92 号汽油终端购进价格、95 号汽油终端购进价格和 0 号柴油终端购进价格均出现下跌趋势。2017 年 7—12 月，受部分炼厂停产检修影响，国内成品油产量相对减少；同时，8—9 月秋收期间农业柴油需求增加；11—12 月，柴油换号（北方地区 11 月 1 日起，由适用于夏季的 0 号柴油，换为适用于冬季的 -10 号柴油）。2017 年 7—12 月，国内成品油价格整体上涨。2017 年我国汽、柴油终端购进价格变化见图 3-2。

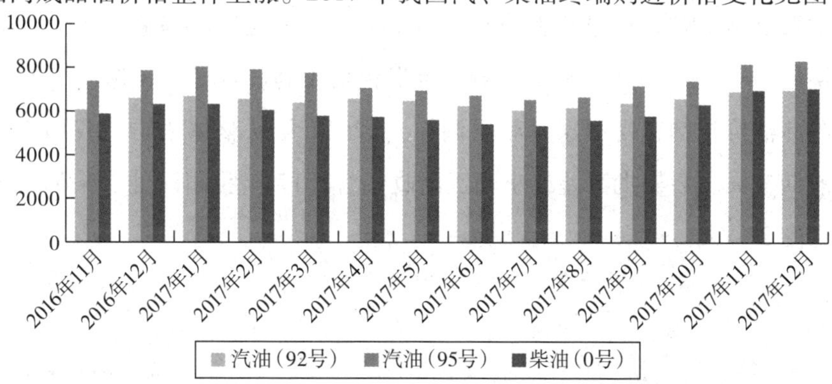

图 3-2　2017 年我国汽油、柴油终端购进价格变化（元/吨）

数据来源：油价网

(2) 2017 年成品油零售价格“震荡上扬”。

随着成品油价格新机制的实施，2017 年，我国汽油、柴油零售价格总体呈现出小幅震荡上行的趋势。其中，1—3 月持续上涨，4—7 月小幅回落，7—12 月逐步上扬。2017 年全年，我国 92 号汽油零售价从 8686.86 元/吨上涨至 9401.22 元/吨，涨幅为 8.22%，95 号汽油零售价从 9187.88 元/吨上涨至 9824.52 元/吨，涨幅为 6.93%；0 号汽油零售价上涨了 427.34 元/吨，涨幅为 6%。2017 年我国汽油、柴油零售价格变化见图 3-3。

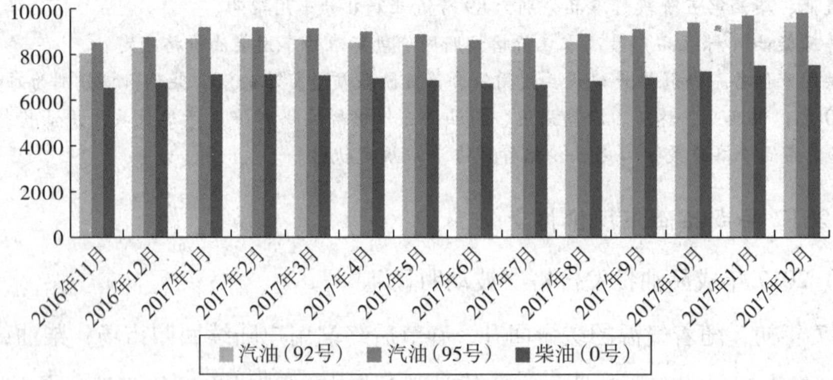

图 3-3　2017 年我国汽油、柴油零售价格变化（元/吨）

数据来源：油价网

(3) 2017 年成品油批零价差“先升后降”。

成品油零售端利润主要来自批零差（即零售价-批发价，元/吨），2017 年 1—12 月，我国汽油（92 号和 95 号）批零价差总体上行，零售端利润空间不断扩大；柴油批零价差受供需影响出现较大波动。其中，柴油由于 1—7 月产能相对过剩，批发价格下跌，批量价差有所扩大；7—12 月受炼厂检修、农业秋收和北方柴油换号（0 号换-10 号）等影响，批发价格走高，批零价差减小（最高零售价格与国际油价挂钩，受国家发改委调控）。2017 年从整体来看，我国汽柴油的批零差前期较大，后期批零差或小幅逐渐收窄。2017 年我国汽油、柴油批零差变化趋势见图 3-4。

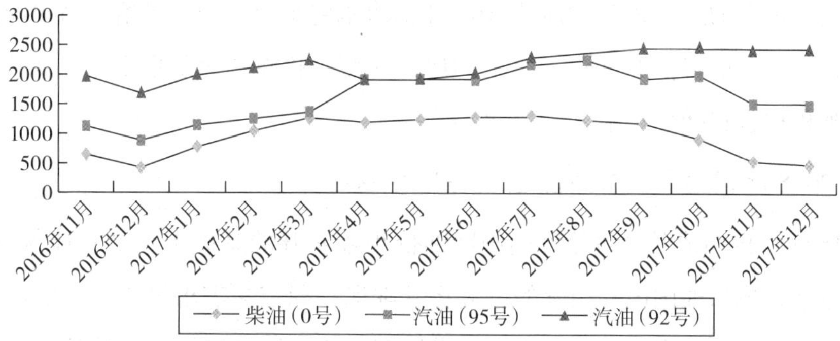

图3－4　2017年我国汽油、柴油批零差变化趋势（元/吨）

数据来源：油价网

（二）2018年中国成品油价格展望

2018年中国成品油价格政策管理政策可能有所调整，由之前的政府指导转为市场定价。随着国际油价的小幅攀升，国内成品油价格可能小幅提高，总体将依然保持稳定。

1. 2018年成品油价格管制有望放开

成品油价格管制有望放开。2017年，中共中央、国务院印发了《关于深化石油天然气体制改革的若干意见》，其中提到“改革油气产品定价机制，有效释放竞争性环节市场活力。完善成品油价格形成机制，发挥市场决定价格的作用，保留政府在价格异常波动时的调控权。依法合规加快油气交易平台建设，鼓励符合资质的市场主体参与交易，通过市场竞争形成价格。加强管道运输成本和价格监管，按照准许成本加合理收益原则，科学制定管道运输价格”，确定了油气定价机制改革的方向，预计2018年将进一步推进成品油的市场化定价。

2. 2018年国内成品油价格可能随国际油价小幅攀升

2018年，预计国内成品油价格可能随国际油价小幅攀升。我国自产原油仅占原油总消费量的35%左右，国际原油价格变动将直接影响我国成品油的加工成本。同时，根据《成品油价格管理办法》，我国成品油最高零售价与国际油价挂钩。从国际原油供应端分析，OPEC减产协议将延长到2018年底，而美国页岩油产量将会受到高油价的激励进一步走高；从国际原油需求端分析，全球经济体的复苏将促使原油需求企稳，从而倒逼油价上行。国内成品油方面，受市场化程度不断加深，税改等政策性因素引导，国内成品油价格将会很快形成再平衡的状态，但随着替代能源，尤其是电动汽车的逐渐普及，预计2018年需求端将小幅走弱，供给方面中国炼油产能相对过剩的局面将依然持续。预计2018年国际油价将继续呈现小幅上升趋势，国内成品油价格也将随之小幅攀升。

3. 2018年国内成品油价格总体将保持稳定

2018年，国内成品油价格在随国际油价小幅攀升的基础上，将总体保持稳定。供给侧方面，成品油国内和国际的供应将基本保持稳定。需求侧方面，国内的成品油需求将基本保持稳定，其中，汽油、煤油需求将继续稳定增长，柴油需求将继续维持低迷状态。分行业看，国内经济增速放缓，工业运输与物流需求有所下滑，工业用柴油需求增长乏力；由于国内汽车保有量的稳定，新能源和天然气对汽车用油需求的影响导致小汽车汽油需求呈现稳定趋势，汽油的需求增长将趋于稳定；国内航空需求稳定增长，航空煤油的增长也将基本保持稳定。总体来说，2018年中国成品油供应和需求突然变化的可能性较小，成品油价格将在小幅上扬的基础上，保持稳定。

二、中国成品油批发市场现状与展望

（一）2017 年中国成品油批发市场现状

1. 中国成品油批发管理政策的历史和现状

随着市场的发展，中国原油成品油流通管理随之不断调整，具体如成品油定价机制的不断完善，批发及零售资质的不断下放，原油、成品油进口配额分配主体的增多，国企四大板块混改，成品油市场化的不断推进。这些改革在一定程度上促进了中国市场的规范化、规模化发展。

1994—2017 年中国原油成品油流通政策回顾如下。1994 年 5 月 1 日，国务院通过了国家计委、国家经贸委《关于改革原油、成品油流通体制的意见》，构成了近 20 年来能源流通机制改革的主要框架。1995 年 7 月 5 日，具有补充效果的《国家计委、国家经贸委关于印发进一步完善原油、成品油流通体制改革意见的通知》出台。1999 年 5 月 6 日，《关于清理整顿小炼油厂和规范原油成品油流通秩序的意见》出台，规定国内各炼油厂生产的成品油要全部交由石油集团、石化集团的批发企业经营，其他企业、单位不得批发经营，各炼油厂一律不得自销。2005 年 2 月 19 日，国务院发布《关于鼓励支持和引导个体私营等非公有制经济发展的若干意见》，允许非公有经济进入垄断行业。2005 年 6 月，商务部发布《成品油批发企业经营管理技术规范（征求意见稿）》，要求申请审批成品油批发资质的企业，必须在中国境内从事两年以上成品油零售经营业务，并拥有 30 座以上自有或控股加油站。2006 年底针对加油站数量要求的条件被取消。2006 年 12 月 4 日发布较为完善的《成品油市场管理办法》和《原油市场管理办法》，开放了国内原油、成品油批发经营权，由商务部统一管理。2016 年根据 2015 年 10 月 28 日发布的《商务部关于修改部分规章和规范性文件的决定》对 2005 年的两个政策文件进行部分修正。2017 年 7 月

19 日商务部公布了《原油成品油流通管理办法（征求意见稿)》公开征求意见，在这一征求意见稿中对申请审批成品油批发资质的要求进一步放宽。

2. 2017 年中国成品油批发企业现状

根据我国加入世贸组织承诺，2006 年起我国如约开放国内原油、成品油批发经营权，由商务部统一管理。不论所有制形式、内外资企业，只要符合《成品油市场管理办法》和《原油市场管理办法》的有关规定，都可以申请成品油和原油的批发、仓储经营资格。自 2007 年商务部首次批准 8 家企业成品油批发经营资质以来，民营企业进军成品油批发市场的热情高涨，在新获批成品油批发资质的企业中占比逐渐增大，商务部审批的具有成品油批发资格企业的部分情况，见表 3－4。

表 3－4　商务部批准准予和注销成品油批发经营权的情况

序号	商务部公告	新增（家）	注销（家）	总数（家）
0	成品油批发权放开前	-		2505
1	商务部公告 2007 年第 49 号	8	1	2512
2	商务部公告 2007 年第 57 号	3	0	2515
3	商务部公告 2007 年第 61 号	6	4	2517
4	商务部公告 2007 年第 73 号	3	1	2519
5	商务部公告 2007 年第 83 号	8	22	2505
6	商务部公告 2007 年第 94 号	3	0	2508
7	商务部公告 2008 年第 54 号	6	1	2513
8	商务部公告 2008 年第 65 号	6	1	2518
9	商务部公告 2008 年第 82 号	6	2	2522
10	商务部公告 2008 年第 94 号	8	19	2511
11	商务部公告 2008 年第 101 号	1	0	2512
12	商务部公告 2009 年第 25 号	7	0	2519
13	商务部公告 2009 年第 33 号	7	2	2524
14	商务部公告 2009 年第 46 号	9	2	2531
15	商务部公告 2009 年第 61 号	7	2	2536
16	商务部公告 2009 年第 81 号	6	2	2540
17	商务部公告 2009 年第 101 号	2	0	2542
18	商务部公告 2009 年第 122 号	6	0	2548
19	商务部公告 2010 年第 9 号	5	0	2553
20	商务部公告 2010 年第 19 号	4	0	2557
21	商务部公告 2010 年第 37 号	4	0	2561
22	商务部公告 2010 年第 46 号	6	4	2563

续表

序号	商务部公告	新增（家）	注销（家）	总数（家）
23	商务部公告 2010 年第 66 号	8	0	2571
24	商务部公告 2010 年第 89 号	5	0	2576
25	商务部公告 2010 年第 98 号	3	1	2578
26	商务部公告 2011 年第 5 号	11	0	2589
27	商务部公告 2011 年第 9 号	5	3	2591
28	商务部公告 2011 年第 14 号	3	0	2594
29	商务部公告 2011 年第 24 号	3	0	2597
30	商务部公告 2011 年第 35 号	2	1	2598
31	商务部公告 2011 年第 51 号	3	0	2601
32	商务部公告 2011 年第 72 号	11	6	2606
33	商务部公告 2012 年第 1 号	9	2	2613
34	商务部公告 2012 年第 16 号	8	2	2619
35	商务部公告 2012 年第 51 号	6	1	2624
36	商务部公告 2012 年第 73 号	7	6	2625
37	商务部公告 2013 年第 14 号	7	5	2627
38	商务部公告 2013 年 第 25 号	11	12	2626
39	商务部公告 2013 年第 53 号	7	0	2633
40	商务部公告 2013 年第 74 号	6	0	2639
41	商务部公告 2014 年第 8 号	10	3	2646
42	商务部公告 2015 年第 3 号	7	4	2649
43	商务部公告 2016 年第 1 号	10	23	2636
44	商务部公告 2016 年第 6 号	6	7	2635
45	商务部公告 2016 年 73 号	3	7	2631
46	商务部公告 2017 年第 1 号	7	2	2636
47	商务部公告 2017 年第 3 号	9	5	2640
48	商务部公告 2017 年第 7 号	6	7	2639

数据来源：商务部网站

截至 2017 年初，商务部颁布的成品油批发资质的企业总数达 389 家。其中，其他国有及民营企业占据较大比例，约 74%；而中字头企业仅占 21% 左右，合资及外商独资企业 18 家，占企业总数 5%。据商务部统计，全国共有成品油批发企业 2700 余家，其中中石油、中石化全资或控股的成品油批发企业 1700 余家，占批发企业总数的 65.8%；其他国有及民营成品油批发企业将近 1000 家，占批发企业总数的 34.2%。商务部批准的具有成品油批发权的企业名单见本书附录。

3. 2017年中国成品油批发市场特点分析

（1）市场敏感性。成品油是一种特殊的商品，对市场的敏感性极强。首先受国际原油市场的影响，所有对原油产生影响的因素，诸如主要产油国的产量动态、中东地缘政治风险、全球经济走势等均通过作用于原油价格变化而影响到成品油批发市场；其次受国内炼化行业及经济形势影响，独立炼厂的产能与报价、原料的价格变化、国内相关行业的变革、经济风向的改变都影响到成品油批发市场。当市场预期价格下跌时，成品油市场供大于求，批发主体处于被动地位，反之则可主动出击，实现量价齐升。因此，精准、深入的市场研判对于成品油批发而言至关重要。

（2）主体多元化。随着经济全球化，市场经济带来的成效日益显现，成品油批发市场的竞争愈演愈烈。除中石化、中石油两大主营单位外，中海油、中化等石油石化企业也成为了成品油批发市场上的主力选手，国外知名石油公司纷纷利用合资或独资的形式进入中国市场，独立炼厂在成品油批发市场上的表现更是突飞猛进。2016年，中石油和中石化的绝对资源量虽较2010年有所上升，但两家企业的资源份额之和却较2010年下降了12%，其中以2016年的降幅为最大，较2015年下降了8个百分点，相比之下，独立炼厂的资源份额正逐年递增，2016年已跃升至18%。

（3）客户多样性。成品油批发的客户主要包括机构客户、社会贸易商和终端加油站客户三大类。机构客户是指与成品油批发主体签订批发直销协议的合作单位，例如运输公司、汽车销售商、大型物流公司等，这类客户的用油需求一般受宏观经济影响和季节性因素影响较大，批发价格一般以既定协议价为准；社会贸易商批发量相对较大，投机性强，交易行为与成品油市场动态紧密相关，需求的稳定性较差；终端加油站客户的用油量远远不及社会贸易商，且具有较高的价格敏感性，但其需求较为稳定。

4. 2017年中国成品油批发市场的影响因素分析

（1）市场波动。成品油批发始终处于市场波动的风口浪尖，不管是国际原油市场还是国内成品油市场，不管是技术面、消息面还是供需面导致的阶段性或非阶段性的上涨或下跌，成品油批发的买方市场和卖方市场都会随之发生转变。

（2）政策调控。近年来，中国政府针对成品油，尤其是汽柴油出台了若干政策调控措施，不仅促进了油品的品质升级，也促进了相关行业的转型升级。在供给侧改革的大背景下，成品油消费结构的调整致使油品消费向汽油倾斜，柴油消费量大幅萎缩且向物流业和农业领域倾斜。在资源过剩条件下，“地板价”机制和税费优势促使独立炼厂的出厂价远远低于主营炼厂的出厂价。

（3）生产供应。从原油加工到成品油出厂销售，成品油的供应具有周期性，炼厂的开工率、生产装置的稳定性，或是进口资源量的变化、成品油出口配额的变化都影响国内成品油的供给，从而影响成品油批发。

（4）季节规律。中国成品油消费端已经形成了较为明显的季节规律。一般第一季度适逢冬季寒潮及春节假期，企业开工率低，是成品油批发市场的传统淡季；第二季度随着春耕农作，厂矿企业开工率提升，消费端复苏，成品油批发市场逐渐活跃；第三季度受旅游业、运输业的提振，第四季度受年底赶工冲刺的拉升，消费端企稳，成品油批发处于旺季。

（5）地理位置。成品油由于其属性原因，对物流要求较高。成品油批发单位的仓储位置影响到仓储成本和物流成本，运输距离、装载量、航行条件等都会对运费和损耗造成影响，成品油批发单位是否在沿江沿海布置与销售网络相匹配的提货网络，或是否建立与销售网络相匹配的管道设施，直接关系到成品油批发经营的顺畅程度。

（6）替代产品。以电动车为代表的新能源汽车技术不断成熟，普及率正逐步提升。而所谓替代产品已不仅仅是新能源的替代，借助“互联网＋”深入人心，“顺风车”“共享汽车”等智能出行平台将众多私家车变为出租车，用油效率提升，成品油需求端减少，消费行为发生变化，成品批发市场的经营亦受之影响。

（二）2018 年中国成品油批发市场展望

随着“两权”放开，独立炼厂开工率显著提升，成品油供需宽松带来市场竞争加剧，独立炼厂加大对零售终端建设力度。同时，中石化、中石油稳步推进加油站建设，维持市场龙头地位。其他主营及地方企业在成品油终端零售行业中纷纷布局，加油站竞争将进一步加剧，利润空间将受到压缩。

海外石油企业的非油销售收入在加油站整体收入中占比已经达到 30% 以上，而国内布局较早的中石化、中石油也仅占 1% ～2% 。因此，未来随着加油站竞争加剧，提升非油业务收入、向综合服务商转变将是加油站发展的重要方向。

2018 年国内经济有望保持较快的增速，成品油需求总量将会继续增加。此外，天然气、生物柴油等替代产品对成品油批发市场的影响仍旧有限，但近年来国内新能源汽车及各类共享单车的快速发展需要引起重视，这将会进一步拖累国内汽油消费和批发价格。随着新建及扩建产能的投产，国内成品油供应过剩的局面将更为严峻，成品油出口量料将维持偏高水平。国内成品油市场化改革的逐步深入，在为市场注入活力的同时，也将加剧市场的竞争形势。油品质量升级步伐加快，也将为企业提出更为严格的环保和质量要求。总之，未来的成品油批发市场必然向多元化、差异化、竞争化方向发展。

1. 2018年《原油成品油市场流通管理办法》有望出台

2017年7月19日，商务部公布《原油成品油流通管理办法（征求意见稿）》公开征求意见。2018年中国《原油成品油市场流通管理办法》有望出台。从政策细节来看，国家对于原油及成品油批发资质审批中，审批单位的经营量再无要求；对原油批发资质拥有库容放宽，增加生物柴油企业库容规定要求，即生物柴油企业也可申请成品油批发经营资质；对外商的经营放宽，从“不允许外方控股”到“由中方控股”。具体内容详见表3－5。

表3－5　2017年意见稿与2015年修正政策差异对比

内容	原有规定	新规定
原油批发资质	具有原油进口经营资格且年进口量在50万吨以上	无
	拥有库容不低于20万立方米	拥有库容不低于10万立方米
成品油批发资质	原油一次加工能力100万吨以上、汽柴油年生产量在50万吨以上的炼油企业	无
	与具有成品油批发经营资格且成品油年经营量在20万吨以上的企业签订1年以上协议	无
	与成品油年进口量在10万吨以上的进口企业签订1年以上协议	无
	拥有库容不低于1万立方米	拥有库容不低于1万立方米，生物柴油企业不低于0.3万立方米
外商成品油零售经营资质	同一外国投资者在中国境内从事成品油零售经营超过30座及以上加油站的（含投资建设加油站、控股和租赁站），销售来自多个供应商的不同种类和品牌的成品油的，不允许外方控股。	同一外国投资者在中国境内从事成品油零售经营（含独资、控股、租赁、特许经营）超过30座及以上成品油零售网点的，销售来自多个供应商的不同种类和品牌成品油的，由中方控股。
原油仓储资质	拥有库容不低于50万立方米	同时申请原油批发及仓储经营资格的企业需拥有库容不低于20万立方米

续表

内容	原有规定	新规定
成品油仓储资质	拥有库容不低于1万立方米	同时申请成品油批发及仓储经营资格的企业应拥有库容不低于2万立方米

从《原油成品油流通管理办法（征求意见稿）》可以看出，虽然中国在不断推进石油行业的进一步市场化，放宽政策要求，但是对原油、成品油市场经营企业行为仍有极细的规范，这也或将成为中国能源市场的重要辅助政策。

2. 2018年拥有成品油批发资格的企业可能达到或超过3000家

2017年底拥有成品油批发资质的企业总数约2700家，2018年可能达到或超过3000家。从2017年《原油成品油市场流通管理办法》意见稿与2015年修正政策差异对比来看，首先，国家放宽了对于原油及成品油批发审核的要求，取消了对原油及成品油批发资质的要求；其次，新政策对原油批发资质中拥有库容的放宽，增加了生物柴油企业库容的规定要求，即生物柴油企业也可申请成品油批发经营资质。综上，随着成品油市场的管理体系的不断完善，以及国家不断推进成品油市场化改革，预计更多石油企业有望拥有成品油批发资格，2018年拥有成品油批发资质的企业有望达到3000家。

3. 2018年汽油批发总量将持续以约8%的速度增长

根据国家统计局的数据显示，2012—2016汽油批发总量以10%左右的平均速度增长。因国内汽油炼厂的利润持续利好，使得炼厂持续增汽减柴，汽油批发量继续走高，其中2013年、2015年的汽油批发量达到了15%左右的增速，而2014年、2016年的增速约4%。随着国家对新能源汽车购买的补贴政策落实，新能源汽车市场发展迅猛，在一定程度上抑制了汽油消费的增长，所以预计2018年汽油的批发总量会下降2%～3%，汽油批发总量将持续以约8%的速度增长。

4. 2018年航空燃料批发总量将以大约10%的速度增长

据统计数据估算，2012—2016年航空燃料的批发总量以10%的速度平稳增长。随着我国机场建设的稳步推进、居民收入逐步提高、航空出行储蓄增加，预计我国航空客运周转量将保持较快增长，从而推动航空燃料的使用，航空燃料批发总量将持续增加，预计2018年航空燃料批发总量将以大约10%的速度增长。

5. 2018 年柴油批发总量将与 2017 年持平或小幅下降

2016 年柴油的批发总量出现了大幅度的下降，达到了 5% 左右的降幅，从 2015 年的 17360. 31 万吨降到了 16469 万吨。截至 2017 年底，我国的三大产业结构调整仍在继续，以柴油为主要驱动力的第二产业将逐渐被第三产业取代，严重影响了柴油的批发总量。此外，由于环保问题的日益严峻，国家正在大力推进去低效、重污染产能，将部分污染大的行业关停，或者采用天然气一类的清洁能源来代替柴油。另外，小排量汽车、新能源汽车和高铁迅速发展，我国柴油消费持续低迷，所以，2016 年柴油的消费总量出现了下跌，预计 2018 年柴油批发总量将与 2017 年持平甚至小幅度下降。

第四篇

成品油管道与仓储篇

一、2017 年中国成品油管道发展状况

2017 年，中国成品油管道建设继续维持稳定发展态势，管道布局总体呈现出“四纵三横”的特点，东部管网密度明显大于西部，中部密度大于南北端。截至 2017 年底，我国的成品油管道运营里程达 3 万千米，年输送量可达 18000 万吨。

在地域分布上，根据成品油管网密度可以分为华北、华中、华东、西北、西南五个成品油管道布局区：

华北：华北地区的成品油管道分布最为密集，以济南为中心呈现放射状分布，包括港枣成品油管道、鲁皖成品油管道、青岛—济南成品油管道、济南—邯郸成品油管道等成品油管道。

华中：华中地区的成品油管道是以兰郑长成品油管道为主、湖南成品油管道和其他管道为辅组成的管线。

华东：华东地区的成品油管道主要包括苏北成品油管道、苏南成品油管道、绍兴—杭州成品油管道、甬台温成品油管道和江西成品油管道，这些管道连接合肥、杭州、上海、南昌等主要城市，但暂未形成连续管线。

西北：西北地区的成品油管道主要包括克拉玛依—乌鲁木齐成品油管道、西部成品油管道、格拉成品油管道、兰成渝成品油管道，连接西北地区的产油区，形成油品内输管线。

西南：西南地区的成品油管道主要以西南成品油管道，云南成品油管道，珠三角成品油管道一期、二期工程为主，连接云贵两广地区。

我国当前主要成品油管道情况如表 4－1 所示：

表4-1 我国主要成品油管道情况

管线名称	起点	途经	终点	管线长度（千米）	输送量（万吨/年）
格拉成品油管道	格尔木	长江源头楚玛尔河、沱沱河、通天河等108处河流，翻越昆仑山、唐古拉山等9座大山	拉萨	1080	25
克拉玛依—乌鲁木齐成品油管道	已建克—乌成品油管道金龙镇首站	克拉玛依市、沙湾县、玛纳斯县、呼图壁县、乌鲁木齐	乌鲁木齐王家沟	284.9	400
克拉玛依—乌鲁木齐成品油管道复线	克拉玛依市金龙镇首站	经克拉玛依、沙湾、石河子、玛纳斯、呼图壁、昌吉等	乌鲁木齐王家沟	293.55	N/A
西部成品油管道	乌鲁木齐	甘肃、新疆两省28市县	兰州	1800	1000
兰成渝成品油管道	兰州	甘肃、陕西、四川、重庆等4个省市的40个县市区	重庆	1250	500
重庆—贵阳成品油管道	重庆	16个区县	贵阳	498	580
西南成品油管道	茂名	广东、广西、贵州、云南4省区37个市县	昆明	1691	1000
北海—南宁—百色成品油管道	北海	钦州、南宁	百色	465	500
百昆线	百色	玉溪、蒙自、文山等11县市	昆明	800	700
云南成品油管道	安宁	以安宁为起点成放射状的“三干一支”分别为：安宁—昆明—曲靖、安宁—楚雄—大理—保山、安宁—玉溪、玉溪—普洱支线	曲靖、保山、玉溪	640	721
柳州—桂林成品油管道	柳州	永福县、临桂县、桂林市区	桂林	180	150
兰郑长成品油管道	兰州	甘肃、陕西、河南、湖北和湖南5省67个市县	长沙	3214	1500
湖南成品油管道	长沙	长沙、湘潭、衡阳、郴州、娄底五市13个县级行政区域	郴州	482	520
抚顺成品油南输管线	抚顺石化	抚顺，经沈阳，跃辽阳，跨鞍山	营口鲅鱼圈	246	240
锦西石化外输管道	锦西石化碧海公司		锦西石化厂	51.25	N/A

续表

管线名称	起点	途经	终点	管线长度（千米）	输送量（万吨/年）
北京环城成品油管道	燕山石化	丰台、房山、大兴、通州、顺义、昌平六区及河流、铁路、公路等重要设施	首都机场油库	183	285
天津—唐山成品油管道	天津		唐山	150	N/A
港枣成品油管道	大港	中间设有德州、济南、肥城、兖州等分输站	枣庄	647	300
青岛—济南成品油管道	青岛		济南	375	400
济南—邯郸成品油管道	济南	聊城、濮阳、汤阴	邯郸	480	590
郑州—汤阴成品油管道	郑州	安阳、鹤壁、新乡	汤阴	210	215
邯郸—邢台—石家庄成品油管道	邯郸	石家庄、邢台、邯郸等地	石家庄	210	170
石家庄—太原成品油管道	石家庄	阳泉、晋中	太原	316	340
鲁皖成品油管道	齐鲁石化	济南、泰安、曲阜、枣庄、徐州	宿州	720	600
安庆—合肥成品油管道	安庆		合肥	425	390
苏北成品油管道	扬子	两干一支：扬子—泰州、扬子—新沂、淮安—盐城支线	泰州、新沂	618	545
苏南成品油管道	南京栖霞油库	南京、镇江、常州、江阴、无锡、苏州六地区	苏州通桥油库	393	N/A
金嘉湖苏成品油管道	上海石化陈山油库		湖州、苏州	228	500
甬台温成品油管道	镇海炼化	宁波的北仑区、鄞州区、奉化市、宁海县，台州的三门县、临海市、黄岩区、温岭市，温州的乐清市、龙湾区	温州瑞安	430	600
甬绍金衢成品油管道	宁波	绍兴、金华	衢州	402	580

续表

管线名称	起点	途经	终点	管线长度（千米）	输送量（万吨/年）
镇海—杭州成品油管道	镇海炼化	上虞分输站、萧山中间站	杭州康桥	196	310
福建成品油管道	福州		厦门	345	220
九江—南昌—樟树成品油管道	九江		樟树	240	330
江西成品油管道	赣州		衢州	710	450
珠三角成品油管道一期	湛江	茂名、阳江、江门、佛山、中山、珠海、广州、东莞	深圳	1150	1200
珠三角成品油管道二期	惠州	汕尾、揭阳、汕头、潮州	梅州	502	375
呼和浩特—鄂尔多斯成品油管道	呼和浩特	包头市	鄂尔多斯	397	N/A
延西成品油管道	延炼	铜川、咸阳	西安	500	201
荆门—荆州成品油管道	荆门炼油厂	荆门、荆州两市五区县 11 个乡镇	荆州柳林洲油库	91.6	150
武汉穿江成品油管道	武汉大庄	洪山区、青山区、天兴洲和江岸	武汉末站	18	350
诸暨—桐庐成品油管道	诸暨油库	诸暨草塔镇、五泄镇、马剑镇、富阳湖源乡、常安镇、场口镇、桐庐江南镇	桐庐油库	60	135

（一）中国成品油管道发展情况与建设概况

1. 中国成品油管道发展情况

相比美国等石油大国在上个世纪 20 年代就开始着手建设成品油管道，我国起步的时间要晚得多。中国第一条长距离成品油运输管道是由中国人民解放军总后勤部在 1973 年组织开工、1977 年建成的格尔木—拉萨线，管道全长 1080 千米，年输送能力 25 万吨。经过十几年的沉寂，20 世纪 90 年代我国成品油管道建设才开始有了突破。

经过二十几年发展，我国成品油管道目前已经具备了相当规模。截至 2017 年底，中国成品油管道运营里程约 3 万千米。其中，中国石化拥有华北、华中、华东和华南四大成品油管网；中国石油的管道公司、西北管道分公司和西南管道分公司拥有北疆管网、乌兰、兰成渝、兰郑长、港济枣等成品油管道。以上两家石油公司还有大批在建成品油管道，另外，中海油、中化集团也在规划建设新的成品油管道。

2. 2017 年中国成品油管道建设概况

2017 年，我国成品油管道新增运营里程 4500 千米，新增或完工投产成品油管道包括：

（1）甬台温成品油管道工程台州段于 2017 年 5 月 24 日完工，管道总长 131 千米，途经三门县、临海市、黄岩区、温岭市，设一座油库，一座分输站，6 座阀室。

（2）云南成品油管道的安宁—保山、安宁—蒙自、安宁—曲靖三条干线分别于 9 月、11 月和 12 月完成投产运行任务，在满足了云南省内成品油需求同时，并可辐射贵州、四川等周边地区，也将成为西南地区能源供应的“新力量”。

2017 年新增开工的成品油管道包括：

（1）安庆—合肥成品油管道延伸（合肥—六安支线）项目破土动工，支线起点位于合肥市肥西县的中石化油库内，终点位于新建的中石化六安油库内，途经合肥市肥西县和六安市金安区、裕安区，管道全长 102 千米。

（2）南京荆门—襄阳成品油管道工程，该管道工程设计输量为 350 万吨/年，新建站场 2 座、截断阀室 5 座，管道全长 130 千米，途经荆门和襄阳市的五县（区）14 个镇。

（二）典型成品油管道现状

在我国已建的成品油管道中，有三条典型成品油管道：兰郑长成品油管道、兰成渝成品油管道、洛郑驻成品油管道，它们的建成不仅代表着我国成品油管道建设取得的跨越式发展，对解决我国成品油输送，满足供需均衡也有着重要的意义。

1. 兰州—郑州—长沙成品油管道

兰州—郑州—长沙管道是我国距离最长的成品油管道。该管道包括 1 条干线和 15 条支线，干线起自兰州首站，途经甘肃、陕西、河南、湖北和湖南等五省 67 个市县，止于长沙末站，全长 2080 千米，局部管径 660 毫米，设计压力为 10MPa，设计输量 1500 万吨/年，已于 2013 年 11 月 1 日干线全线贯通。该管道的建设是贯彻落实党中央西部大开发战略的重要举措，是实施“西油东送”战略工程的具体体现，解决了兰州成品油外运问题，降低了运输成本，保障了油品高效运输，也是国内管径最大的成品油管道。

2. 兰成渝成品油管道

兰成渝线是国内最务实的成品油管道，也是国内设计难度最高的管道之一。该管道起自甘肃兰州首站，终止于重庆末站，途经甘肃、陕西、四川、重庆等 4 个省市的 40 个县市区。所经地貌区有湿陷性的黄土塬区、山势险峻的蜀道地区和河网密布沟壑纵横的平原地区，其中最具挑战性的是兰州—成都段的蜀道山区，“崇山峻岭、深谷大川、野兽出没、荒无人烟、山道盘盘、陡坡急弯、滚石塌方、管沟半悬”。管道全长 1247 千米，设计输量 500 万吨/年。该管道自 2002 年建成投产以来，一直处于 500 万吨/年的满负荷状态，2011 年完成全线增输改造工程之后，2013 年输油量又达到 700 万吨/年的满负荷状态。

3. 洛郑驻成品油管道

洛郑驻成品油管道起自洛阳石化总厂，途经洛阳、郑州、许昌、漯河、驻马店等 15 个市、区、县，管道全长 425 千米，设计输油量为 390 万吨/年，由中国石化投资建设，并于 2007 年 9 月 2 日顺利投产。该管道是河南省内建成的第一条成品油长输管道，它的建成结束了河南没有长距离成品油管道的历史，对缓解洛阳石化产品的铁路运输压力具有重要的战略意义。

（三）中国成品油管道发展的技术现状

20 世纪 90 年代后期，中国成品油管道输送研究随着成品油管道的建设有了新进展，先后进行了成品油顺序输送水力计算、批量跟踪等方面的研究及运行管理软件的开发。除格—拉管道采用“旁接油罐”顺序输送工艺外，我国的成品油管道均采用密闭顺序输送工艺，即紊流输送和隔离输送。总体上，技术水平与外国相比差距较大。

近年来，我国的成品油管道不论是在里程数还是运营技术上均取得瞩目成就，先后设计建造了包括兰成渝管道、西南管道、西部管道、兰郑长管道等一批规模较大、技术难度较高的成品油输送管道。其中兰郑长管道全长 2073 千米，是我国目前最大的一条成品油管道；西南管道是我国运营状况最为复杂的成品油管道系统之一；兰成渝管道是国内设计难度最高的管道之一。随着大批的成品油管道设计、建设、投产、运营，我国的成品油管道技术突飞猛进，与世界一流水平的差距不断缩小。

我国现阶段在成品油管道建设与运营维护中使用的技术主要包括以下三种：

（1）混油处理技术。成品油在管道的顺序输送过程中产生的混油不仅降低了管道输送的经济效益，而且增加了现场处理工艺的难度。因此，通过一定的计算方法去预测混油量，借用一定的技术手段提高混油切割精度，从而减少混油量，进而解决混油异常等问题，对于成品油管道输送具有重要意义。针对兰成渝成品油管道混油异常增多的情况，通过在流程中的单向阀之前加装截断球阀，以改进江油站越站流程的缺陷。

（2）调度计划优化技术。成品油管道的调度管理相当复杂，既要兼顾顺序输送又要多点分输，具体还涉及油源、销售和管道系统的协调优化等。制定调度计划是调度管理的核心任务之一，调度计划需满足上下游需求的同时确保管道的安全、高效。在解决新疆成品油管道问题时，通过 matlab 软件，以线性规划为基础，成功搭建了成品油管输计划自动优化调度模型。经实践证明，切实有效地提高了新疆区内的油品调输效率。

（3）运行技术优化技术。鉴于输送油品的密度和粘度的多样性，加上启停输干扰、输量调节以及中途分输或进油等复杂操作，成品油管道运行时常常处于不稳定的水力状态。因而为使管道经济高效运行，必须采取多种优化手段减少混油损失，降低能耗费用，使得管道在满足沿线需求的情况下最大化地利用管线的输送能力，获得最佳效益。

通过学习发达国家先进管道建设技术并结合自身经验，我国成品油管道建设初步形成了特有的模式，主要具有以下 5 个特点：第一，运行管理相对集中，中国石油所辖油气管道运行管理都集中在北京调控中心；中国石化由区域销售公司管理辖区内的成品油管道；第二，输送油品种类少，我国成品油管道一般仅用来输送汽油、柴油，大致有三四个品牌，只有极少的管道兼输航空煤油；第三，国产化设备水平低，大多数关键设备（如输油泵、调节阀、流量计、密度计、压力和温度传感器等）都依赖进口；第四，管道压力等级较高，由于钢管制造水平的进步，新建成品油管道的设计压力普遍控制在 8 ~ 10MPa，基本达到了世界先进水平；第五，自动化水平高，所有新建的成品油管道都具有远程操控功能，检测参数齐全，所有泵站都有质量分析橇和流量计，有些在役管道也在进行无人化泵站改造。

综上所述，20 世纪 90 年代以来，我国的管道建设与应用技术都取得了长足的进步。在过去的一年中，管道建设继续保持稳定发展，管道建设与运营技术也在持续突破。但需要注意的是，不论在技术水平还是布局建设方面我国的成品油管道发展与国外发达国家都存在差距，期望在 2018 年继续取得进步。

二、2017 年中国成品油仓储发展状况

我国的成品油仓储主要指成品油油库以及成品油码头。截至 2017 年，我国成品油油库已达到约 7800 万平方千米，我国的成品油油库主要布局在消费旺盛的地区，以华南地区的广东省、华东地区的江苏省和浙江省以及上海市、华北地区的山东省、河北省分布较为密集，三个地区成品油油库规模占全国成品油油库规模的比例分别为 20%、23%、12%。

我国现有比较大型的成品油码头 39 个，成品油泊位 430 多个，成品油码头主要分布在北部渤海湾、中部长三角地区、华南珠三角地区和东南沿海地区，在东部沿海形成码头带。

（一）中国油库发展状况

油库是协调原油生产、原油加工、成品油供应及运输的纽带，是国家石油储备和供应的基地，它对于保障国防和促进国民经济高速发展具有相当重要的意义。

在成品油油库市场上，中石油、中石化两大公司占据主导地位，但社会经营单位的成品油库库容也在持续稳步增长，还有很多“新生军”正在积极进入这一市场。近年来，社会经营单位油库规模占全国的比例基本维持在 40% 左右的水平，在当前成品油资源充裕的情况下，具备较强的市场操控能力。此外，一些“新生军”在油库建设方面也在积极扩张。作为“新生军”的重要代表，近年来成品油加工能力不断提升的中海油，通过在惠州炼厂周边建设油库以及在浙江等消费地收购社会经营单位，掌握了多个大规模的油库，对市场的影响正在逐步增加。目前，陕西延长石油公司正在积极进军西南市场，在建的四川中心油库项目将成为其辐射西南地区的成品油供应、销售和物流中心。

中外合资的成品油库也在不断涌现。由于外资公司在中国的成品油库建设方面

起步较晚，库容较少，主要依赖于与国内成品油经营单位合资建设。目前，BP、壳牌等国际石油巨头在中国都有油库分布。我国成品油库建设步伐在不断加快，中海油、中外合资企业等新进入这一市场的企业在不断新建、收购成品油库，扩容态势迅猛。

（二）中国成品油码头发展状况

我国沿海已拥有从事成品油运输较大的港口 39 个，成品油泊位 430 多个，已形成了北部渤海湾以大连、营口、天津为主要港口，长三角地区以宁波、舟山、上海为主要港口，华南珠三角地区以广州、深圳、惠州为主要港口，东南沿海以厦门、泉州为主要港口，以及北部湾港口群的成品油海洋运输体系。

沿江沿海的油库会建设配套成品油码头。中国石油湖口油库在长江湖口水道右岸，龙达（江西）差别化化学纤维码头下游 65 米处配套建有一座靠泊能力为 3000 吨级浮式油品码头（水工结构兼顾 5000 吨级船舶靠泊）；上海东方储罐有限公司 500～35000 吨的配套石化码头；上海洋山港巨型石油仓储的仓储基地位于上海南端的长江口，是上海庞大的洋山港港口及码头发展计划的一部分；深圳市光滙石油化工股份有限公司拥有相配套的华南地区吞吐能力最大的 10 万吨级石油化工专用码头；南沙油库与广州港能源发展有限公司合作，拥有一个 8 万吨级的码头，可以接收进口的原油和成品油；福建泰山石化仓储有限公司投资建设总储量为 150 万立方米的原油、成品油、化工品储罐及与之配套的码头，其中包括 6 个泊位，最大泊位可停靠 10 万吨级以上的大型油轮；中油江阴油库备有 2.5 万吨级石油石化专用码头，年吞吐量达 400 多万吨；广西钦州市钦州港鹰岭作业区的广西天盛油气码头，在化工罐区内，屹立着两个巨大的低温液化气罐、8 个成品油及化工用品罐、2 个球形液化气罐，而与其配套的，还有 5 万吨级的油气专用码头和火车装车专线。

中国是世界最大的石油消费国、最大的石油进口国，但是人均资源也是世界最为贫乏的国家之一，成品油的仓储对于保障国家稳定、安全发展具有重要意义。2017 年，我国成品油的仓储发展相对比较平稳，但仍然达不到国家石油储备安全值，在 2018 年需要加快建设脚步。

三、2017 年中国成品油管道、仓储面临的问题分析

近年来，我国成品油管道、仓储发展在取得显著进步的同时，仍然有许多问题亟待解决，主要问题分析如下：

1. 我国成品油管道网络化程度不高、运行符合率偏低，削弱了管道运输的优势

现阶段我国建成的区域性输油管道主要是以炼厂或者中转油库为中心，向较远市场辐射，配套支线还不完善，区域间的连接互通还没有完全实现，管网也没有完全覆盖主要消费市场，难以实现有效、合理地配置成品油资源。同时，2017 年，受资源和市场的双重影响，很多管道未能实现管道大输量、低成本的运输要求，还有部分管道存在造价偏高、运输成本和灌输费偏高的问题。以上因素影响了企业建设管道的积极性，削弱了管输优势。

2. 成品油管道建设规模持续扩大，但投资收益不稳定

成品油管道建设具有投资规模大、收回成本的周期长、项目间差异大和施工条件复杂等特点。而我国还没有形成集资、合资等成品油管道修建的商业惯例，成品油管道的所有者通常是大型或超大型企业，在一定程度上形成了成品油管道的自然垄断。2017 年，我国成品油管道相比上年建设规模扩大，而因为成品油价格相比上年下降，投资收益带来的不稳定性增加。而且，成品油管道建设项目间差异大，施工地点多在野外，施工条件复杂多变，在工程建设方面难以完全确保预算和工期。成品油管道收回成本的周期长，成品油管道收益直接与成品油价格和销量挂钩，而成品油价格的波动变化明显，因此成品油管道的投资收益率难以实现稳定，增加了投资风险和融资难度。

3. 成品油管道建设技术不发达，关键设备国产化程度低

我国地形复杂，建设成品油管道的难度大，而管道建设的技术尚不成熟，造成了很多管道存在管壁厚度不均匀、耐腐蚀性差、管件硬度较低等问题。而且成品油长输管道的关键阀门（减压/开关）、主输油泵、质量流量计、变送器等关键设备国产化程度不高。在实际应用中发现，部分国产化设备存在较多问题，给安全生产带来一定隐患。最先进的长输管道应用技术（SCADA：数据采集与监视控制系统）也属于国外专利。这造成了企业必须花费大量资金购买国外设备、技术和专利，制约了企业的长远发展。

4. 成品油油库选址和安全标准要求严格，但前期规划难度大

成品油油库建设时对选址要求严格。考虑到经济效益，成品油油库选址要尽量接近市场消费旺盛的区域，油库规模要符合市场需要，还要有便利的交通运输条件。从安全方面考虑，成品油油库应尽量远离人口密集区域，同时还要考虑购置土地的成本等问题。而且，成品油油库投资建设安全标准高。不仅要求有较高的设计标准，而且需要采用材质好耐腐蚀的材料和过硬的工程质量。因此在建设预算和质量管理等方面需要格外注意，前期规划难度大导致成品油油库的建设速度放缓。

5. 成品油油库自动化管理技术水平有待提高，管理效率偏低

在成品油油库的生产管理过程中，既需要油库内部各子系统之间、油库与油库之间进行沟通，作业层与管理层也需要保持有效的沟通，这就对油库的管理制度与管理水平提出了较高的要求。我国当前的成品油油库建设没有进行统一规划、不同系统之间信息接通不畅，成品油油库自动化管理技术应用参差不齐，导致了信息传递效率的降低，进而影响成品油油库管理效率的提升。

四、2018年中国成品油管道、仓储的发展展望

（一）2018年中国成品油管道的发展展望

2017年，我国的成品油管道建设继续保持平稳发展，增速有所放缓，建设的重点转向优化和调整，积极响应国家能源结构优化、发展生态高效经济的号召，顺应成品油需求增速分化的市场形势。2018年，中国成品油管道的发展将表现在以下三个方面：

1. 政策方面：深化油气体制改革，继续推进管网分离

国务院发布的《能源发展“十三五”规划》指出要推进油气体制改革。出台油气体制改革方案，逐步扩大改革试点范围。推进油气勘探开发制度改革，有序放开油气勘探开发、进出口及下游环节竞争性业务，研究推动网运分离。实现管网、接收站等基础设施公平开放接入。

成品油管道建设存在着投资建设规模大、施工难度大、成本回收期长的问题，这些问题导致了我国成品油管道建设的寡头垄断现状。而且，几家大型纵向一体的油气企业垄断管输业务的局面短期难以改变，即使管输市场进一步开放，管输业务与销售等其他业务完全分离目前也难以实现。这就导致国内管输市场关联交易长期存在，因关联紧密度、交易频率、交易比重、监管难度均超过成熟市场国家，更容易出现不公平交易的个案。

通过深化油气体制改革，推进管网分离，成品油管网还可以逐步向社会资本开放，引入市场竞争机制，逐步放松能源行业存在的种种市场准入壁垒和价格管制，朝着市场化过渡。

2. 投资建设方面：优化区域间成品油分配，稳步推进成品油管道建设

根据《石油发展“十五年”规划》，到2020年，成品油管道总里程将达到3.3

万千米，年输油能力达到3亿吨。2018年成品油管道投资建设的重点在于，解决区域油品不平衡问题和提高管输比例。

在成品油管道区域投资建设上，根据“就近供应、区域互联”的原则，“十三五”期间需要重点建设的区域有：推进东北到华北华中，华南到西南等跨区管道建设，解决油品资源不平衡和运输瓶颈问题；加快布局云南等西南地区、山西等华北地区成品油管道，提高区域成品油管输供应；依托长三角炼化基地集群和沿江炼厂，加快完善长江经济带管网布局，减少长江水路运输；与规划建设的炼油及升级改造项目、煤制油项目、成品油中转库和储备库、航油油库等配套新建管道；统筹军事需求，根据军队油料需求计划和分输地要求，在管道适当位置预留分输口或结合已有站场建设分输设施，改扩建格尔木—拉萨成品油管道。“十三五”期间成品油管道重点项目如表4－2所示：

表4－2 “十三五”期间成品油管道重点项目

项目 序号	管道名称	长度（千米）	管径（毫米）	设计输量 （万吨/年）	备注
1	锦州—郑州	1646	660/610/559	1300	在建
2	樟树—株洲	300	406	450	
3	洛阳—三门峡 —运城—临汾	480	508/323	600	
4	三门峡—西安	230	323	300	
5	永坪—晋中	360	406	320	
6	湛江—北海	210	457	500	
7	格尔木—拉萨成品油管道 扩（改）建	1110	323（156）	80（15）	

说明：1. 格尔木—拉萨成品油管道扩（改）建工程方案抓紧研究论证，2020年前工程完工。

2. 结合区域生态环境现状和特点、煤制油实际发展规模深入论证蒙东、蒙西煤制油外输管道规模的环境合理性，视煤制油项目进展情况适时建设。

数据来源：国家发改委

按照以上重点规划项目与实际情况来看，预计2018年投资建设的成品油管道仍以延续2017年在建管道为主，包括安庆—合肥成品油管道延伸（合肥—六安支线）项目、南京荆门—襄阳成品油管道工程、锦郑成品油管道项目、银巴成品油管道项目等。

3. 技术应用方面：推进现代数字化管道建设，应用大数据运营

2018年的成品油管道建设不仅仅是运营里程上，在技术应用上也会加快创新的

脚步，以建设现代数字化管道为目标，在建设中实现存在可行性研究、勘察、设计、施工和运营养护在内的信息管理系统、生产系统和模拟仿真系统的一体化。为施工安全、生产运营数据采集分析评价以及生产调度管理提供统一平台。同时在条件许可的情况下可以引进外国先进的光纤通信和卫星通信，建立稳定高效的数字信息保障系统，能够针对于地下管道实施全面的监控，确保安全运行。通过现在先进的高科技手段对管道所在的环境气候和管道资源经济进行全面的信息采集应用，实现在可视化的条件下为企业提供支持和服务。

而在成品油管道的运营方面，2018 年的发展趋势主要表现在科学调配和进一步与互联网技术相结合方面。成品油的管道运输调配将更加与大数据技术相结合，实现管道资源的最优化配置。管道安全管理，特别是管道完整性管理将更加与数字信号采集和远程通讯技术相结合，实现成本更节约、控制效果更好的无人化管道巡查和监控。无人机技术将被更广泛地用于成品油管道的安全巡查工作，提升工作效率。成品油管道的规划建设也将与大数据技术达到更深度的结合，实现经济合理布局。

（二）2018 年中国成品油仓储的发展展望

2017 年，我国成品油油库和成品油码头建设总体比较平稳，但相比于国家能源战略储备要求，其建设仍然不足。2018 年，成品油仓储的发展将表现在以下两个方面：

1. 政策方面：鼓励商业储备发展，规范政府储备行为

成品油仓储作为国家石油储备的重要组成部分，对保障石油供应安全，维护国家能源安全和社会稳定意义重大。《国家石油储备条例（征求意见稿）》中明确指出：从事原油加工、成品油批发和原油进出口的企业（简称承储企业），应当承担企业储备义务。企业在义务储备的同时，带来的必然是社会资本参与石油储备设施建设运营的增加，从而会推动石油仓储的市场化，促进成品油仓储的市场交易。

《意见稿》强调，国家能源主管部门不仅会加强对国家石油储备单位和企业的储备监督，还对仓储的具体操作与管理进行了明确，严格规范政府储备行为，可以预见在 2018 年的成品油仓储发展中，将更加重视规范化操作流程，提高仓储安全性。

2. 建设运营方面：继续扩大仓储建设规模，提高仓储运营技术水平

2018 年中国成品油油库建设沿海建设和沿输油管道建设的趋势将更加明显。这

主要是由于我国现在石油的运输方式发生改变而形成的。输油管道建成后，连接炼油厂和成品油库，确保了炼油厂的油品可以畅通地输出，有利于炼化企业的发展。

2018 年中国保税油库将进一步发展，保税成品油油库包括机场保税油库、国际码头报税油库、来料加工报税油库和成品油转口成品油油库等，鉴于我国成品油加工产能过剩，成品油出口规模不断扩大，成品油保税油库将进一步发展。

在成品油油库运营方面，2018 年油库下装发油设施将进一步完善。与传统上装发油方式相比较，下装发油具有以下优势：一是下装发油的流量一般为 $120m^3/h \sim 140m^3/h$，而上装发油量却只有 $50m^3/h \sim 100m^3/h$；二是下装发油是罐车在处于密闭的情况下进行的，可以有效地降低油品的蒸发；三是下装发油可以将多个发油管设在同一车位，几个鹤管同时发油，应用多仓位、多油品的车辆装油可以大大地提高油库的发油效率；四是下装发油可简单方便地连接油气回收系统，提高油气回收系统的效率。

2018 年油库计量体系自动化管理能力和水平将进一步提高。由于计算机技术、自动化控制技术和自动计量技术的发展，油库的计量体系逐步实现了自动化管理。油库的自控系统主要包含公路微机发油系统、安全监控系统和罐群自动计量系统。公路微机发油系统是目前普遍采用的公路发油控制系统，技术也非常成熟和完善。公路微机发油系统一般具有溢油及静电接地联锁及报警、现场急停以及灌装流速的调节和温度补偿、故障自诊断功能。功能全面，也比较简单适用，在以后的发展中应该会更加完善；安全监控系统可实时监控收发油区、灌区和变电所等易发生危险的区域，这与现代电子科技的发展密切相关。通过电视监控系统，使以前比较难监测的区域实现了数字化监控，能有效地避免油库危险事故发生。但目前数字监控系统受网络的限制还没能完全实现远程监控，计算机系统联网监控是 2018 年油库发展的一个重要方向。

第五篇

成品油零售与加油站篇

2017 年商务部发布的《原油成品油流通管理办法（征求意见稿）》明确规定成品油零售是指通过成品油零售网点向消费者销售成品油的经营行为。成品油零售网点是指利用加油站、水上加油站、农村加油点从事成品油终端销售的经营单位。由于水上加油站、农村加油点的数量很少，且其油品种类单一，销量较少，对整个成品油零售市场的影响有限。因此，本部分所提到的成品油零售主要是指加油站这一零售终端，成品油主要是汽油、柴油和煤油三种。

2017 年中国成品油消费增速较低，消费结构进一步分化。汽油消费增幅明显放缓，仍是成品油消费增长主体；煤油消费仍高速增长，需求潜力大；柴油消费止跌回升，总体需求低迷。政府对成品油市场的管制进一步放开，市场竞争将日益激烈，价格的市场化程度提高。

2017 年，成品油零售终端的加油站数量小幅增加。“两权”放开的政策利好，使得民营加油站数量增长较快，外资加油站在市场不断放开的政策信号下也正在蓄势待发。国有大石油公司，稳妥推进混合所有制改革，并不断深化混改模式是 2017 年经营模式深入改革的体现。“互联网 +”与油品、非油业务的融合、油非互动以及差异化经营策略的实施是保证加油站的油品业务小幅增长及非品业务持续创新与快速发展的重要原因。

成品油零售市场和加油站经营中还存在着诸多问题：市场集中度较高，不利于充分竞争；定价机制还未实现完全市场化，市场的监管不到位导致无序竞争现象依旧存在。加油站经营中，经营模式和经营效率有待优化和提高，非油业务尽管快速发展，但还处于外延发展阶段。

2018 年，随着油气市场改革进程的加快，油品业务的竞争将更加激烈。受国内经济增速放缓、油价持续低幅震荡、新兴和替代能源快速崛起等多种因素影响，炼油市场将持续产能过剩。同时考虑到环保问题，成品油的销售标准也会逐步趋严，各大企业将角逐高端油品市场。加油站经营中，利用“互联网 +”的发展态势将提速，随着油企高度重视非油业务的发展，并联合互联网巨头布局非油业务的发展，2018 年的非油业务将进一步推进，销售占比也将继续增大。

一、2017年中国成品油零售市场发展状况

2017年中国成品油消费增速较低，消费结构进一步分化。汽油消费增幅明显放缓，仍是成品油消费增长主体；煤油消费仍高速增长，需求潜力大；柴油消费止跌回升，总体需求低迷。当前，我国成品油零售市场已形成多元化竞争格局。政府相关政策的出台，对成品油零售市场的市场准入、成品油定价、市场竞争及市场秩序等都产生较大影响。

（一）2017年成品油零售规模及结构

1. 成品油消费增速较低，消费结构进一步分化

2017年中国成品油市场受到新能源等替代资源增长以及国家环保检查力度增大的冲击，整体成品油消费增速较低。成品油总体消费结构进一步分化，其中汽油和煤油继续保持较高增长，而柴油出现下降，出口量大幅增加。

根据《数据快报》数据整理，2017年1—10月我国累计成品油表观消费量为26937万吨，比2016年同期上升684万吨。从表5-1、图5-1可见，2017年前8个月我国成品油表观消费量相比2016年小幅上涨，个别月份略有下降；随着2017年下半年我国经济增速开始回升，成品油消费从9月开始增速显著加大，9月增速2.2%，10月增速2.6%。

2015年我国成品油表观消费量为2.9亿吨，零售量约为1.8亿吨，约占表观消费量的65%；2016年我国成品油表观消费量为3.14778亿吨，零售量为2.0995亿吨，约占表观消费量的67%。持续两年我国成品油零售量占成品油表观消费量的比重稳定在65%左右。假设2017年该比重为67%，则2017年1—10月我国成品油零售量约为1.8048亿吨。

表5-1　2016—2017年我国成品油表观消费量

	1月	2月	3月	4月	5月	6月	7月	8月	9月	10月
2017年（万吨）	2628.45	2628.45	2676.4	2581.5	2715.5	2676.2	2575.1	2618.3	2931	2906.1
2016年（万吨）	2590.05	2590.05	2649.3	2636	2571	2621	2553.7	2662.8	2651.1	2728.2
累计变化率（%）	1.5	1.5	1.3	0.5	1.5	1.6	1.5	1.1	2.2	2.6

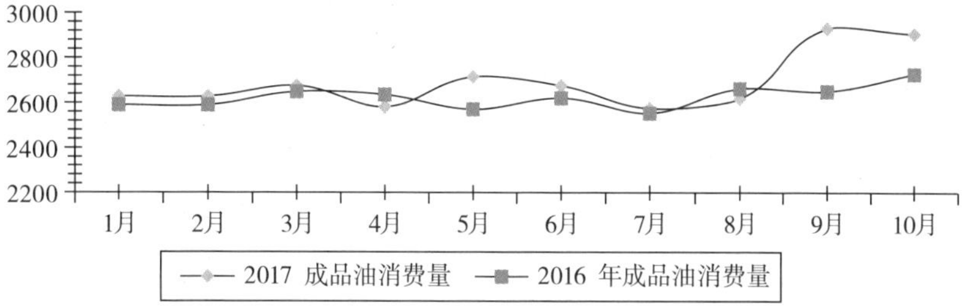

图 5－1　2016 年和 2017 年我国成品油消费量（万吨）

从消费结构来看，近几年，我国成品油消费以汽油和柴油消费为主，主要用在交通以及工业领域，而航空煤油随着航空业的快速发展，需求增速明显高于其他版块。从图 5－2 可见，2017 年 1—10 月我国成品油表观消费量中柴油占比最大，为 52%；汽油次之，为 38%；煤油最少，占 10%。2017 年受宏观经济形势和产业结构调整影响，柴油消费延续下滑，但下半年工业用柴油消费逐步回暖。在民航需求拉动下，航空煤油消费增速继续保持高位。

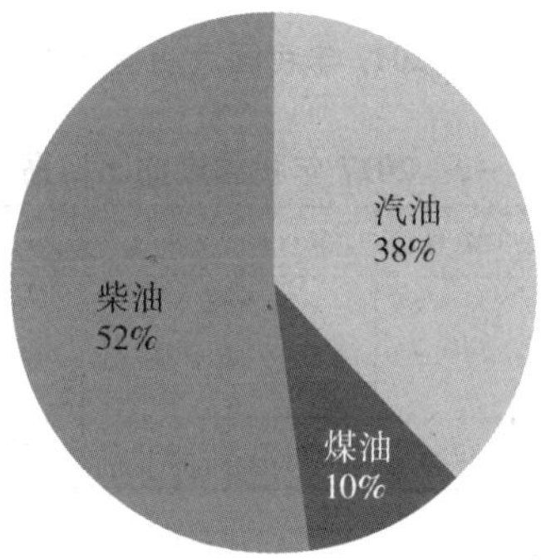

图 5－2　2017 年 1—10 月我国成品油消费占比

2. 汽油消费增幅明显放缓，仍是成品油消费增长主体

2016 年我国汽油表观消费量增速 3.9%，2017 年 1—10 月我国汽油表观消费量为 10203.3 万吨，同比增长 2.1%。相比 2016 年增速明显放缓。从表 5－2 可见，2017 年我国汽油消费量同比小幅平稳增长，9 月起增幅加大。受国内汽油消费增长的影响，汽油出口量在 2017 年前 5 个月大幅增长，6 月份开始，增幅回落到个位数，见表 5－3。汽油消费结构中，高标号汽油的比重呈现增加趋势。经济增长生活质量提高的一个表现是私家车数量的持续增长，由此导致高标号汽油所占比重逐年上升。中国石油和中国石化的高标号汽油占据非常高的市场份额。

表 5-2　2016—2017 年我国汽油消费量

	1月	2月	3月	4月	5月	6月	7月	8月	9月	10月
2017 年（万吨）	1000.8	1000.8	1041.3	955.2	1049.5	1035.7	956	972.9	1121.9	1069.2
2016 年（万吨）	989.55	989.55	1030.9	1019.6	983.5	992.4	957.4	1012.3	982.9	1030.9
累计变化率（%）	1.1	1.1	1.1	-0.8	0.7	1.3	1.1	0.5	2	2.1

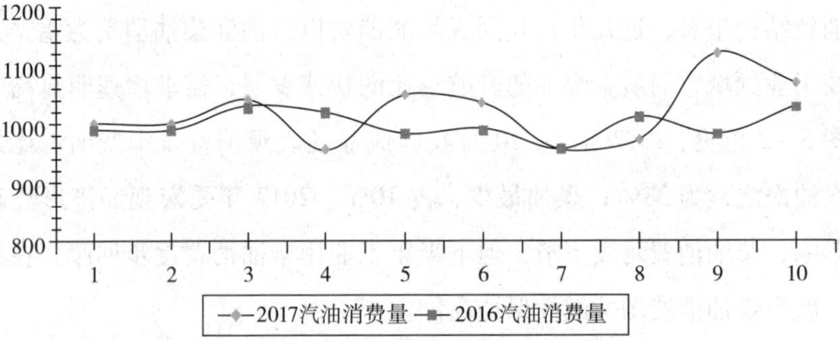

图 5-3　2016—2017 年我国汽油消费量（万吨）

表 5-3　2017 年我国汽油出口量

	2月	3月	4月	5月	6月	7月	8月	9月	10月
汽油出口量累计（万吨）	166	249.7	340.7	404.7	481.3	583.6	674.4	731.2	828.2
同比增长（%）	39.1	34	32.5	20.8	8.1	7.7	10.7	5.5	6.2

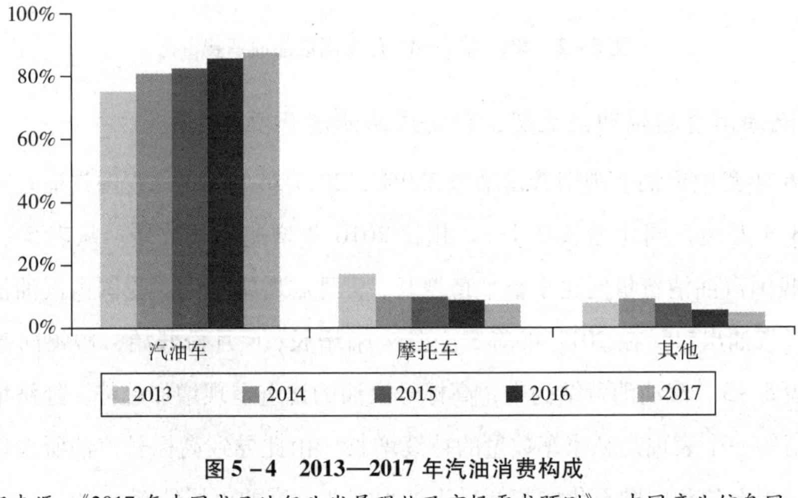

图 5-4　2013—2017 年汽油消费构成

数据来源：《2017 年中国成品油行业发展现状及市场需求预测》，中国产业信息网

人们生活水平不断提高，汽车保有量继续增加，汽油依然保持较高需求。但随着惠州炼厂二期投产、云南石化产出产品，2017 年整体炼厂开工负荷处于高位，国内汽油供应过剩加剧。同时，车辆油耗的降低，新能源汽车、共享单车的快速发展，都从负面影响 2017 年汽油的消费。

我国汽油消费主体比较单一，多是通过加油站的车用需求，汽车用油约占整个汽油消费的 85% ~90% 。从图 5 -4 可见，汽油车持续占据我国汽油消费的绝对优势，2017 年占比 87. 82% 。公安部交管局统计数据显示，2017 年全国汽车保有量达 2. 17 亿辆，相比 2016 年增加 2304 万辆，2017 年全国汽车保有量增速 11. 85% ，相比 2016 年的 12. 9% ，有所下降。从车辆类型看，载客汽车保有量达 1. 85 亿辆，其中以个人名义登记的小型和微型载客汽车（私家车）占载客汽车的 91. 89% 。新能源汽车保有量达 153 万辆。2017 年汽车保有量的增速降低导致汽油消费低速增长。同时，中汽协统计数据显示，2017 年我国乘用车共销售 2471. 83 万辆，同比增长 1. 4% ，增速比 2016 年回落 13. 53% ，对我国汽油表观消费量有一定负面影响。

2017 年小排量车继续享受税收优惠，购置 1. 6 升及以下排量的乘用车减按 7. 5% 的税率征收车辆购置税。税收优惠对小排量车销售的带动导致单车油耗水平有所下降，对我国汽油消费增长产生了负面影响。

2017 年我国共享单车依旧处于行业井喷阶段，单车覆盖面从一线城市迅速向二三线城市拓展。至 2017 年 5 月下旬，全国共享单车累计投放量达 1000 万辆，2017 年末全国累计投放量约 3665 万辆。据国金证券研究所测算，基于 3665 万辆，2017 年共享单车替代汽油量 126. 4 万吨，占汽油表观消费量超过 1% 。

3. 煤油消费仍高速增长，需求潜力大

煤油在我国成品油消费结构中占比较小，仅占 10% 左右，但消费增幅最快，消费量从 2009 年的 3871 万吨涨至 2016 年的 7775 万吨，增长率高达 50% ，年复合增长率 10% ，其中航空煤油是主要增长动力。随着我国航空业快速发展，航空煤油消费量也快速增长，2017 年我国航空煤油消费量占煤油消费总量的 94% 左右。

2017 年 1—10 月，国内煤油表观消费量为 2823 万吨，相对于 2016 年同期增长 9. 8% 。从表 5 -4、图 5 -5 可见，煤油消费增速较高，前四个月增速都在两位数以上，之后回落，9 月份增速又开始加大。

表 5-4　2016—2017 年我国煤油消费量

	1月	2月	3月	4月	5月	6月	7月	8月	9月	10月
2017 年（万吨）	279.35	279.35	253.1	282.9	263.1	255.5	282.2	296.1	315.4	316.1
2016 年（万吨）	234.25	234.25	253.9	270.6	270.6	260.1	269.1	264.3	249.8	272.1
增速（%）	19.3	19.3	12.4	10.2	7.5	5.9	5.7	6.5	8.7	9.8

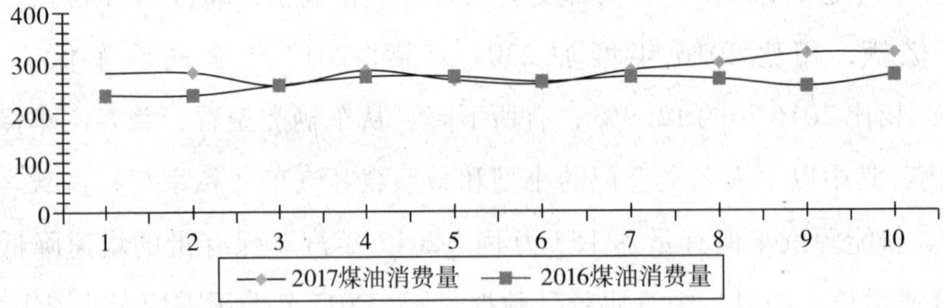

图 5-5　2016—2017 年我国煤油消费量（万吨）

2017 年国内煤油增速大的原因：一是煤油的基数相对于汽油、柴油低；二是受益于航空业的发展，航空煤油需求良好。据民航局统计，2017 年全国民航全年运输总周转量突破千亿吨千米，达到 1083.1 亿吨千米，同比增长 12.5%。虽然较 2016 年 13.0% 的增速略有下降，但仍保持在两位数以上，促进了国内煤油的消费需求。

《国务院关于促进民航业发展的若干意见》中明确了我国民航的近期发展目标，到 2020 年，航空运输规模将不断扩大，年均增长 12.2%，通用航空实现规模化发展，年均增长 19%。中国民用航空局《建设民航强国的战略构想》中提出：实施大众化战略，国内生产总值达到全国总量 98% 以上的区域能得到航空服务，使民航从提供高端性消费向满足大众经济性消费扩展，实现“县县通、及时达”。从航空工具中长期科技发展来看，航空煤油不像汽柴油一样面临着各种替代能源的冲击，具有较强的不可替代性。因此，我国航空煤油依然将长期占据航空业的主导地位，未来煤油需求将保持高速增长的态势。

4. 柴油消费止跌回升，总体需求低迷

我国柴油消费是反映工业活动的风向标，运输业、制造业、建筑业等行业与我国柴油消费联系密切。从 2010 年开始，来自交通运输、仓储和邮政业的柴油消费占国内全部柴油消费超过 60%，以后年份呈现平稳缓慢增加的趋势；工业用柴油占比从 2004 年始低于 20%，以后年份基本呈现平稳下降趋势；剩下约 20% 的柴油消费需求来自农、林、牧、渔、水利业等。

2017 年 1—10 月，我国柴油累计表观消费量为 13911 万吨，比 2016 年仅增长 1.6%；而同期柴油产量增长 2.2%。为缓解国内过剩产能，同期我国柴油出口量激增 9%。从表 5 -5、图 5 -6 可见，2017 年前 4 个月，我国柴油消费依旧负增长，但较 2016 年同期 6.6% 的跌幅，跌幅下降。5 月份开始，柴油消费实现微弱正增长。2017 年下半年国内经济触底回升，固定资产投资以及基建行业回暖，带动柴油消费底部空间触底攀升，10 月份起，柴油消费增速略微加大。

表 5 -5　2016—2017 年我国柴油消费量

	1月	2月	3月	4月	5月	6月	7月	8月	9月	10月
2017 年（万吨）	1348.3	1348.3	1382	1343.4	1402.9	1385.1	1336.7	1349.4	1493.7	1520.8
2016 年（万吨）	1366.25	1366.25	1364.5	1345.8	1317	1368.4	1327.3	1386.1	1418.5	1434.1
增速（%）	-1.3	-1.3	-0.5	-0.4	1	1	1	0.5	1.1	1.6

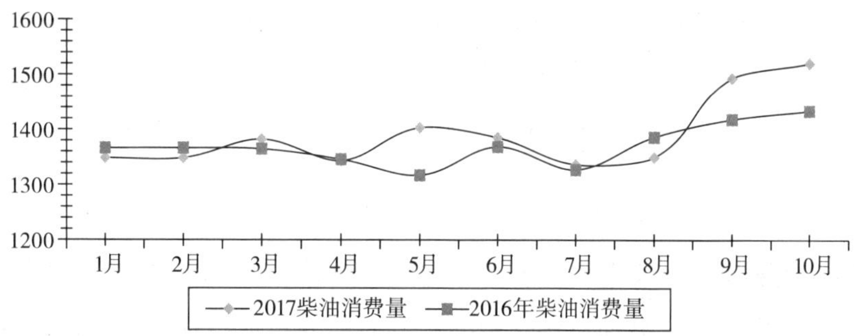

图 5 -6　2016—2017 年我国柴油消费量（万吨）

国家统计局数据显示，2017 年 1—9 月中国房地产开发企业房屋施工面积同比增长 3.10%，建筑企业生产活跃；1—12 月制造业 PMI 为 51.2% ~52.4%，继续位于扩张区间；中国经济缓慢复苏，推动柴油消费量回升。但 2017 年中国经济难以根本回暖，各工业的柴油需求进一步减少，结构调整及淘汰落后产能等因素依然发挥作用。此外，房屋限购政策以及银行对房地产企业资金收紧，进一步影响 2017 年房地产施工及用油。总体来讲，国内柴油需求处于低位水平，柴油出口保持高位水平。

5. 成品油消费区域仍集中于长三角、珠三角地区

国家统计局数据显示，在过去的二十多年的时间内，广东省依托快速发展的经济和需求，始终占据着全国汽油消费的榜首位置。截至2015年底，统计局数据显示，广东省年内汽油消费量高达1229.09万吨，占全国总消费量的9.29%。此外，沿海发达省市也因为经济发展速度快、汽车持有量高等因素，成为汽油主消费区域。除广东外，重要的汽油消费大省的消费量占比，从高向低依次为：江苏7.59%、四川6.77%、浙江5.70%、辽宁5.62%、山东5.49%、湖北5.29%、河南5.12%、上海4.59%、湖南3.89%、河北3.59%、福建3.52%、北京3.50%、安徽3.45%。

在1996—2015年累计柴油消费总量中，广东地区仍是传统柴油消费大省，累计消费2.35亿吨；其次为山东以及浙江省，而在汽油消费排名较为靠前的江苏省柴油消费排名下滑；辽宁以及浙江地区较为靠前。

在柴油消费总量分省市的排名中与汽油相比存在差异性，一定程度上说明国家重工业密集型地区对于柴油消费起到至关重要作用，山东地区工农业较为发达，因此柴油需求升至第二位。其他排名靠前主要集中在华北以及内陆地区，沿海等地柴油消费较少，可以看出沿海等地的工农业消费比例逐步下降，新兴产业以及服务业发展较快，一定程度上削弱国内柴油消费总量。

（二）成品油零售市场的竞争态势

1. 形成多元化格局，但中石化、中石油仍占优势地位

2004年商务部发布《成品油市场管理暂行办法》对内开放成品油零售市场；2006年商务部公布《成品油市场管理办法》对外开放成品油零售市场，打破之前国有企业垄断我国成品油零售市场的格局。当前，我国成品油零售市场已形成中石化、中石油、中海油、中化、金盾石化、东明石化、BP、Shell等国有、民营、外资共存的多元化竞争格局。以国内成品油消费量最大的广东省为例，尽管中石化、中石油在广东省内的成品油零售总量占据主导，但从成品油经营企业性质来看，广东省具有成品油批发资质企业中，民营以及外资企业占比高达49%；省内超5000家具有成品油零售资质企业中，民营以及外资企业占比达到46%。市场多元化竞争态势明显。

下面从加油站数量、单站日均销量、成品油零售占比三方面来分析市场的竞争程度。

加油站数量上，2016 年全国共有加油站 97100 座，其中，中石化占比超过 30%，是第一大零售巨头；中石油占比 21%，是第二大零售巨头，这两大主体占据我国加油站总量的一半。其他社会单位加油站总计占比 47%，其中虽然包括外资、中海油、中化的加油站，但数量较少，大部分都是民营加油站。我国民营加油站整体占比超过 40%，虽然拥有 4 万多座加油站，但经营主体分散。以山东独立炼厂为例，它是全国区域产能最大的独立炼厂，约占全国炼油总产量 20%、全国独立炼厂加工能力的 60%，但其拥有的加油站不到全国总量的 1%。加油站单站日均销量上，中石化、中石油年报披露 2016 年就已超过 10 吨，而民营加油站平均不到 4 吨。成品油零售占比上，中石化 2016 年汽油零售量占汽油总销量 82%，柴油零售量占柴油总销量 51%。民营加油站总量虽多，但其中约 50% 处于非城区，高速公路所占比例仅有 8.12%，其加油站整体销量占比仅为 21.34%。

从上述三方面分析可见，当前我国成品油零售市场虽然形成了多元化的竞争主体，但中石化、中石油两家依然占据市场优势地位，市场整体竞争程度有限。

2. 政府管制进一步放开，市场竞争将日益激烈

依据 2017 年商务部发布的《原油成品油流通管理办法（征求意见稿）》，成品油零售资质申请的实际门槛普遍而显著地降低，可操作性变得更强。文件虽然目前只是一个意见征集稿，但明确传递出加快市场化进程的信号。

2017 年我国成品油零售市场新的重量级市场主体不断出现。2017 年 9 月浙江省成立浙江石油集团，主营加油站成品油销售业务；山东石化注册成立中安石油，旨在整合山东境内约 6000 座民营加油站，成立自主品牌，统一标识，实行规范化的管理、定价；2017 年 9 月，碧辟（山东）石油有限公司成立，全资股东为英国伦敦的 BP 环球投资有限公司，公司经营范围为投资建设、经营加油站及相关便利店业务。

与此同时，互联网企业纷纷进军加油站市场，阿里巴巴对“无人加油站”已有相关布局，京东联手中石化推出智能加油站，腾讯与冠德石油联手打造微信智慧加油站。中石油、中石化也开始进一步拓展“互联网 + 加油站”模式。2017 年 11 月 11 日，北京油惠宝互联网科技有限公司率先在石家庄振华加油站投放使用了第一台“油惠宝”互联网自助加油机。“油惠宝”互联网自助加油平台是北京油惠宝互联网科技有限公司联合中化石油、中国人寿财险、通联支付、国电能源、振华石油以及全国 5000 多家民营加油站代表共同打造的“互联网 + 加油站”的自助加油服务平

台，一部或多部运输卡车共同使用一台加油机，可以通过手机微信扫码，司机自助加油，专门为车主降低成本，为加油站增收，是一种全新的共享与分享经济模式。2017年，“互联网+加油站”行业的加油站数量逐渐增加，用户规模也进一步提高，行业进入市场启动期。

可见，2017年我国成品油零售市场上，竞争主体进一步多元化，竞争不断加剧。

3. 价格的市场化程度提高，利润空间收窄

2017年以来，除了产能增加，还有不允许独立炼厂成品油出口，央企成品油出口额度收缩，以及成品油地板价的出台，批零差价进一步拉大，民营加油站利润颇为可观，民营加油站的降价空间增加，对两大零售巨头，尤其是中石化的市场份额产生了一定影响。2017年4月，中石化为提高市场份额价格主动优惠1—1.5元/升。中石化的价格优惠引发中石油在部分区域的跟进。民营加油站随之采取更猛烈的价格竞争。一些地区的优惠力度甚至超过2元/升甚至3元/升，且价格竞争在后期有向全国蔓延的趋势。至11月，一些地区的加油站仍在采取大幅的优惠措施。所以，此次价格竞争的范围更广，力度更大，时间跨度更长。2017年的价格竞争体现出国内成品油市场化进程加快，我国成品油市场多元化竞争加剧。

2017年成品油零售价格多以上调为主，全年涨跌相抵后汽油累计涨幅为365元/吨，柴油累计涨幅为350元/吨。但是仅从下半年来看，在国际原油供应收紧价格反弹的影响下，汽油、柴油零售价格全面上调，柴油零售价格累计上调930元/吨，汽油零售价格累计上调970元/吨。

随着国内成品油零售价格走高，2017年成品油批发价格高于上年同期水平，截至12月中旬中石油、中石化92号汽油均价同比上涨816元/吨，上涨14.1%，国Ⅴ柴油均价同比上涨880元/吨，上涨16.6%。随着下半年柴油批发价格大幅反弹，终端柴油批零价差降至年内最低水平，零售利润亏损，汽油批零波动幅度相对平稳。

（三）政府政策对成品油零售的影响

近两年来，政府出台的对成品油零售市场有较大影响的政策主要包括：《石油价格管理办法》《原油成品油流通管理办法（征求意见稿）》《关于进一步整顿和规范成品油市场秩序意见的通知》《关于进一步推进成品油质量升级及加强市场管理的通知》等，对成品油零售市场的市场准入、成品油定价及市场竞争等都产生较大

影响。

1. 油品质量升级加速推进，将对成品油价格产生一定影响

按照国家发改委、工商总局等 11 个部门 2016 年 2 月联合下发的《关于进一步推进成品油质量升级及加强市场管理的通知》的要求，2017 我国油品质量升级加速推进。2017 年 7 月 1 日，全国停止销售国Ⅲ普通柴油；2017 年 11 月 1 日全国全面供应国Ⅴ普通柴油，国Ⅲ以及国Ⅳ普通柴油在年底彻底退出历史舞台；2017 年 2 月，环保部等四部门和北京、天津、河北等六省市政府共同发布《京津冀及周边地区 2017 年大气污染防治工作方案》，提出“2 + 26”城市在 2017 年 9 月底前全部供应符合国Ⅵ标准的车用汽柴油。

国内油品质量迈向国Ⅴ、国Ⅵ质量标准，基本与欧美等发达国家油品质量标准一致。但油品质量升级对我国炼厂的配套装置以及工艺技术水平提出了更高要求，带来炼化成本上升，国内成品油销售各环节的价格会有一定上涨。

2. 政府对成品油定价机制放松，零售价格市场化程度提高

目前我国成品油零售定价机制遵循 2016 年 1 月 13 日国家发改委发布的《石油价格管理办法》。该办法规定，汽、柴油最高零售价格根据国际市场原油价格变化每 10 个工作日调整一次，并设置调控上下限。这种定价模式较为简单和刚性，再加上设置了成品油“地板价”，不能非常及时地跟进国际市场油价变动，国内油价总体水平依然高于国际油价。2015 年 10 月发布的《中共中央国务院关于推进价格机制改革的若干意见》，提出“到 2017 年，竞争性领域和环节价格基本放开，政府定价范围主要限定在重要公用事业、公益性服务、网络型自然垄断环节。到 2020 年，市场决定价格机制基本完善”。成品油零售市场属于竞争性领域。未来，中国成品油零售价格将完全放开，由市场自主定价，政府仅在特殊时期进行调控，在非特殊时期将以加强市场监管为主。

从实务层面看，2017 年上半年全国爆发了大规模、大幅度的价格战，直接反映了我国成品油零售价格市场化程度的提高。从国家改革层面看，2017 年我国也在稳步推进成品油零售价格机制改革。1 月 4 日，国家发改委主任徐绍史撰文强调，“十三五”期间应减少政府对价格形成的干预，成品油价格将完全实现市场化。对于价格市场化的落地时间，徐绍史表示，到 2017 年，竞争性领域和环节价格基本放开，到 2020 年，市场决定价格机制基本完善，价格调控机制基本健全。11 月底，上海

石油天然气交易中心成品油现货交易上线试运行，拉开了成品油价格全面市场化的大幕。所以，短时间内成品油定价完全市场化较难实现。但成品油市场化定价是未来的改革方向和最终目标。

3. 放宽外商准入限制，将逐步改变零售市场的格局

2017 年 7 月《原油成品油流通管理办法（征求意见稿）》公开征求意见。在外商成品油经营资质方面提出，同一外国投资者在中国境内从事成品油零售经营（含独资、控股、租赁、特许经营）超过 30 座及以上成品油零售网点的，销售来自多个供应商的不同种类和品牌成品油的，由中方控股。而之前旧版的规定是不允许外方控股，措辞的差异也反映出对外商的经营放宽。同时，在旧版管理办法中，30 座零售网点包含“投资建设加油站、控股和租赁站”三种，而此次新办法将“特许经营”也纳入 30 座数量之内，这一调整预示着未来将提升外资石油公司加油站在国内市场的份额，逐步改变成品油零售市场的格局。

4. 市场监管的进一步加强，利于营造更加规范的市场秩序和安全的经营环境

《原油成品油流通管理办法（征求意见稿）》中，提出成品油经营企业应当依法经营，严禁成品油零售企业从无成品油批发经营资格的企业购进成品油，不允许擅自新建、改扩建成品油零售网点等。且对不同的违法违规行为的具体惩戒措施等规定细化。意见稿一旦通过，则会进一步规范成品油零售市场各个环节的市场秩序，促进石油流通市场的繁荣。

2015 年国务院发布的《水污染防治行动计划》中，要求加油站地下油罐应于 2017 年底前全部更新为双层罐或完成防渗池设置。之后，各地政府针对加油站双层罐改造提出强制性要求。2017 年，我国多地开展加油站专项整治，许多证照不全、有安全/品质隐患的加油站被关停，且执法力度空前。作为全国率先执行汽车加油加气站新国标的北京市，在过去三年已完成 422 座加油站改造的基础上，要求 2017 年对至少 300 座加油站进行改造，以提高加油站的安全水平。政府日益强化证照、安全环保等方面的管理，利于营造更加规范、安全的经营环境。

二、2017 年中国加油站发展状况

2017 年以来，汽车保有量虽然快速增加，但加油站数量也仅是缓慢增长。加油站密度持续降低，单站服务车辆继续增加。中石油、中石化的加油站数量仍超过一半。民营加油站数量相对增加较快，外资加油站正在蓄势待发。石油公司对零售业务高度重视，“互联网 +” 与油品零售业务的深度融合，以及不断创新的营销方式是加油站经营获得效率和效益提高的重要因素。

（一）加油站数量及构成

2017 年，我国加油站数量增加较少。加油站密度持续降低，单站服务车辆继续增加。中石油、中石化的加油站数量仍超过一半，且占比有小幅增加。在政策利好的带动下，民营加油站数量增加相对较快，外资加油站虽数量增长很少，但正在蓄势待发。

1. 加油站数量持续增速缓慢

随着我国经济的快速发展，全国机动汽车保有量快速增加。根据公安部交管局统计，2011 年至 2016 年，全国汽车保有量从 0. 9356 亿辆增加至 1. 94 亿辆，增加了 107. 35%，年均增长 15. 7%。2017 年，全国汽车保有量达 2. 17 亿辆，与 2016 年相比，全年增加 2304 万辆，增长 11. 85%。汽车数量的持续快速增长，成品油零售市场需求随之增加，势必会带动加油站数量的增加。但是，由于加油站建站需要严格的审批、高额的投资成本、加油站相对饱和以及新能源汽车产销量大增等原因，加油站增长空间有限，增长缓慢，增速下降。根据《中国加油站行业分析报告》统计的数据显示，2012—2016 年，我国加油站的数量由 9. 5 万座增加到 9. 7 万座，但增幅从 0. 94% 下降到 0. 31%，具体见表 5 - 6。根据上述分析判断，2017 年我国加油站总量也持续缓慢增长。以加油站数量最多的中石化为例，2016 年的加油站总量为

30603 座，截至 2017 年第三季度，其加油站总量为 30728 座，相比 2016 年，仅增加了 125 座，同比增长仅 0.41%。

表 5－6　2011—2016 年我国加油站数量变化

年份	2011	2012	2013	2014	2015	2016
合计（座）	95400	96300	97000	97700	96800	97100
增长量（座）	–	900	700	700	－900	300
增长率（%）	–	0.94	0.73	0.72	－0.92	0.31

数据来源：前瞻产业研究院《中国加油站行业分析报告》

2. 加油站密度降低，单站服务车辆增加

近些年我国公路里程增长迅猛，由 2011 年的 410.64 万千米增加到 2016 年末的 469.63 万千米，增长 14.4%。2017 年 1 月至 11 月，我国公路建设完成投资 1.98 万亿元，同比增长 21.1%，所以，可以判断，2017 年公路里程也持续快速增长。加油站总量缓慢增长及公路里程的快速增长，导致加油站密度呈现下降的态势。加油站密度由 2011 年的 2.32 座/百千米降至 2016 年的 2.06 座/百千米。具体见表 5－7 和图 5－6。

由于技术的进步、汽车能效的提高、新能源汽车的推广等原因，使得单车油耗逐年下降，同时，伴随着汽车保有量的大幅增长而加油站数量缓慢增长，导致单站服务车辆数日益增加。单站服务车辆从 2011 年的 981 辆/站增长为 2016 年的 1998 辆/站。2017 年，全国汽车保有量达 2.17 亿辆，相比 2016 年增长 11.85%，而加油站数量持续缓慢增长，因此，可以判断，2017 年单站服务车辆数相比 2016 年还会增加。见表 5－8 和图 5－7。

表 5－7　2011—2016 年我国的加油站密度

年份	2011	2012	2013	2014	2015	2016
公路里程（万千米）	410.64	423.75	435.62	446.39	457.73	469.63
加油站数量（座）	95400	96300	97000	97700	96800	97100
加油站密度（座/百千米）	2.32	2.27	2.23	2.19	2.11	2.07

注：公路里程数据来源于国家统计局网站。

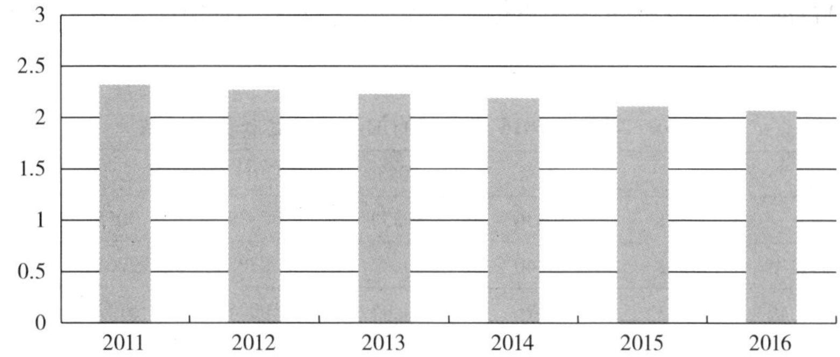

图 5－7　2011—2016 年我国的加油站密度（座/百千米）

表 5－8　2011—2016 年我国加油站单站服务车辆数

年份	2011	2012	2013	2014	2015	2016
加油站数量（座）	95400	96300	97000	97700	96800	97100
汽车保有量（亿辆）	0. 9356	1. 0933	1. 37	1. 5447	1. 721	1. 94
单站服务车辆（辆）	981	1135	1412	1581	1778	1998

注：汽车保有量数据来源于公安部交通管理局网站。

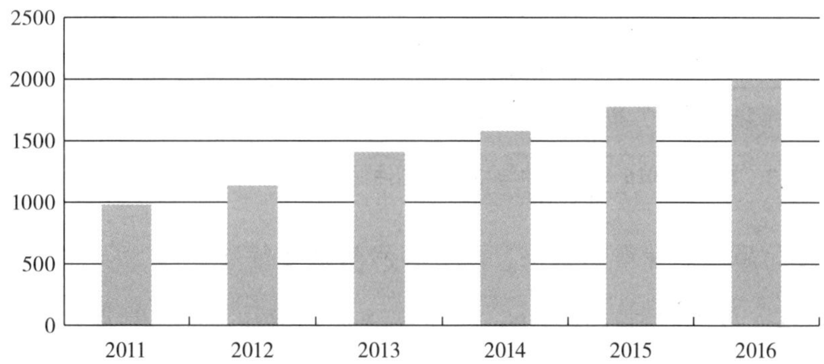

图 5－8　2011—2016 年我国加油站单站服务车辆数（辆）

3. 中石油、中石化的加油站数量仍超过一半，且占比小幅增加

中石化与中石油的加油站是我国成品油零售的主体。2011 年至 2016 年，中石油与中石化的加油站数量一直超过 51%，其他的民营、外资等争夺剩余的加油站份额。其中，2016 年，全国 97100 座加油站中，中石油与中石化的加油站数量达到 51286 座。2017 年，中石油和中石化为积极应对资源过剩和竞争激烈的市场形势，不断完善营销网络，优化加油站布局。根据中国产业信息网《2017 年中国成品油行业发展现状及市场需求预测》，2017 年中石油与中石化加油站占全国加油站比重 53. 1%，其中中石油占比 21. 5%，中石化占比 31. 6%。可见 2017 年我国加油站数量

仍然是以中石油、中石化两大公司占据主要地位，且占比小幅增加。具体见表5-9和图5-9。

表5-9　2011—2016年我国的加油站单站服务车辆数

年份	2011	2012	2013	2014	2015	2016
中石化（辆）	30121	30836	30530	30538	30551	30603
中石油（辆）	19362	19840	20272	20386	20678	20683
中石化和中石油（辆）	49483	50676	50802	50924	51229	51286
全国（辆）	95400	96300	97000	97700	96800	97100
占比（%）	51.87	52.62	52.37	52.12	52.92	52.82

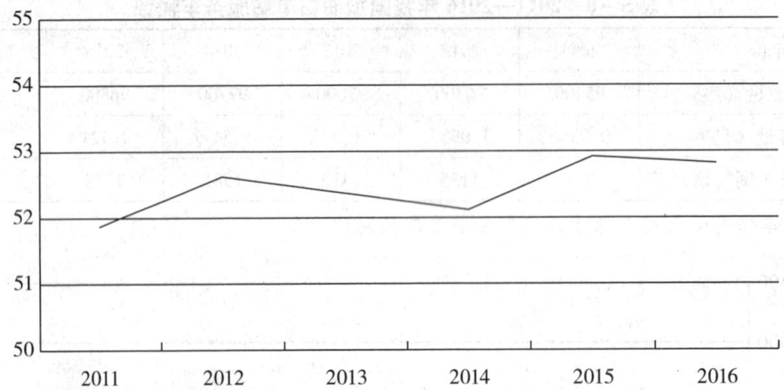

图5-9　2011—2016年中石油与中石化加油站占全国加油站数量的比重（%）

4. 民营加油站数量增长较快，外资加油站蓄势待发

在“两权”放开的利好政策下，2017年《原油成品油流通管理办法（征求意见稿)》降低了成品油零售企业的准入门槛，这有利于民营加油站发展。同时，伴随着国际原油价格的持续低迷，炼油产能的过剩，民营加油站数量增加较快。以民营加油站数量最多的山东省为例，自2016年以来，民营加油站数量已增加了超过300座，增长率为5%，远超近几年全国平均不到1%的增长速度。其中，扩张速度比较快的金盾石化，2016年5月到2017年3月，加油站数量从近30座增加到80座。京博石化在2016年时提出计划2019年前再增加500座加油站，东明石化更是计划2019年前建设1000座加油站。

2017年，合资加油站数量为2800多座，占全国加油站总数约2.88%。具体见表5-10。合资加油站主要布局在经济相对发达的沿海省份。近几年来，由于国家的政策限制、加油站投资建设成本的巨大以及国际原油价格低迷环境下外资公司战略的调整等原因，其加油站数量没有明显变化。但是，2017 年 7 月 19 日商务部发布的《原油成品油流通管理办法（征求意见稿）》相比 2015 年的《成品油市场管理办法》（商务部令 2015 年第 2 号修订）（简称修订稿），放宽了成品油零售领域的外资准入限制，从“不允许外方控股”到“由中方控股”。其中提到的加油站类型也由投资建设加油站、控股和租赁站变化为独资、控股、租赁、特许经营等四种类型，见表 5－11。继 2016 年壳牌在浙江成立独资的成品油零售公司后，2017 年 9 月，BP 在山东设立独资公司，即将在竞争激烈的山东市场拓展零售网络。所以，可以预见，外资加油站正在蓄势待发，加油站数量将会很快有较大的增长变化。

表 5－10　合资加油站数量

品牌	合资/独资公司数量（个）	加油站数量（座）
壳牌	8	1200
BP	2	700
艾克森 美孚	1	700
道达尔	3	200
合计		2800

数据来源：《老于说油：外资加油站在中国的现状及发展》；http：//www. sohu. com/a/158805197_ 445956。

注：以上数据截至 2017 年 7 月，其他外资品牌因加油站数量过少，在此忽略不计。

表 5－11　2017 年征求意见稿与 2015 年修订稿对比

内容	2015 年修订稿	2017 年征求意见稿
外商成品油零售经营资质	同一外国投资者在中国境内从事成品油零售经营超过 30 座及以上加油站的（含投资建设加油站、控股和租赁站），销售来自多个供应商的不同种类和品牌的成品油的，不允许外方控股	同一外国投资者在中国境内从事成品油零售经营（含独资、控股、租赁、特许经营）超过 30 座及以上成品油零售网点的，销售来自多个供应商的不同种类和品牌成品油的，由中方控股

（二）加油站零售业务影响因素分析

近几年，石油公司对零售业务越来越重视，强调其在公司业务中的核心地位，这是加油站获得发展的内部源动力。互联网与油品和非油业务的持续深度融合是油品零售业务转型的推动力。石油公司为提高单站销量和效益，不断创新营销方式。这些因素共同促进了加油站零售业务的发展。

1. 石油公司对零售业务的重视是零售业务增强的内部源动力

成品油销售是石油产业链中最重要的一环。而成品油零售是市场竞争的最前沿，各竞争主体追求的市场份额，主要来自于零售市场。同时，国外大石油公司的利润绝大部分来自于零售，我国石油公司相比国外还有较大差距。因此，石油公司的充分重视是零售业务获得发展的内部强大动力。

近几年，随着经济的发展和成品油市场的开放，成品油零售市场的参与主体越来越多，竞争激烈程度超过成品油批发市场。突出成品油零售的核心地位，巩固并扩大零售市场份额，一直是国内大石油公司在经营中强调的重点。如中石油提出要强化零售核心地位，并不断通过各种措施，增强终端销售能力。对零售业务的重视，使得成品油的零售量在整体销量中的比重不断提高。2016 年，中石油成品油零售占比达到 50. 14%，中石化零售占比达到 69. 57%。2017 年，中石化成品油总销量达 177. 76 百万吨，零售量 121. 56 百万吨，零售占比 68. 38%（见表 5 – 12）。中海油由于加油站数量较少，零售量占总销量的比例较低，但近一两年，其不断提升加油站的单站销量和零售总量，加油站零售占比也在增长。

表 5 – 12　中石化成品油零售量及占总销量比重

年份	2015	2016	2017
零售量（百万吨）	119. 03	120. 14	121. 56
总销量（百万吨）	171. 37	172. 70	177. 76
比重（%）	69. 46	69. 57	68. 38

2. 与“互联网 +”的深度融合成为油品零售业务业绩提升的强大推动力

成品油零售业务与互联网 + 的融合始于 2014 年，从最初的移动加油服务上线到移动支付手段的应用以及中石化“车 e 族”APP 和中石油“中油好客 e 站”APP 平台的实施，可实现手机找加油站、办理油卡和充值、加油结算、积分兑换、网店购物等功能。之后的两三年，“互联网 +”与加油站逐渐开始了深度融合，也即利用大数据、云计算、移动支付等互联网技术手段，将传统加油站的软硬件方面进行升级改造，打造智慧加油站。包括油站的 WIFI 系统、移动支付、加油卡办理及充值、线上与线下商城的打通、车辆及人脸识别、监控系统、APP 平台、电子券、油站经营管理分析等。这些方面互相联系、相辅相成，构建起“人—车—生活”综合服务生态圈。智慧加油站实现了支付的自动化，通过大数据实现对客户的精准营销；对加油站信息全面掌握，使客户管理和营销效率提高，进而提升了油品销量，促进了油非互动，升级了服务水平，改善了客户体验。可见，与“互联网 +”的深度融合是提升成品油零售业绩的强大推动力。

2016年，中石油与阿里巴巴、蚂蚁金服等签署战略协议，深度融合，进一步打造智慧物流、智慧油站。2017年，中石油继续推进其智慧加油站改造，如在某些智慧加油站，新增了新能源电动汽车充电桩，升级为能够加注油、气、电多种能源的供给站。截至2017年10月“中油好客e站”APP实现手机移动支付，支持微信、支付宝等的支付。用户人数已经突破1000万大关，交易量持续高速增长，并拉动了销售业绩的增长。截至9月底，线上充值累计474万笔，金额达到35.9亿元。中石油河北销售打造的智慧加油站，油品销量平均提升30%，便利店的非油产品业务翻番。

截至2017年底，中石化销售公司微信营销平台粉丝规模逾6300万人，注册会员人数逾3400万人，绑卡会员人数逾1400万人，中国石化销售公司有9家销售企业上线手机APP，累计会员人数逾1300万人，绑卡人数逾430万人。中石化在2017年与京东签约合作，将利用京东的智能门店解决方案，升级加油站。其中，京东的商品入驻中石化便利店，可实现网上订单、线下取货；同时，京东将汽车用品、美容维修等多元化服务融入到中国石化零售门店。

除石油公司外，部分省和非能源类的公司也重视智慧加油站的建设。广东省在2017年提出其5000多座加油站中的2000座加油站将进行智慧加油站改造。阿里巴巴10月份在杭州建立第一座智能加油站，主要是基于对传统加油站的改造，将采用无人超市的经营模式，全程没有一个服务员和收银员。2018年将会实现车牌、车主、油品自动识别、离场自动扣款和加油链路全自动化的进一步升级，这更是对互联网技术的深度应用，也是对传统加油站的完全颠覆，是智慧加油站的更高层次。

3. 不断创新营销方式是提高单站销量和经营效益的基础

在加油站数量缓慢增长过程中，为提高加油站的经济效益，就需要深度挖掘单站的能量，不断提高单站效益。2017年，大石油公司纷纷通过不断创新营销方式，挖掘单站销售潜力。

（1）差异化经营策略。随着客户需求的多样化及日益加剧的市场竞争，加油站需通过差异化的经营策略，灵活调整营销策略以提高单站销量，同时信息及网络技术的发展，又为实现差异化经营提供了基础。如结合加油卡、大数据等对顾客的深入细分，采取一站一策，一户一价、主题营销、重视高标号汽油的营销进而提高其零售比例等，以不断提高单站销量，做大零售规模。中石化2017年前三季度的单站销量达到10.78吨/日，较2016年的10.76吨/日，增长0.19%。

(2) 油非互动的一体化营销。统一的营销策划、促销及广告宣传，以及灵活多样的促销方式及与互联网的结合等油非互动策略的实施，达到以油品带动非油的销售，同时以非油促进油品销售的目的。如中石化在2017年深化油非融合，实现了良好的经营效益。中石化2017年上半年成品油销售板块经营规模继续扩大，盈利增长8%，前三季度非油业务交易额达人民币410亿元，同比增长52.3%。中石油全面加强“油卡非润”一体化营销，深化形式多样的促销活动，不断增强终端销售能力。中石油2017年上半年销售板块实现经营利润56.82亿元，同比增长23.3%，非油业务也成为其新的效益增长点。

(三) 加油站经营模式分析

加油站的经营模式根据资产性质划分，可以划分为全资、控股、参股和特许经营加油站。2012年，商务部就提出要创新加油站经营模式。党的十八届三中全会也提出要积极发展混合所有制经济，并强调国有资本、集体资本、非公有资本等交叉持股、相互融合的混合所有制经济，是基本经济制度的重要实现形式。近几年，各大石油公司在加油站经营过程中不断摸索和实践新的经营模式，使得多种经营模式并存。稳妥推进混合所有制改革，并不断深化混改模式，是2017年加油站经营模式的改革热点。同时，两大公司对所拥有加油站的控制力持续加强，内部承包这一激活小站竞争活力的改革尝试效益已经体现。

1. 稳妥推进混合所有制改革，并不断深化混改模式

石油公司销售板块的混合所有制改革，也是近几年石油公司改革的方向之一。中石油在2015年7月，与广汇能源达成合作，同意其租赁中石油新疆销售公司现有的加油站，来投资加气站。中石化于2014年启动了销售业务重组，引入社会和民营资本，实现混合所有制经营改革，并与25家投资者签署了增资协议。通过引入民营资本，可以利用其灵活多变的经营机制，取长补短，相互促进，共同发展，促进销售领域的竞争。中石化在2017年提出要继续积极稳妥推进混合所有制改革，并计划启动IPO程序。中石油在2017年也提出要积极稳妥推进混合所有制改革。

在稳妥推进和民营资本结合的混改过程中，石油公司不断深化并探索新的混改模式。2017年，在海口出现了“三股东+双品牌”的加油站，即中石油、中海油、海南控股三方合作的合资企业——中石油海南销售有限公司（海南销售）。此次合作，促进了三方在品牌、资源、网络和市场方面的优化整合。央企之间、央企和地

方国企之间的交叉持股，更是深入推进混合所有制改革的体现。

2. 国有大石油公司通过资产型（自营）加油站，加强对加油站的控制

中石油的资产型加油站包括全资、控股等形式，非资产型加油站包括租赁，参股经营和特许经营。资产型加油站的管理权属于中国石油，油品质量和服务有保证，参股和特许经营加油站的油品多数由中石油提供，但是有的管理权不属于中石油。中石化的自营模式是中石化全额控股经营的加油站。除资产型（自营）之外的其他模式，多会存在对公司经营理念、制度难以贯彻、成本管理难等方面问题，管理难度相对较大，效益相对不好。基于品牌形象的维护和管理难度及经营效益的考虑，近几年，中石油和中石化控制程度较高的自营（资产型）加油站比重一直维持在高位。中石油2016年资产型加油站比例为96.20%，中石化2016年自营加油站比例为99.98%，具体见表5－13。截至2017年第三季度，中石化加油站总量为30728座，自营加油站达到30722座，占比仍是99.98%。

表5－13　中石油与中石化公司自营（资产型）加油站比例

加油站类别	年份	2013	2014	2015	2016
中石油资产型加油站	数量（座）	19710	19806	19982	20101
	占比（%）	97.23	96.98	96.47	96.20
中石化自营加油站	数量（座）	30523	30538	30547	30597
	占比（%）	99.96	99.96	99.96	99.98

数据来源：中石油与中石化公司年报。

3. 继续通过小站承包增强经营灵活性，提高管理和市场效益

在激烈的市场竞争中，石油公司为激发小加油站的竞争活力，并保持或扩大成品油零售的市场份额，纷纷采取小站承包经营的经营模式，通过搞活机制挖潜进而提高管理效益。石油公司出于安全、内部职工就业问题及品牌维护等方面的考虑，一般面向内部员工承包。同时适度给予承包者用人选择权、薪酬分配权和费用支配权等，以激发效率较低的小站的经营活力和员工创业的积极性。中石油自2012年采取承包经营，近一两年，四川销售、江苏销售等继续实施。2014年开始，中石化也开始实施内部承包经营。2017年1月，福建石油选取了13家加油站试点小站承包，其中5座小型加油站当月合计销量同比增幅达7.6%。2月下旬，南昌石油选取了20座在营的年纯枪销量1500吨以下的小加油站实行家庭承包经营。2017年，柳州石油以推行小站承包等方式，使得62座中小型加油站较承包前的销售额同比增长

14. 5%。通过承包经营的模式，中石油、中石化的小站普遍达到了销量增加、费用降低、效益提升的效果。

(四) 加油站非油业务的发展情况

非油业务的发展是石油公司新的业务增长点。需求的变化以及互联网的应用为加油站围绕“人—车—生活”开展横向多元化非油业务提供了条件。便利店作为开展非油业务的主要平台，体现出数量缓慢增长，销售规模强劲增长的特点。

1. 便利店数量增长趋缓，销售规模持续强劲增长

自2008年，中国汽车工业开始进入普及期，非油业务开始规模化发展，并逐渐受到各大石油公司的重视，成为石油公司业务的重要组成部分。2017年，中石化提出要积极拓展新兴业务发展空间，向综合服务商转变，推动非油业务持续快速发展。中石油提出要立足便利店发展增值业务，带动非油业务发展。中石化通过近几年的发展，易捷便利店数量超过2. 5万座，中石油昆仑好客便利店超过1. 7万座。便利店数量在前几年的高速增长后，趋于缓慢增长，具体见表5－14和图5－10。中国连锁经营协会发布的《中国连锁百强企业》榜中，2016年中石化与中石油的便利店数量位居连锁行业便利店门店总数的第一、二位。同时，中石化和中石油的便利店占加油站数量的比例均已超过80%，具体见表5－15及图5－11。通过以上变化，说明两大公司经过近几年非油业务的快速发展，便利店的数量开发已经完成大部分工作。

便利店的销售额增长非常迅速，中国连锁经营协会发布的《中国连锁百强企业》榜中，中石油2016年相比2015年的便利店销售额增长率为37. 70%，中石化为41. 53%，具体见表5－16和图5－12。2016年中石化以351亿元的销售额位居第14位，中石油以145亿元的销售额位居第46位。中石化2017年前三季度非油品业务销售额达人民币410亿元，同比增长52. 3%，2017年非油品销售额应超过500亿元，非油业务收入占加油站零售收入比例约在7%左右。

表5－14　2011—2016年中石油和中石化便利店数量及增长率

年份	2011	2012	2013	2014	2015	2016
中石油（座）	10998	13000	14000	15000	16505	17000
增长率（%）		18. 20	7. 69	7. 14	10. 03	3. 00
中石化（座）	19219	20891	23400	23730	24201	25000
增长率（%）		8. 70	12. 01	1. 41	1. 98	3. 30

数据来源：中国连锁经营协会。

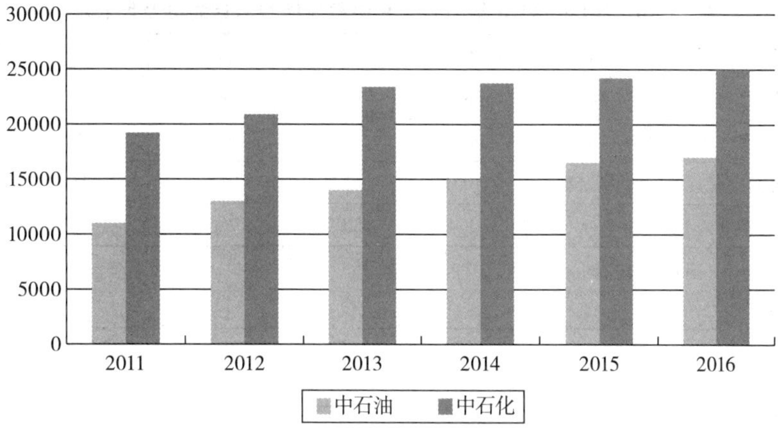

图 5－10　2011—2016 年中石油和中石化便利店数量（座）

表 5－15　2011—2016 年中石油和中石化便利店数量及占加油站数量比例

年份	2011	2012	2013	2014	2015	2016
中石油便利店数量（座）	10998	13000	14000	15000	16505	17000
中石油加油站数量（座）	19362	19840	20272	20386	20678	20683
比例（%）	56.80	65.52	69.06	73.58	79.82	82.19
中石化便利店数量（座）	19219	20891	23400	23730	24201	25000
中石化加油站数量（座）	30121	30836	30530	30538	30551	30603
比例（%）	63.81	67.75	76.65	77.71	79.22	81.69

数据来源：中国连锁经营协会。

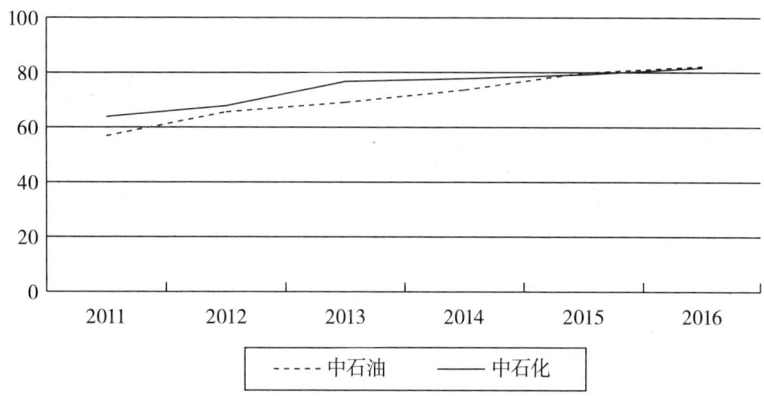

图 5－11　2011—2016 年中石油和中石化便利店数量占加油站数量比例（%）

表 5-16　2011—2016 年中石油和中石化便利店销售额及增长率

年份	2011	2012	2013	2014	2015	2016
中石油销售额（亿元）	64.1	80	93.2	98.8	105.3	145
中石油增长率（%）	-	24.80	16.50	6.01	6.58	37.70
中石化销售额（亿元）	82.58	110.17	133	171	248	351
中石化增长率（%）	-	33.41	20.72	28.57	45.03	41.53

数据来源：中国连锁经营协会。

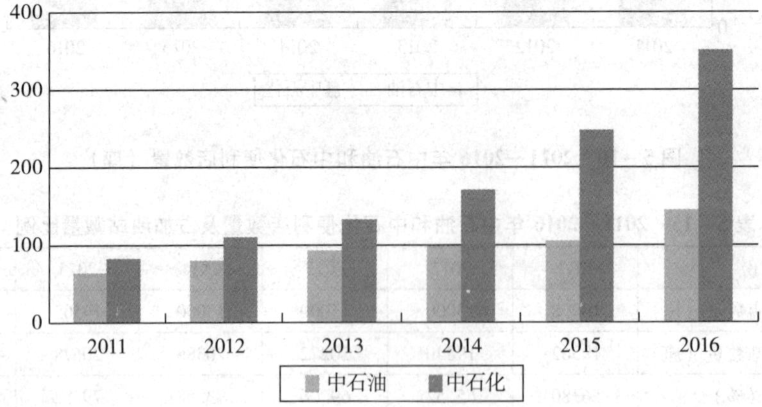

图 5-12　2011—2016 年中石油和中石化便利店销售额（亿元）

2. 围绕“人—车—生活”开展横向多元化非油业务

随着加油站行业的快速发展以及消费水平的提高，消费者对加油站非油品的需求逐渐增多，非油业务也从一些最基本的服务项目，逐渐扩展为围绕“人—车—生活”的横向多元业务。加油站不仅可以为车加油，还可以满足车的各种需求，驾驶人、乘车人及附近居民的各种生活需求。而这一变化，体现的是传统的以车为中心到以人为中心的理念的改变。所以，中石油和中石化都通过其品牌便利店及就餐、汽服、保险、旅游、广告等多种横向多元化业务来实现其向综合服务运营商的改变。

在具体实施过程中，中石化大部分通过合作的方式来展开非油业务。2017 年通过成立汽服合资公司，推进汽车后市场业务开发；与中国电信合作成立服务网点，开展电信业务；与京东合作，引入其业务等。同时，为增加消费群体及消费次数，进而增加非油品业务的盈利能力，2017 年初，易捷便利店脱离中石化加油站，在北京开启第一家对外的独立门店，向便利店零售市场发起冲击，其商品布置和陈列也和传统加油站便利店有所不同，更能满足所在商圈的顾客需求。中石油在 2017 年持续将非油业务作为主业，不断深化与腾讯、阿里、京东、上汽、一汽等企业集团的跨界合作，并且拟组建非油品业务公司，以持续推进非油业务的创新。

3. 互联网成为促进非油业务发展的强大要素

由于人们生活方式的转变，对互联网的依赖逐渐加深。非油业务发展过程中，也将互联网的思维引入，并在近一两年得到普及。如中石油的智慧加油站，自2015年开始落地河北销售。其智慧加油站与非油业务的结合方面，将便利店的非油产品通过引入互联网，实现网络支付、线上线下销售渠道相结合。使商品种类增加，顾客互动增强，进而优化了服务水平，也改善了顾客的消费体验，最终提高加油站的盈利能力，成为促进非油业务发展的强大要素。2015年落地以来，便利店的非油产品业务翻番。同时，中石油推出的“中油好客e站”APP，截至2017年10月，用户人数已经突破1000万大关，交易量持续高速增长，并拉动了销售业绩的增长。非油业务同时也借力“中油好客e站”，借助其APP营销契机，带动非油销售，如有的公司在实施中采取注册即送非油消费券的优惠措施。中石化在2017年积极拓展新兴业务的发展空间，向综合服务商转变。与京东签约合作，将打造30000家智能加油站，支持网上下单线下取货。除石油公司外，阿里10月份在杭州建立第一座智能加油站，未来，也会将非油业务引入到智能加油站中。

三、2017 年成品油零售和加油站经营存在的问题分析

成品油零售作为石油产业链的终端，在不断发展的过程中，还存在诸多问题。如市场集中度较高，定价机制还未实现完全市场化，市场的监管不到位导致无序竞争现象依旧存在等。加油站经营中，经营模式和经营效率有待优化和提高，非油业务尽管快速发展，但还处于外延发展阶段。

（一）市场集中度较高

从前述内容可以看到，我国成品油零售市场中，中石油和中石化的加油站数量占据半壁江山，民营及其他主体的加油站数量接近一半。但是从竞争实力来讲，中石油及中石化由于加油站有利的地理位置以及油品供应的充分保障、品牌影响力等，居于市场的主体地位，其市场竞争力、市场份额远大于其他主体。

成品油市场具有的特殊性，使得其有较强的政策壁垒，虽然国家通过政策的调整在逐渐降低零售市场的准入标准，但成品油零售行业由于规模、管理经验等方面的高要求，使得尽管加入的企业数量、加油站数量在增加，但也很难撼动两大竞争主体的地位。

（二）定价机制还未实现完全市场化

完全市场化的成品油定价机制可以促进石油企业进一步寻找内部产业链条的合理定价水平，有利于企业可持续发展和参与国际竞争。近几年成品油定价改革一直朝市场化方向前进，调价周期在缩短，挂靠的油品代表性不断增强。2016 年 1 月份，成品油定价机制进一步完善，其中，地板价设定及国家发改委以信息稿的形式发布调价信息对成品油市场影响巨大。同时，2017 年 5 月，中共中央、国务院印发的《关于深化石油天然气体制改革的若干意见》再次强调，要“完善成品油价格形成机制，发挥市场决定价格的作用”，为后续改革提出了方向性的指引。总体来看，

虽然完全市场化是方向，但还需要时间的等待。从2017年民营炼油厂没有获得成品油出口的配额，同时进口原油使用配额的申请也于5月5日被暂停等规定来看，在未来一段时间内，政府的行政干预力量还会存在，从长远来讲，不利于适应国际成品油市场的瞬息变化，进而不利于企业参与国际竞争。从这点来说，定价的市场化程度有待于进一步提高。

（三）存在市场监管不到位、部分地方市场无序竞争现象

在成品油零售市场的监管方面，2006年12月发布较为完善的《成品油市场管理办法》和《原油市场管理办法》，之后，少有相关成品油零售市场监管的法律政策出现。直到2016年，根据2015年10月《商务部关于修改部分规章和规范性文件的决定》，对以上两个政策文件进行部分修正。2017年7月，商务部又公布了《原油成品油流通管理办法（征求意见稿）》。所以，政策法规的迟滞性使得已经很难适应快速发展和变化的成品油市场，因此也就不能对零售市场监管及时起到很好的作用，部分地区存在无序经营和竞争现象，且无序经营现象在民营加油站存在较多，如不按照批准的经营范围经营油品、油品的批发来源未按照规定执行、油品的数量质量存在问题等。在2017年多省市进行的成品油质量抽测中，存在油品质量问题的基本上都是民营加油站。

（四）加油站经营效率总体有待提高

单站日销量直接反映加油站的营销能力和市场占有情况，进而反映加油站的综合管理水平，是加油站经营中需关注的重要指标。近两年，中石油和中石化的加油站单站日销量超过10吨（表5－17），2017年前三季度，中石化的加油站单站日销量为10.78吨。民营加油站虽然数量众多，但超过一半处于非城区，城区和高速公路所占比例很低。同时，经营规模都较小，经营管理经验不足、品牌劣势等原因，导致其单站销量很低。很多民营加油站的单站日销量不到3吨。与国外的石油公司的加油站进行对比，如艾克森美孚和BP，早在2000年左右的单站日销量已经分别为19.17吨和14.58吨。再从加油站服务车辆方面，2016年我国单站服务机动车数量为2993辆。2015年，英国单站服务车辆达4229辆，和国外相比有较大差距。可见我国加油站的经营效率还有较大的提升空间。

表5-17　中石油、中石化加油站单站日销量　（单位：吨/日）

年份	2015	2016
中石油	10.55	10.46
中石化	10.67	10.76

数据来源：根据公司年报整理

（五）加油站经营模式有待优化

中石油和中石化的加油站数量占据半壁江山，但从中石油和中石化的经营模式来看，虽然经营模式多样，但自营或资产型的加油站占绝大比例，企业对加油站的管理或控制权力加大。以自营加油站来讲，其产权清晰，有统一的品牌形象和管理模式，经营效率相对较高，但是其管理成本较高。特许经营不需要资产投资，经营风险较小，同时，加盟特许经营的加油站可以相对灵活经营，经营积极性较高。国外石油公司普遍通过特许经营扩张零售网络。如壳牌、BP、埃克森美孚等公司的自营站比例都低于10%，绝大部分都是特许经营站。我国特许经营加油站由于缺乏法律法规的配套、内外部监管的欠缺以及品牌认知度低等原因管理漏洞较多，导致油品质量难以监控，损害了两大石油公司的品牌形象，因此，两大石油公司特许经营加油站自2004年以来数量不断减少，进入低潮阶段。未来，通过内外部监管的完善等，还需继续增加特许经营加油站的数量。

（六）非油业务处于外延发展阶段

中石油和中石化的非油业务近几年发展主要强调便利店数量的增加，其关注公司非油业务的销售规模，以使非油业务获得快速发展。但更多的是外延型的发展，也即主要是数量增长、规模扩大。从单站的营业额来看，都比较低，中石油2016年单站便利店日销售额仅2337元，中石化3847元（见表5-18）。2017年前三季度，中石化单站便利店销售额为3656元。而传统便利店的单日单店营业额平均水平达到了6000~7000元。同时，以非油业务规模最大的中石化来看，其非油业务占加油站销售额的比重约为7%。而国外石油企业的非油业务的销售收入占加油站整体收入的比重普遍已达到30%，美国加油站便利店销售收入占加油站总收入的30%~40%，非油利润占加油站总利润的55%~65%。由此可见，我国加油站非油业务同国外的差距还很大。这说明我国加油站非油业务发展经历外延发展后，需进一步提升效率，走内涵式发展的道路。

表 5-18 中石油、中石化加油站便利店单站日销售额 （单位：元）

年份	2015	2016
中石油	1748	2337
中石化	2808	3847

数据来源：根据公司年报整理

四、2018 年中国成品油零售、加油站发展展望

随着油气市场改革进程的加快，中国成品油市场总体将迎来较为宽松的市场氛围，导致油品业务的竞争将更激烈。受国内经济增速放缓、油价持续低幅震荡、新兴和替代能源快速崛起等多种因素影响，2018 中国炼油市场将继续产能过剩，同时考虑到环保问题，成品油的销售标准也会逐步趋严，各大企业将角逐高端油品市场。加油站经营中，利用“互联网 +”的发展态势将提速，随着油企高度重视非油业务的发展，并联合互联网巨头布局非油业务的发展，2018 年非油业务将进一步推进，销售占比也将继续增大。

（一）成品油市场深化改革将加剧油品业务竞争

2018 年既是中国经济转型的攻坚年也是中国成品油市场步入调整升级、深化改革的关键年。自 2017 年出台《关于深化石油天然气体制改革的若干意见》和《原油成品油流通管理办法（征求意见稿）》，油气市场改革提速，2018 年将迎来中国成品油全面的市场化改革。随着成品油市场的深化改革，市场竞争主体将更加多元。除中国石油、中国石化两大集团和中国海油、中国中化在内的大型央企外，获得原油进口和使用权的独立炼厂将成为成品油市场的新生力量。独立炼厂凭借炼油优势及其经营的灵活性，在获得原油进口和使用权后会进一步多方位拓展油品销售渠道。尤其是独立炼化集团通过成立成品油销售终端联盟，将统一独立炼厂油品销售的品牌，整合独立炼厂加油站，未来会对两大石油公司形成更大威胁。同时，国家将通过允许外资以独资形式在小范围从事加油站建设和经营，为后续的继续放开积累经验。另外，非能源企业以新的运营模式进军加油站领域。这些变化更加剧了成品油市场销售业务的竞争。

（二）炼油产能过剩常态下成品油销售标准趋严

受国内经济增速放缓、油价持续低幅震荡、新兴和替代能源快速崛起等多种因素影响，2018 年中国炼油市场将继续产能过剩。加之大气污染形势严峻，改善空气质量刻不容缓。在此背景下，成品油市场的竞争已演变为油品质量的竞争。自 2017 年 1 月 1 日起，全国范围内要求全面供应符合国Ⅴ标准的车用汽油、柴油，同时停止销售低于国Ⅴ标准的车用汽油、柴油。这也就要求炼油企业必须要生产和销售符合国家标准的成品油，同时完成成品油质量升级与改造，做到油品的清洁供应。随着国家治理空气污染力度的加大，可以预见，2018 年国家将油品质量升级的工作将会进一步推进，成品油的销售标准也会逐步趋严，各大企业将角逐高端油品市场。为消费者提供清洁、优质、安全、环保的油品将成为成品油市场最终发展方向。

（三）加油站利用“互联网＋”的发展态势将提速

互联网技术的兴起和发展催生了像共享经济一样成功的创新商业模式，也推动了传统产业的升级和换代。借助互联网培育竞争优势、加快升级转型成为当前石油石化行业发展的新方向。在资源过剩、需求疲软的成品油市场环境下，加油站利用互联网平台和大数据技术，既符合时代发展要求也具有现实发展基础。全国近十万座的加油站每天都进行着庞大的油品交易，具有海量的客户信息资源。而互联网技术能够实现这部分数据的充分挖掘，以提高加油站的运行效率和提升客户服务体验。2018 年，加油站行业将利用大数据、云计算等新型互联网技术进一步推进线上与线下的联动、油品与非油的联动、站内与站外的联动、油品销售与合作方的联动等纵深、一体化的联动模式。这将不仅能支撑加油站的智能运营和多元化发展，还能为消费者提供便捷的生活方式。

（四）石油公司非油业务的销售占比将继续增大

随着产能过剩、行业监管的进一步加强、竞争的加剧、价格战的持续，成品油零售的高利润将不会再持续，油品零售将逐渐进入微利时代。在成品油零售获利空间逐渐被压缩的背景下，仅油品销售已无竞争力。因此，必须通过增加非油的销售额来增加加油站的利润。而互联网与加油站业务的融合，为非油业务发展提供了有力保障。以油带非、以非促油的发展定位和加快非油品业务快速发展的战略方针已成为石油企业布局未来业务发展的共识。尽管非油业务属于石油企业主要业务的拓展领域，却也给企业创造了新收入。2017 年，中石化的非油品交易额超过 500 亿元；中石油也拟在 2020 年完成 500 亿元的非油业务销售。随着油企高度重视非油业务的发展，并联合互联网巨头布局非油业务的发展，2018 年的非油业务将进一步推进，销售占比也将继续增大。

第六篇

航煤、船燃、独立炼厂与国际贸易篇

一、航空煤油发展现状及展望

在国内外经济下行的背景下，2017 年国内航煤市场发展现状和前景良好，中国航空煤油产量和需求持续增长，进口量逐年减少，出口量逐年增加，航空煤油价格波动上升，近三年维持上升趋势。民航业深入落实贯彻《国务院关于促进民航业发展的若干意见》，稳中求进，深化改革。展望 2018 年，中国航空煤油产量和消费量将进一步增加，国内油价小幅增长，航煤出口量维持稳定，进口量减少，进出口价格基本维持不变。

（一）2017 年中国航空煤油发展现状及分析

2017 年中国经济增长放缓，全年 GDP 增速为 6.8%，较 2016 年增长 0.1%。国际石油市场缓慢回升，世界航煤市场需求平衡，中国航空在世界经济和贸易放缓的压力下稳步发展，各项指标均有大幅增长。

1. 航煤价格在波动中上涨

2017 年，航空煤油平均价格经历了先升再降再升的过程。OPEC 减产协议达成对航空煤油价格的变动产生了影响，2017 年 1 月，航空煤油价格上升至 65 美元一桶，同比增长 34.9%，但受原油价格影响，3 月和 6 月的航煤价格下降，降幅都达到 6%，6 月底降至全年最低水平。随着原油市场回暖以及国内航空业的发展，航空煤油价格迅速回升，到 12 月底价格超过 65 美元/桶。

2016 年，航煤价格从不到 40 美元/桶升至 64 美元/桶，增幅约 35%。相比之下，2017 年价格增幅较小，增长 6% 左右，全年价格维持在 60 美元/桶左右（见图 6－1）。

2. 航空煤油和原油价格变动存在一致性

航空煤油各方面性能优于普通汽柴油，是重要石油产品之一。因此，航空煤油的价格很大程度上受到石油价格的影响，两者价格变动存在明显一致性。航煤价格

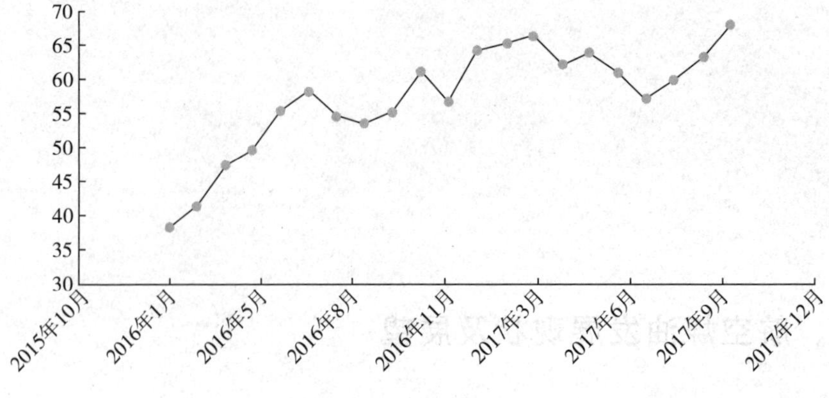

图 6－1　2016—2017 年航煤价格（美元/桶）

数据来源：中国海关总署

与原油价格的差距较为稳定，约为 10 美元/桶，随着时间的推移，航空煤油市场逐渐成熟。同时，当前石油市场阻滞，国内航空煤油市场发展势态良好，航煤价格稳定上涨，因此，航空煤油和原油的价格逐渐提高，如图 6－2。

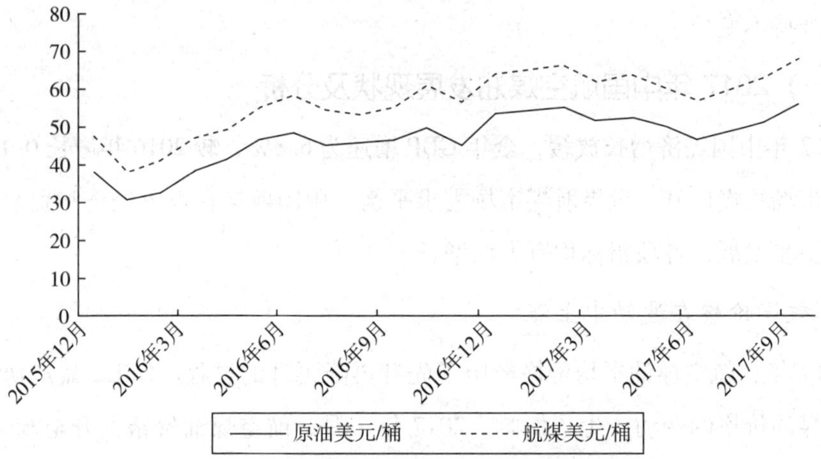

图 6－2　原油和航煤价格比较（美元/桶）

数据来源：IEA 官网

3. 航空煤油进口量逐渐减少，出口量维持稳定水平

中国为航空煤油出口国家，2017 年 1—12 月，我国航煤进口量为 371.42 万吨，出口量达到 1313.21 万吨。我国航空煤油进出口与世界石油价格保持着相似的变化趋势，进出口量在 4 月降为全年最低，进口量回升后再逐渐降低到 30 万吨以下，出口量迅速回升，并保持在 100 万吨以上水平，见图 6－3。航空煤油市场具有明显的

季节性，这主要受航空业市场的影响，航空业存在淡季与旺季，航空煤油市场也随之呈现一定的季节性。

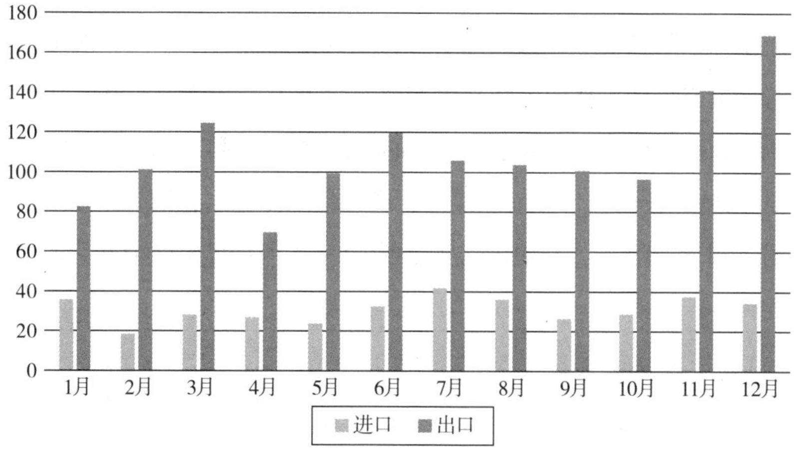

图 6－3　2017 年中国航煤进出口量（万吨）

数据来源：中国海关总署

2017 年我国航空煤油出口总量与 2016 年的总量相近，但出口量波动更为剧烈。2017 年，国际油价震荡运行，欧佩克减产和美国页岩油增产主导着国际油价：一季度，欧佩克减产执行率远超预期，为油价提供较强支撑，国际油价在相对高位平稳运行；二季度，美国原油产量不断增加、全球石油库存居高不下、利比亚和尼日利亚产量大幅回升等因素加剧市场对产油国减产效果的怀疑，国际油价波动下降。随着国际油价的震荡，航煤价格波动幅度明显增强，但总量同比维持在稳定水平。

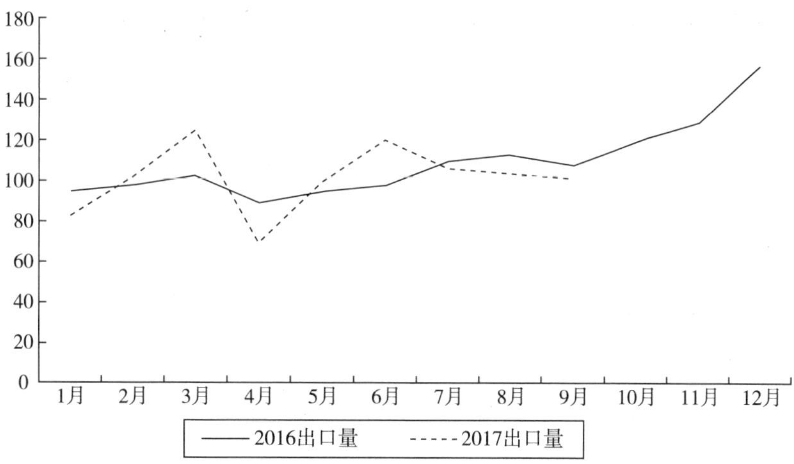

图 6－4　2016 年和 2017 年航煤出口量（万吨）

数据来源：中国海关总署

（二）2018 年中国航空煤油发展展望

1. 预计 2018 年中国航空煤油出口量维持稳定，增产靠国内市场支撑

中国航空煤油年消费生产量大幅上升，尤其是在过去十年内，航煤产量呈现指数上升趋势，航空煤油价格的下降和生产消费量的上升为主要趋势。从世界生产消费总量来看，2005 年前，世界航空煤油产业供应过剩，每年生产消费间相差 100 万～200 万吨，此后，世界航空煤油生产总量维持稳定，消费迅速上升，产销达到基本平衡。预计 2018 年，中国航空煤油出口基本保持稳定，消费量的增长主要靠国内市场支撑。

2. 民用航空煤油需求扩大

2017 年，世界经济和贸易增速处于八年来较低水平，国内经济下行压力加大，在这样的背景下，民航主要运输指标继续保持较快增长。旅客周转量维持着超过 10% 的环比增长速度，航空线路每年增长过百，并于 2016 年增长数量达到 468 条。近六年，民航年货邮周转量增速经历先增后放缓的过程，2017 年达到了 230 亿吨千米，预计 2018 年国内民航将稳定发展，航空煤油内需前景乐观。

3. 航空煤油价格相对稳定

国际石油市场预计缓慢回升，预计 2018 年，油价将保持在每桶 45 到 50 美元的区间内，从长期的原油和航煤历史数据来看，两者价格之间存在明显相关性。当前世界航煤产业供需平衡，国内航空煤油生产经历多年增产后，预计会小幅控制产量，国内航空产业的迅速发展会提高航煤需求，进一步稳定或提高航煤价格。

二、船用燃料油发展现状及展望

燃料油根据使用设备，分为船用燃料油、炉用燃料油和其他燃料油。因税收、环保和政策等压力，燃料油作为炼厂原料和炉用的使用量大幅减少，船用燃料油成为燃料油的主体。船舶燃料油市场正处于变革和发展的调整完善过渡期，2015 年以来，国家质量监督检验检疫总局、国家标准化管理委员会、交通运输部、环保部、商务部等部门均有发布相关政策，对内贸船舶燃料油产品标准、流通使用、经营操作等方面进行了相关强制性规定。2017 年国务院首次将国际航行船舶保税加油许可权下放至舟山市人民政府；商务部 2017 年 7 月公布《原油成品油流通管理办法（征求意见稿）》，首次正式公开明确提出“国际航行船舶保税油经营”资质问题，中国保税船供油市场也正在由传统封闭垄断逐步转向开放竞争。各项政策、方案积极推动了我国船燃市场走向正规化和标准化，为中国船舶燃料油从低迷迎向繁荣奠定了坚实的基础。

（一）2017 年中国船用燃料油发展现状分析

据中国石油流通协会统计，我国船用燃油市场在 2011 年达到了 1900 万吨的峰值，此后船用燃油市场供油总量逐年下降，降幅呈收窄趋势。2017 年 1—11 月，我国燃料油表观消费量约 2727 万吨，同比增长 4.3%。船用燃料油主要由中石油、中石化为代表的国企炼油企业和独立炼厂企业通过炼化装置生产，燃料油调和环节，中石油、中石化为代表的炼化企业减少重质油的生产，国内燃料油主要由民营企业购买基础原料油调和而成。2017 年，中国燃料油产量为 2716 万吨，同比增长 2%，供应规模大体保持稳定。从进口量来看，中国累计进口燃料油 1336 万吨，同比大幅增长 16%，主要是保税油需求异常旺盛所致。从出口数量来看，中国累计出口燃料油 1077 万吨，基本保持稳定，同比变化不大（见图 6－5）。

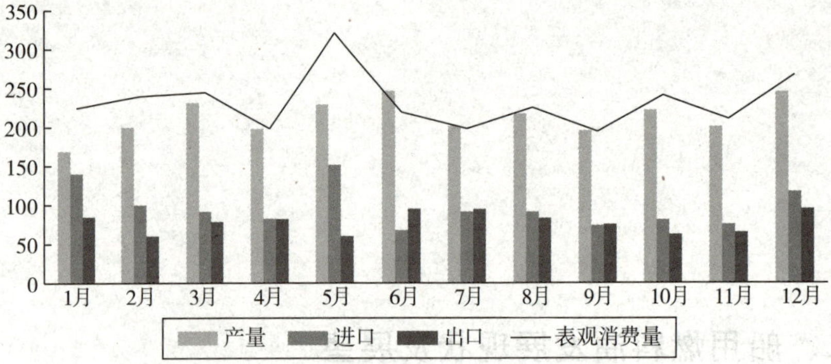

图6-5 2016年我国燃料油供需情况（万吨）

中国拥有丰富的港口资源，随着经济的发展，港口和航运业规模不断扩张。截至2016年，中国拥有生产用码头泊位30388个，其中，沿海港口生产用码头泊位5887个，内河港口生产用码头泊位24501个；全国港口拥有万吨级及以上泊位2317个，其中，沿海港口万吨级及以上泊位1894个，内河港口万吨级及以上泊位423个。繁荣发展的航运业也带动中国船用燃料油消费大幅攀升。2012年前，中国船用燃料油消费量快速增长，但随着全球经济增速放缓以及航运市场的持续低迷，船用燃料油需求量在之后的几年连续下滑（见图6-6）。

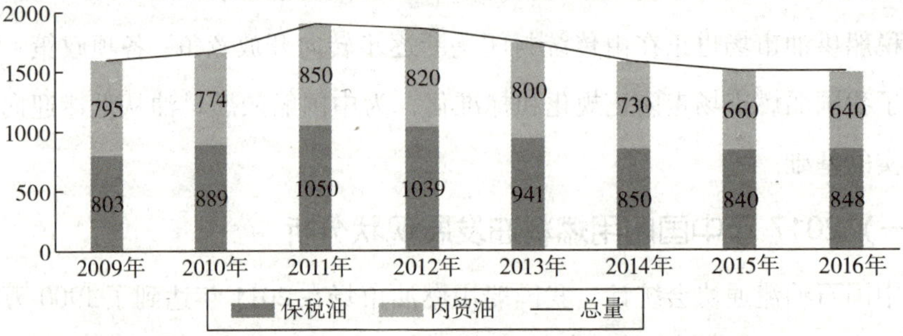

图6-6 2009—2016年中国船用燃料油需求量（万吨）

资料来源：中国船舶燃料有限责任公司

中国船用油需求总量已经连续5年下降，下跌的幅度日趋收窄，2015至2016年保税油市场需求总量同比大体持平，快速下跌的趋势停止。2017年，中国船供油总量1665万吨，同比稳步增长，增幅为12%。其中，保税油供应量恢复至1000万吨，同比增加158万吨，增幅为19%；内贸油供应量665万吨，同比增加15万吨，增幅为2%，保税油成为国内市场供应规模增长的主要力量。预计未来2年全球经济将缓慢增长，运价反弹，船用油需求总量将逐步增长。另外，中国经济稳中向好的局面不会改变，虽然大宗商品需求增速有所下滑，但刚性总量依然巨大，将带动海运贸易保持稳定。加之随着中国炼油产能的继续扩张，成品油大规模出口将成为常态，有利于提高中国船用燃料油在东亚地区的资源保障能力和市场竞争力。预计"十三五"期间中国保税油需求总量会逐步回升，2020 年保税油需求总量有望恢复到 1000 万吨左右，内贸油需求总量恢复到 700 万吨左右，国内船用油需求总量回升至 1700 万吨（见图 6－7）。

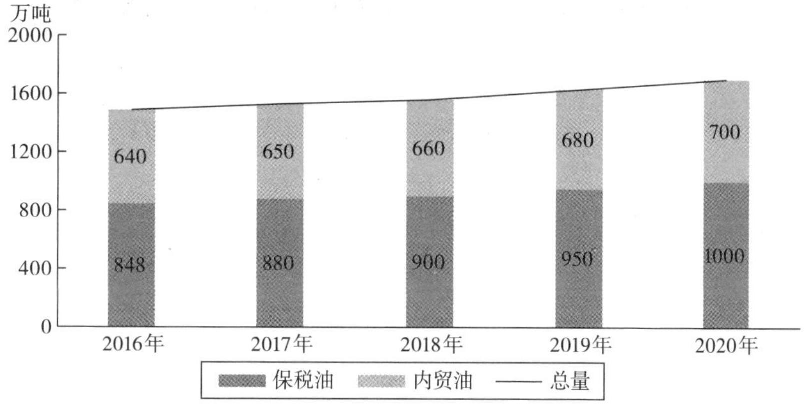

图 6－7　2017—2020 年中国船用燃料油需求量预测（万吨）

资料来源：中国船舶燃料有限责任公司

（二）2018 年船用燃料油市场展望

1. 保税燃料油和内贸船燃料油市场规模将继续扩大

我国经济呈现出了快速、稳定的增长趋势，进出口贸易的规模随之扩大，船运行业的发展带动船用燃料油消费增长。2004 年 1 月 1 日取消了燃料油的进出口配额，燃料油市场始终呈现出竞争激烈、高开放程度的特点。展望 2018 年，船用燃料油需求量持平或有小幅下跌，保税燃料油有小幅上涨。内贸市场由于准入门槛相对较低，市场竞争较为激烈，预计 2018 年内贸船燃料油市场规模将扩大。

2. 我国船用燃料油市场潜力巨大

我国港口船舶燃料油的供应量与吞吐量相比明显偏低，但凭借税率优惠、资金渠道便捷、港口条件优越以及超大的罐容，成为全球范围内最大的船用燃料油的集散地。与新加坡相比，我国船用燃料油市场在销售价格方面具有较强的竞争力，即使无法赶超新加坡的吞吐量与供油量，仍旧能够保证燃料用市场规模的扩大需求。我国船用燃料油的市场具有极大潜力，预计 2018 年我国船用燃料油市场将进一步扩大。

随着经济的快速、平稳发展，全球范围内集装箱运输中约 1/5 来自中国，大宗海运货物中约 1/5 运往中国，新增的大宗海运货物中约 1/2 运往中国。如果我国港口所应用的储供油设施进一步完善，物流手段能够被进一步优化，那么随着港口吞吐量的增加，与船用燃料油相关的企业将纷纷根据实际情况落实加大投入、改善设施、降低成本、提高水平等措施，我国船用燃料油的竞争力和规模都将稳步提高。

三、独立炼厂发展现状及展望

（一）2017年中国独立炼厂发展现状及分析

根据中石油经济技术研究院数据，截至2016年底，全国独立炼厂的炼油总能力达2.48亿吨/年，占全国炼油总产能的32.9%。2017年，中国炼油一次加工能力7.7亿吨，独立炼厂炼油总产能已达到3.2亿吨，其中山东独立炼厂以1.68亿吨遥遥领先，占全国炼厂炼油能力52.5%，西北、华北、东北等地区独立炼厂数量也较为可观。

1. 独立炼厂加快质量升级步伐，市场竞争能力不断增强

随着独立炼厂盈利能力的逐渐加强，独立炼厂投资扩能改造升级步伐加快，大量引入新技术、新工艺，加工能力和产品质量大幅提升。

2017年12月，由16家山东独立炼厂企业联合出资的山东炼化能源集团公司正式成立，公司将围绕投资高端产业项目、盘活成员企业存量资产、国际贸易和国际投资四方面开展业务。计划整合形成年8000万吨原油加工能力，实现5000亿元销售收入、1000亿元利税规模，多个产业发展格局清晰并初具规模，对山东炼厂发展的规模化、标准化具有重要意义。

2. “两权”放开后，开工率和加工量明显提升

2017年12月底，全国35家独立炼厂获得进口原油使用权配额共计10599万吨，其中有16家独立炼厂获批进口原油资质，共计3096万吨。2018年第一批原油非国营贸易进口允许量公布，下发至44家企业共计12132万吨，其中涵盖32家独立炼厂。2018年原油非国营贸易进口允许量同比大幅增长63%，将有助于独立炼厂企业发展。独立炼厂进口原油使用权和原油进口权放开，开工小时数大幅上涨，抵消主营单位下降份额，2017年中国各类炼厂平均开工率76.7%，主营炼厂开工率

84.1%，独立炼厂开工率59.9%。

从加工量来看，全国炼油增量部分主要来自独立炼厂。2017年，山东独立炼油厂一次原料加工量9033万吨，其中原油加工量占全部原料的97.8%。2017年山东独立炼厂综合炼油能力不断增加，其中一次常减压产能16555万吨/年，全国占比20.34%。2017年，山东省独立炼厂炼油产能200万吨/年以上炼厂40家，总炼油能力14675万吨/年，占山东独立炼厂的89.6%；独立炼厂200万吨/年以下炼油产能约1700万吨/年，占10.4%。同期，山东独立炼油厂汽油、柴油产量增长显著，其中汽油产量为2646万吨；柴油产量为4556万吨，柴汽比为1.72。

3. 炼化产业大型化逐步推进，传统独立炼厂挑战加剧

浙江石油化工有限公司（由荣盛、桐昆、巨化集团及舟山海洋共同控股）一期项目2000万吨/年炼油，预计2018年底建成投产。大连恒力石化2000万吨/年炼油，预计2018年10月建成投产。另外，江苏盛虹、河北新华联合石化、唐山旭阳、浅海集团等其他大型炼化一体化项目多计划在2020年左右建成投产。而随着这些千万吨级炼化项目投产，国内能源行业格局也将逐步发生变化，传统独立炼厂挑战加剧。

独立炼厂多从地方小炼厂发展而来，截至2017年底，我国200万吨/年以下独立炼厂多达82家，炼能共计6125万吨/年，平均炼能仅75万吨/年左右，占全国独立炼厂炼能的比例不足1/4。其中约有36家独立炼厂处于长期关停状态，炼能共计1985万吨/年。尤其是华南地区，闲置炼能占当地总炼能的60%。从整体来看，200万吨/年以下独立炼厂的炼能利用率并不高，预计在10%～13%，加工量仅占到全国独立炼厂的5%～7%。除部分龙头企业外，规模普遍较小，虽具有一定的灵活性，但在能耗、维护等生产成本上高出主营炼厂，盈利能力堪忧。山东和浙江都是炼化大省，虽然山东炼化能源集团公司和新秀浙江石油股份有限公司（浙能集团和浙江石化成立）的成立有助于独立炼厂通过区域一体化提高自身竞争力，但集团公司的引领和统一规划、配置能力还有待提升。

4. 地方政府支持力度加大，独立炼厂加速发展销售网络

随着加工规模的提升，为疏通生产后路，延长产业链，实现效益增长，山东独立炼厂越来越重视销售网络的建设。一是利用价格手段争取客户资源。2017年，山东独立炼厂成品油大量资源开始从华北周边向华东、华南沿海、华中沿江及西南区

域辐射，产品出厂对两大集团依赖度大幅下降。二是在地方政府的大力扶持下，零售网络发展力度不断加大。截至2017年底，山东独立炼厂在营加油站占全国加油站总量0.6%。随着油品质量不断提高，独立炼厂油品被部分顾客认可，独立炼厂开始创建自己的零售品牌，且零售价格优势明显，部分客户转而消费独立炼厂加油站的油品，市场份额及经营效益得到提升。

（二）2018年中国独立炼厂发展展望

1. 炼油市场竞争越来越激烈

独立炼油厂已经成为中国炼油业发展的重要力量，尤其是随着中国石油市场化进程的加快，其发展机会更多。从发展势头看，当前国有炼油厂扩能步伐逐步放缓，而独立炼油厂原油加工能力仍将继续扩张，未来国内成品油市场竞争会更加激烈。独立炼油厂凭借其“独特的优势”将获得更大的市场份额，在全国总体产能过剩的大环境下，独立炼油厂与国有炼油厂的竞争将持续加剧。

2. 炼油和油品国际贸易市场化是大势所趋

2017年，中国政府发布《能源发展“十三五”规划》，强调要坚持推进深层次的行业体制市场化改革，发挥市场在能源行业资源配置、调整中的决定性作用。近年来，尽管国家已逐步实现对原油进口权、使用权及成品油出口权的放开，但独立炼厂一直以来受困于终端销售网络限制，在资源供过于求的市场形势下，产品销路成为企业发展的最大掣肘，寻求国际化合作，探索国际化发展道路已成为独立炼厂谋求生存和发展的又一必然趋势。

部分炼厂已经开始了国际化发展的战略布局，恒源石化以4.23亿元收购壳牌马来西亚炼油有限公司51%股权；岚桥石化收购澳大利亚西部能源公司；东明石化在国外与卡塔尔、BP签订了战略合作协议；天弘石化与BPIST贸易公司签署原油进口及来料加工的战略合作协议。展望2018年，将会有更多独立炼厂开启国际化发展布局，积极探索与国外企业全方位合作的发展道路。

四、成品油进出口现状及展望

2017 年，我国成品油进口量总计 2964 万吨，较上一年同期增长 6.4%，国内包括成品油、原油和其他产品在内的石油净出口量上升。2017 年，中国成品油出口量为 5216 万吨，较上年同期增长 8%。煤油成为成品油市场主要的出口油种。2017 年，中国经济出现回暖现象。预计 2018 年，中国经济将稳步增长，中国成品油总需求将有所增长，但新能源汽车，清洁能源与共享单车等影响不容忽视。陆续投资和扩建的炼厂项目，仍会导致国内成品油供应过剩。在供能过剩的国内成品油市场中，成品油出口仍为主要解决方法。

（一）2017 年成品油进口现状及分析

2017 年我国 GDP 增长速度有回暖的迹象，2017 年我国 GDP 总量为 82.71 万亿元，较上年增长 6.9%。由于清洁能源，新能源汽车及共享单车等因素的影响，成品油总需求没有太大起色。对于企业来说，进口成品油可获得一定的利润。2017 年 1 月至 9 月成品油出口量呈现增长趋势。

1. 成品油进口现状

（1）成品油进口量增长，进口结构以煤油为主。

2017 年我国成品油进口量明显增长。据海关数据显示，2017 年我国成品油进口量总计 2964 万吨，同比增长 6.4%。根据中国产业信息研究网公布的数据来看，2016 年下半年，成品油累计进口额出现了负增长，于 2017 年 1 月达到了 35% 的增长，第二季度成品油进口的增长出现了下降趋势，但总体来说，2017 年成品油的进口额呈现增长的趋势（见表 6 - 1）。

表 6－1　2017 年我国成品油进口额统计

	进口量（万吨）	进口额（万美元）	数量同比增长（%）
2017 年 1 月	260	12.3	－2.3
2017 年 2 月	239	11.5	－9.5
2017 年 3 月	270	13.2	10.2
2017 年 4 月	249	11.7	－0.8
2017 年 5 月	252	11.8	－16.3
2017 年 6 月	234	11.3	5.4
2017 年 7 月	234	10.8	12.5
2017 年 8 月	273	12.2	35.1
2017 年 9 月	230	11.0	22.6
2017 年 10 月	195	10.1	26.7
2017 年 11 月	254	13.7	27.0
2017 年 12 月	274	14.9	

数据来源：中商产业研究院

根据国家统计局公布的数据显示，自 2012 年起，我国的成品油进口量开始呈现减少趋势。2011 年成品油总进口量为 4060 万吨，到 2012 年成品油进口量降低至 3982 万吨，进口量出现负增长，较上一年进口量下降 2%。2014 年下降幅度最大，达到 24%（见表 6－2）。

表 6－2　2009—2017 年成品油进口统计

年份	进口量（万吨）	进口额（百万美元）	增长率（%）
2017	2964	144900	6.4
2016	2787.04	111.1546	－7
2015	2989.79	14303.44	0
2014	2999.63	23452.96	－24
2013	3959	32025.73	－1
2012	3982	33071.84	－2
2011	4060	32698.7	10
2010	3688	22343.02	0
2009	3696	16983.96	

数据来源：海关总署

2. 成品油进口分析

2017 年，国内成品油进口量为 2964 万吨，较上一年增长 6.4%。自 2012 年起，我国的成品油进口量呈现负增长。2017 年出现的成品油进口增长，主要原因有以下三点：

（1）GDP 增长，经济回暖，成品油总需求增长。

2017 年，我国 GDP 累计量达 82.71 万亿元，同比增长 6.9%。其中，第二产业增加值 334623 亿元，增长 6.1%。经济的增长，使得成品油总需求量也随之增长。

（2）我国成品油质量全面升级，独立炼厂供给为难。

2017 年 1 月 1 日，我国全年实施第五阶段国家机动车排放标准，同时停售低于国Ⅴ标准车用汽油、柴油。中石化等国企已于 2015 年陆续着手于炼厂的升级改造。在全面提升油品质量之前，就可以提供国Ⅴ标准的成品油。但对于独立炼厂，成品油升级在装置改造上需要的资金量巨大且投资回收期较长，资金缺口较大。回顾 2016 年炼油厂产能，独立炼厂无疑是增长最快的。但 2017 年，油品质量升级，淘汰一部分技术落后的炼厂，导致国内成品油供给量缩水。

（3）政策影响。

2017 年 1 月 1 日，OPEC 国家和非 OPEC 国家减产协议开始实施。OPEC 协议将持续 6 个月。由于政策因素，限制国内炼厂供能，也减少了一定的成品油供给量（对比 2016 与 2017 炼厂功能数据）。

综上，2017 年，由于我国经济增长，GDP 总量较上年增长 6.9%，我国成品油需求增加，但 2017 年油品质量的全面升级和部分政策影响导致成品油的供给量却减少。因此，与 2016 年相比，2017 年成品油进口量有所增长。

（二）2017 年成品油出口现状及分析

2017 年我国国内成品油市场仍然供能过剩，国内市场竞争激烈。截至 2017 年 11 月，一般贸易出口配额共计下发 1659.1 万吨，加工贸易出口配额下发 2479 万吨，共计 4134.6 万吨，较上年配额总量 4507.5 万吨减少 372.4 万吨。2017 年成品油出口势头依然较为强劲。

1. 成品油出口量增加，出口主要集中在东部地区

2017 年我国成品油出口量明显增加。由表 6 - 3 显示，2017 年我国成品油出口总量 5216 万吨，与上年相比增长 8%。由于我国东部地区炼厂分布得较为密集，地理位置便于进出口贸易，出口设施便利，因此成为我国成品油进出口的主要地区。据国家统计局数据显示，我国成品油出口呈现增长趋势。自 2013 年起我国石油出口量增长速度加快，其中，2016 年增长幅度最大，2016 年出口量为 4831.68 万吨，较上年增长 34%。

表 6－3　2009—2017 年成品油出口量与出口额统计

年份	出口（万吨）	出口额（百万美元）	增长率（%）
2017	5216	25398.69	8
2016	4831.68	19370.88	34
2015	3615.49	19095.48	21.90
2014	2966.75	25776.75	4.10
2013	2851	24504.96	17.50
2012	2427	21309.95	－5.60
2011	2570	20766.03	－4.40
2010	2688	17044.04	7.30
2009	2504	12549.94	

数据来源：中国海关总署

2. 成品油出口市场以亚太地区为主

考虑到航运、利润等因素，当前中国成品油主要出口国家仍然集中在亚太地区，其中以东南亚国家为主。汽油和柴油出口的主要地区重合较高，都为亚太地区；煤油出口的地区主要为北美地区。据海关总署发布的信息，2017 年，我国汽油出口量排在前三的国家为新加坡、马来西亚和印度尼西亚，占比分别为 59%、22% 和 9%；我国柴油出口的主要市场为新加坡，菲律宾和香港，占比分别为 28%、21% 和 18%；我国煤油出口的主要市场为香港 37%、美国 18% 和越南 10%。整体考虑，全球炼厂投资增速最快的地区为亚太，预计亚太地区的成品油供能将逐年增长，亚太地区成品油市场竞争将加剧（见图 6－8）。

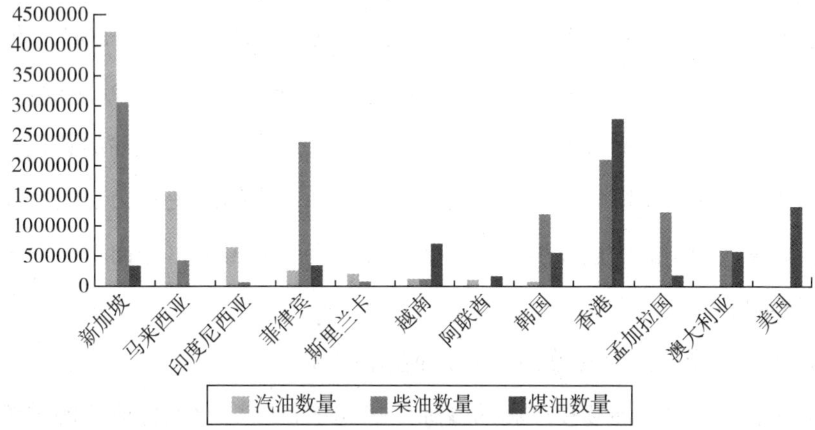

图 6－8　2017 年我国汽柴煤出口分布（吨）

来源：中国海关总署

3. 2017 年成品油出口结构保持不变，柴油仍为主要出口油品

2016 年我国成品油出口结构以轻柴油为主，占总出口量的 33%。其中，主要的成品油出口的油品为：柴油 33%，航空煤油 27% 和汽油 20%（见图 6 - 9）。2017 年，我国成品油出口结构保持不变，主要油品为柴油。

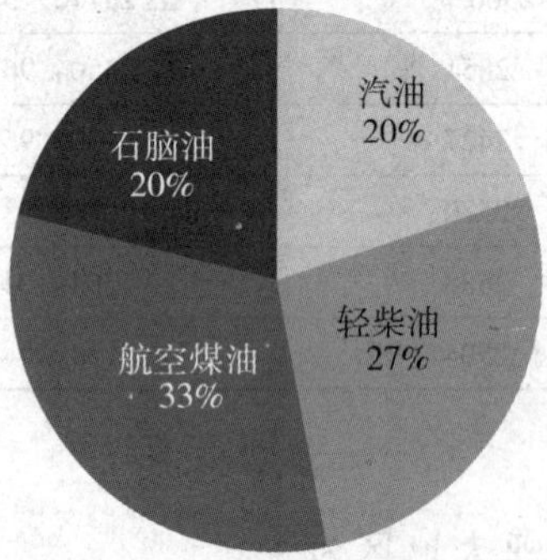

图 6 - 9　2016 年我国成品油进口量情况

数据来源：《中国能源统计年鉴 2016》

4. 影响成品油出口量的因素分析

我国成品油出口量大幅增长，主要原因是国内成品油的需求增长逐步放缓，而油品的供应却大幅度增加，炼油产能过剩极大地推动了成品油的出口。

（1）成品油消费量下行，成品油替代品需求上涨。

首先，我国经济增长放缓影响了油品的消费。柴油的消费量不断下行，自 2010 年以来，中国柴油消费增速快速回落，2015 年上半年，中国经济进一步下滑，柴油消费同比下降 1.1%。由于柴油消费受产业、天然气等清洁能源、LNG 车辆保有量增长等影响，导致占据我国成品油消费半壁江山的柴油消费量不断减少。一方面，天然气在工业和交通运输方面以及新能源用车的快速增长对柴汽油的替代，都对成品油的消费量具有削减影响；另一方面，由于出行方式的改变和交通运输能源的电力发展，如高铁动车的快速发展，对航空具有一定的冲击力，进而对煤油消费量的增长具有影响。

（2）炼油产能项目投资增加，成品油供给提高。

我国炼油产能项目陆续投产和部分炼厂扩建项目开启导致行业产能过剩。据国家统计局数据显示：2017 年 6 月汽油产量在 1102 万吨，同比增长 2.9%，1—6 月汽油累计产量在 6563 万吨，同比增长 2.1%；柴油方面 6 月产量在 1511.6 万吨，同比

增长 3.6%，1—6 月柴油产量在 8957.5 万吨，同比增长 2.6%；煤油 6 月产量在 342.2 万吨，同比增长 3%，1—6 月煤油产量在 2042 万吨，同比增长 5.9%。中国汽油、柴油供应保持增长的态势，其中柴油增幅超过汽油。2017 年下半年，惠炼二期项目第七联合装置 180 万吨/年催化重整、190 万吨/年航煤加氢、240 万吨/年催化汽油脱硫装置顺利完成中交验收，下半年开工。一系列在建项目的完工和投产，供需过剩矛盾难以缓解。从企业的角度来看，出口无疑是解决油品供给过剩的重要手段。

（3）政府政策鼓励新能源发展，影响成品油需求。

我国汽车保有量的增速不断下降，新能源汽车保有量呈现增长趋势。国家政策不断引导消费者降低非化石能源消费。2017 年国家发改委等十五部委联合发布《关于扩大生物燃料乙醇生产和推广使用车用乙醇汽油的实施方案》，以及正在制定禁售燃油车的时间表。对汽车新能源的鼓励政策，已经对成品油消费产生显著影响。

（三）2018 年成品油进出口发展展望

2017 年全国柴油质量升级为国 V，导致低硫原油的进口量需求增加。欧佩克减产协议也对成品油的产量具有影响。新增投产的炼油项目可能使成品油市场供能过剩的情况加重，增加进口原油加工，扩大出口成品油市场，将成为炼厂维持正常运营的出路。同时，成品油的出口也仍然为解决供能过剩问题的主要手段。

1. 我国成品油市场压力将继续增大，油品出口成为唯一解决手段

市场方面，现行的制度与模式无法解决产销之间的矛盾。预计 2018 年政府将大力增加成品油出口配额，扩大出口市场。将在保留东南亚的传统市场的基础上，了解其他地区成品油需求增长的趋势，主动积极开辟新的出口市场。

2. 出口市场仍有改进的余地

成品油的生产具有季节性和地域性，保证成品油良好的流通性是销售的关键。应合理安排运输，提高物流能力，及时满足市场需求，尽可能快速地响应市场的变化，提高企业自身的灵活性。同时，及时销售可以最大限度地控制储存成本。

3. 提高成品油质量，扩大我国成品油出口市场

我国主要的成品油出口市场以新加坡、印度尼西亚、越南和菲律宾为主。成品油的品质差异化，导致炼厂难以适应。我国于 2017 年全国施行国 V 的质量标准，印度于 2017 年 4 月施行硫含量不大于 50ppm 的标准。各炼厂的技术水平参差不齐，

无法满足进口国的质量要求，从而制约了我国成品油出口的竞争力。炼厂投资一直增长，无法提供市场要求油品的炼厂，也将面临被淘汰，在大幅度的炼厂投资增加之后，就是大片老旧炼厂的退休和淘汰，可能会在一定程度上影响生产量。另外，亚太地区炼厂增长速度加快，预计亚太地区的成品油供应能力将大幅度上升，导致亚太地区成品油市场竞争更加激烈。

第七篇

客户与市场需求篇

一、2017年中国成品油消费状况分析

（一）成品油消费量分析

由于受供给侧改革效果显现、投资增速总体放缓、经济转型升级，以及高铁、新能源汽车快速发展等因素的共同作用，我国成品油消费增长区间下移。

1. 国内成品油消费总体趋于稳定，增速放缓

2017年全年成品油消费量3.25亿吨，同比增长3.2%。如图7－1，“十二五”期间各年成品油消费增速分别为5.20%、5.30%、5.00%、2.00%、1.20%。到“十三五”前两年增速为5.00%、3.20%。由此可见，2017年中国成品油市场整体表现稳定。这是因为世界经济增长依旧缓慢，发达经济体和新兴经济体均无加速增长迹象，但亦无明显回落风险。

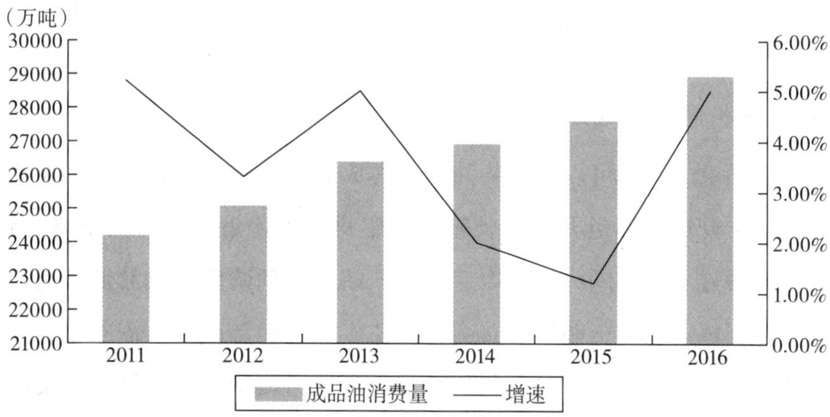

图7－1　2011—2016年成品油消费量及增速

数据来源：国家发改委

2. 成品油出口大幅增长，化解国内产能过剩

据海关统计，2017 年我国出口成品油 3281 万吨，同比增长 6.8%。成品油出口大幅增长的原因主要有两点：一是国内成品油供大于求，企业出口积极性较高；二是出口退税率提高，推动出口增加。在国内成品油供需宽松的形势下，出口贸易日渐成为化解炼油产能过剩、应对国内市场低迷的重要手段。

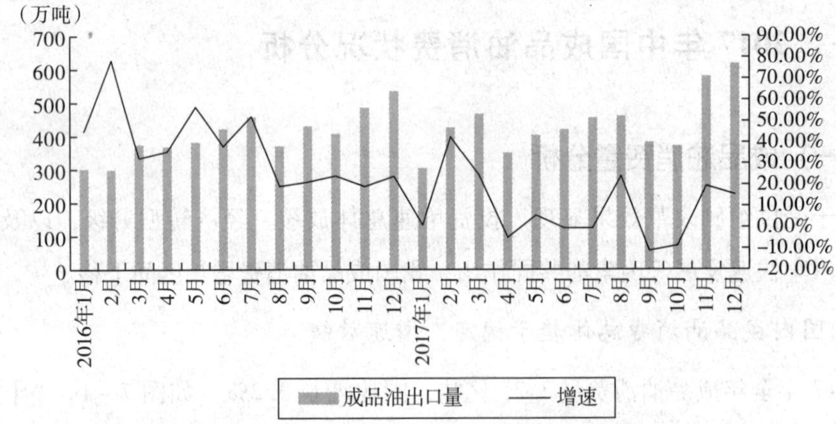

图 7-2　2016 年和 2017 年各月成品油出口量及同比增速

数据来源：中国海关

（二）成品油消费结构分析

随着我国经济增速放缓，小排量汽车、新能源汽车和高铁迅速发展，我国柴油消费持续低迷，汽油、煤油消费增速放缓。

1. 消费结构调整，成品油市场转型

由图 7-3 和图 7-4 可以看出柴油占各类成品油消费比例最大但逐年下降；汽油近几年稳步上升；煤油近几年增长较快；燃料油占比近几年有所下降。近两年，我国成品油资源过剩叠加国内经济增速放缓、结构深刻调整，成品油市场转型特征较为明显，主要体现在：资源格局转变，主体多元化趋势凸显；需求增长放缓，消费弹性减弱；消费规律转变，季节起伏趋缓；消费结构调整，用油行业集中；库存水平提高，波动幅度增大。

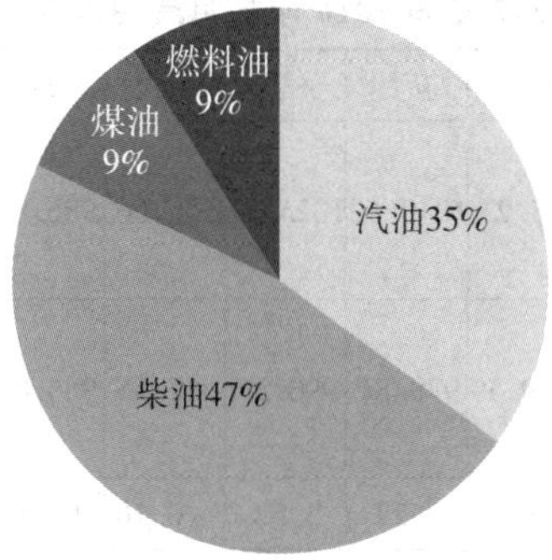

图 7－3　2017 年各类成品油消费占比

数据来源：卓创资讯

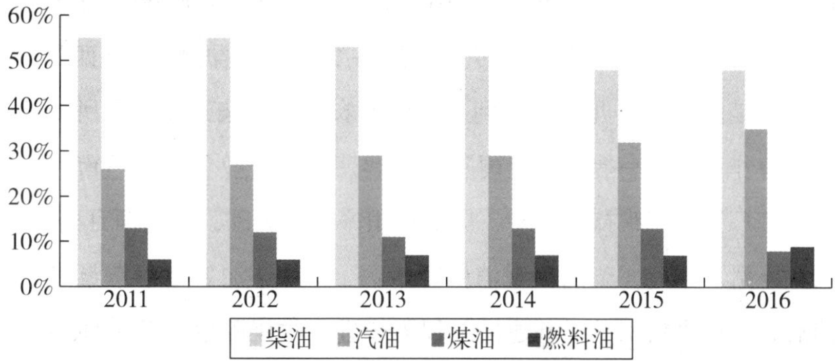

图 7－4　2011—2016 年各类成品油消费占比

数据来源：国家统计局

2. 汽油消费持续增长

2017 年汽油的表观消费量达到 12222.39 万吨，同比增长 2.76%。2011—2014 年，我国国内汽油消费需求旺盛，表观消费量实现快速增长，4 年复合增长率达 9.7%。从 2015 年开始，汽油表观消费量增速明显放缓。到 2016 年，我国汽油表观消费量为 1.20 亿吨，增长 3.8%，增速较 2015 年下降 5.7 个百分点。在表 7－1 中可以看出 2017 年汽油消费量较 2016 年相比基本呈现上升趋势，其中 2 月、4 月、7 月消费量同比下降，这主要是受当月进出口的影响。总体来说，2017 年汽油消费量仍然保持增长。但受小排量汽车购置增多以及新能源汽车快速发展的影响，汽油增速回落明显。

表7－1　2017年与2016年各月汽油消费量对比

月份	一月	二月	三月	四月	五月	六月	七月	八月	九月	十月	十一月	十二月
2017年汽油消费量（万吨）	1088.52	913.07	1040.86	955.23	1049.52	1025.37	956.06	986.81	1089.06	1069.12	1028.55	991
2016年汽油消费量（万吨）	999.49	978.64	1029.67	1019.59	978.81	990.37	957.55	986.07	927.68	1032.23	966.68	1027.74
同比（%）	8.91	－6.70	1.09	－6.31	7.22	3.53	－0.16	0.08	17.40	3.57	0.33	－3.57

数据来源：卓创资讯

3. 柴油消费有所好转

2017年柴油的表观消费量相对于2016年有所好转，达到16667.3万吨，同比增长2.39%，整体来看，市场有所好转。在表7－2中可以看到9、10两月柴油表观消费量最高，这是由于“金九银十”到来，北方农忙时节柴油需求有所提高，加之雨季结束，户外作业开工率提升，而国际原油震荡上涨令业者看涨后市，国内需求向好。同时，炼厂开工率维持高水平，柴油产出率继续大涨，且这两月柴油出口量同、环比均大幅下滑。因此，柴油表观消费量较高。2月柴油表观消费量最低，这是因为春节前后，国内多数工矿、基建类工程逐步进入收尾阶段，开工率不断下降，受此影响柴油需求有所回落，同比出现小幅下滑。此外，2月出口暴增37.1%，令表观消费量出现大幅度下滑。整体看来，国内柴油需求表现疲软，同比出现小幅下滑。

表7－2　2017年与2016年各月柴油消费量对比

月份	一月	二月	三月	四月	五月	六月	七月	八月	九月	十月	十一月	十二月
2017年柴油消费量（万吨）	1455.15	1241.39	1373.39	1343.38	1402.87	1385.04	1336.71	1349.36	1483.3	1535.75	1389.76	1394.16
2016年柴油消费量（万吨）	1363.68	1362.39	1367.96	1337.06	1308.55	1366.59	1320.2	1343.33	1291.01	1419.19	1380.92	1416.76
同比（%）	6.71	－8.90	0.44	0.47	7.21	1.35	1.25	0.46	14.89	8.21	4.00	－1.60

数据来源：卓创资讯

4. 煤油消费继续保持高速增长

根据用途，煤油可分为航空煤油、动力煤油、照明煤油等。我国煤油以前一直处于供不应求的状态，直至近两年由于产能的增加，煤油供需才出现逆转，消费量年均增长率远高于全球平均水平。2017 年煤油的表观消费量达到 3287.68 万吨，同比增长 8.65%。近年来煤油消费一直属于高速增长状态，如表 7-3 所示，除了 3 月、5 月、6 月同比有小幅度下降以外，其余各月都处于高速增长状态，尤其是 1 月、9 月、10 月同比增长达到 20% 以上。随着国民生活质量不断提高，节假日出游人数逐年增长，更多的人出游选择飞机，故柴油的消费量在较长的时间内都可以实现高速增长。

表 7-3　2017 年与 2016 年各月煤油消费量对比

月份	一月	二月	三月	四月	五月	六月	七月	八月	九月	十月	十一月	十二月
2017 年煤油消费量（万吨）	318.14	240.56	253.12	282.9	263.11	255.53	282.24	296.04	311.69	316.11	252.00	212.62
2016 年煤油消费量（万吨）	230.73	237.79	253.86	270.76	270.56	260.02	269.07	264.38	249.72	263.15	244.00	211.96
同比（%）	20.55	1.16	-0.29	4.48	-2.75	-1.73	4.89	11.98	24.82	20.13	3.28	0.31

数据来源：卓创资讯

（三）成品油消费领域分布分析

成品油作为基础能源广泛应用于三大产业。在第一产业中，成品油主要作为拖拉机、渔船等农业机械的动力；在第二产业中，成品油主要用来驱动挖掘机、装载机等工业设备；在第三产业中，成品油主要应用于交通运输。

1. 第三产业中成品油消费量最大，并逐年上升

2011—2016 年，成品油在第一产业中平均占比 5.6%，在第二产业中平均占比 7.5%，在第三产业中占比最大，达到了 86.9%。如图 7-5，第三产业成品油消费量遥遥领先于另外两大产业，且逐年增高，第一、第二产业成品油消费量相对稳定。如图 7-6，在第三产业中柴油占比仍然最大，但近年来趋于稳定；汽油占比其次，但近年来第三产业中汽油消费量逐年增加。

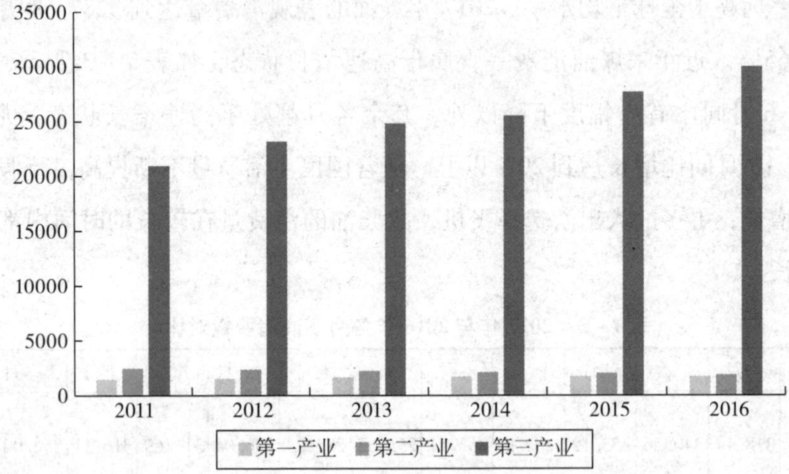

图 7－5　2011—2016 年三大产业中成品油消费量（万吨）

数据来源：国家统计局

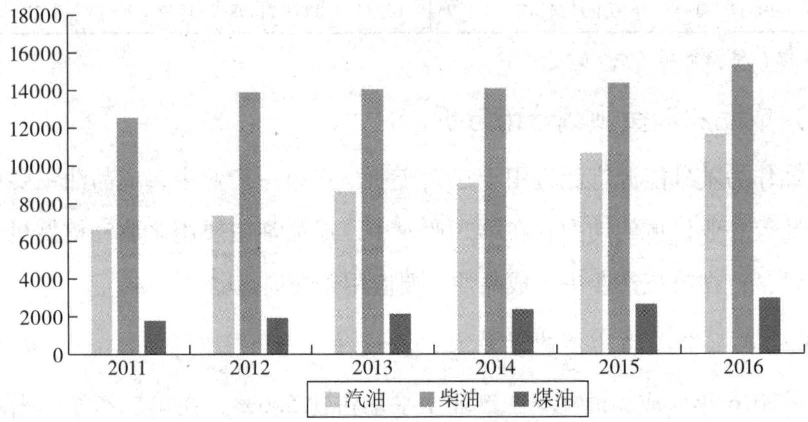

图 7－6　2011—2016 年第三产业中各类成品油消费量（万吨）

数据来源：国家统计局

2. 农业成品油消费柴油占主要部分，汽油增速较大

2011—2016 年，农业用成品油消费方面，汽油平均占比 12. 8%，煤油仅占比 0. 8%，柴油占比却达到了 86. 4%，农业成品油消费中柴油占主要部分。但是，如图 7－7 所示，农业中汽油消费量逐年增加，且近几年增速较大。这是由于相对于柴油，汽油发动机可以降低氮氧化合物的排放，可以在一定程度上起到节能减排的作用。

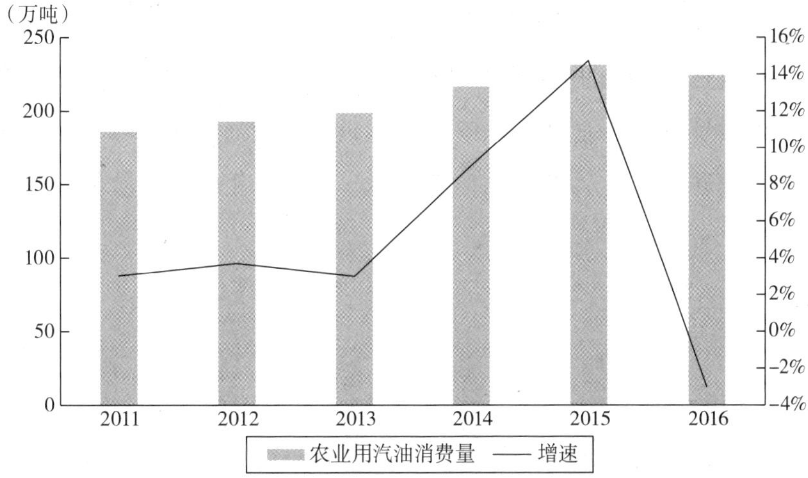

图 7－7　2011—2016 年农业用汽油消费量及增速

数据来源：国家统计局

3. 工业用油柴油比重最大，但各类成品油消费量逐年下降

2011—2016 年，汽油消费量平均占比 23.87%，煤油消费量平均占比 1.17%，而柴油消费量占比达到了 74.96%，在各类油品中，柴油所占比重最大。如图 7－8 所示，工业成品油消费量逐年下降。柴油消费量每年下降幅度较大；相比较于柴油，汽油下降幅度较小；煤油消费量变化相对稳定。

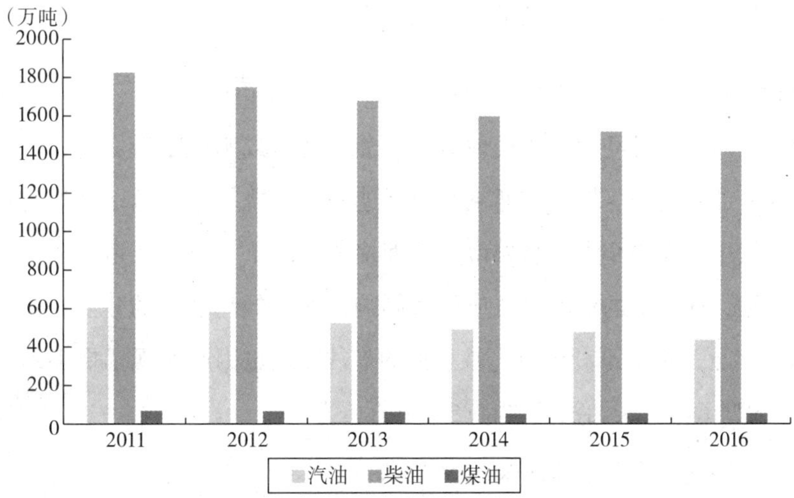

图 7－8　2011—2016 年工业用各类成品油消费量

数据来源：国家统计局

4. 交通运输行业柴油消费量趋于稳定，汽油煤油逐年上升

交通运输行业是成品油的主要消费领域，2016 年，交通运输行业成品油消费量占全年成品油消费量的 67%。如图 7 - 9 所示，近几年交通运输领域柴油消费量趋于稳定，汽油煤油逐年上升，尤其煤油增速较大。煤油每年的消费量 90% 以上都用于交通运输领域。

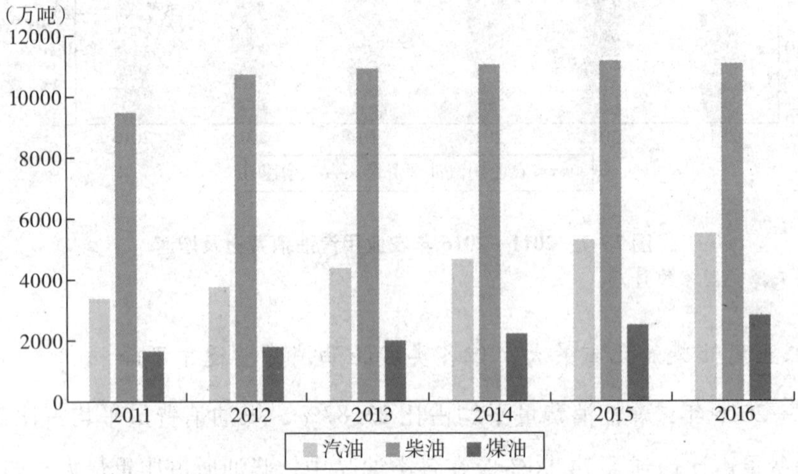

图 7 - 9　2011—2016 年交通运输领域各类成品油消费量

数据来源：国家统计局

(四) 影响成品油需求变化的主要因素

1. 轨道交通的发展冲击成品油的消费，销量下滑持续加剧

轨道交通的发展已经较大规模地对成品油消费造成销量下滑影响，并将继续冲击到我国成品油的消费。轨道交通主要包括地铁及轻轨等市内短途交通与高铁等中长途交通。其中，在当今大中型城市交通拥堵的情况下，市内轨道交通的建立对于私家汽车用油，即汽油的消费将造成较大影响；而新的高铁线的建立，不仅对于中长途汽车“客运”造成不利影响，被替换的老铁路线也因此实现了更多的铁路“货运”，对于大型卡车的柴油消费也将产生下行压力。

2. 汽车保有量增长支撑汽油需求增长

近年来尽管经济增速放缓，对汽油消费有一定抑制作用，但汽车保有量的不断增加使汽油消费依然保持较高增速。据公安部数据显示，截至 2017 年底，全国机动车保有量达 3.10 亿辆。2017 年在公安交通管理部门新注册登记的机动车 3353 万

辆，其中新注册登记汽车2813万辆，均创历史新高。其中，汽车占机动车的比率持续提高，近五年占比从54.93%提高到70.17%，已成为机动车构成主体。乘用车产销量增长将继续支撑汽油消费稳定增长。虽然新能源汽车的兴起对汽油消费有一定的抑制作用，但是随着人们生活水平的不断提高，汽车保有量的总量增加依然能够使汽油消费保持增长。

3. “一带一路”成为我国与沿线国家和地区油气合作的重要战略

“一带一路”是新时期我国深化对外合作的新的战略构想，旨在通过进一步加强与沿途各国的深入合作和互联互通，最终实现共同发展、共同繁荣的目标。油气合作是“一带一路”战略的重要内容，“一带一路”石油资源丰富，但分布非常不均，主要富集在西亚、俄罗斯和中亚等国家及地区。除中国外，石油已发现可采资源量占世界的66%。截至2017年初，我国石油企业已在“一带一路”沿线19个国家执行50余个油气合作项目。特别是油气战略通道建设，中俄原油管道、中哈原油管道、中亚天然气管道、中缅天然气管道等一批重点油气工程项目相继投产。从“2017年中国国际石油化工大会”了解到：“一带一路”沿线国家和地区已成为我国油气进口的主要来源地，占我国原油进口总量70%以上，天然气进口总量60%以上。我国与“一带一路”沿线国家和地区在石油和化学工业领域可以相互借鉴，实现优势互补。

4. 节能减排政策控制我国成品油需求，能源消费逐渐向低碳化发展

2016年11月4日，国务院印发了《“十三五”控制温室气体排放工作方案》，提出目标到2020年，我国单位国内生产总值二氧化碳排放比2015年下降18%，碳排放总量得到有效控制，也明确我国要力争在2020年能源体系、产业体系和消费领域低碳转型方面取得积极成效。同时国务院办公厅印发的《中华人民共和国环境影响评价法》《控制污染物排放许可制实施方案》和国家发展改革委发布的《关于培育环境治理和生态保护市场主体的意见》从环境影响评价制度、碳排放权、排污许可证等方面提出更加严格的环保管理要求。“十三五”期间能源发展和改革的战略导向明确，可总结为能源消费总量控制、煤炭清洁高效利用、大力发展清洁能源、能源体制改革等主要内容。在这种节能减排约束条件下，能源消费结构逐步向低碳化发展，在《中美气候变化联合声明》中，我国计划2030年左右使二氧化碳排放达到峰值，并计划到2030年将非化石能源占一次能源消费比重提高到20%左右。

5. 新能源对油品替代的长期影响不具颠覆性，天然气仍是规模最大的替代品

新能源对成品油的冲击将进一步增强，天然气汽车和新能源汽车市场“此消彼长”，对汽车用油替代继续加大。我国新能源汽车发展政策是双积分制，产业扶持力度较大，政策推动技术升级。新能源汽车发展对政策变化高度敏感，市场还没有发挥决定性作用，新能源汽车的经济性仍弱于燃油车。中石油经济技术研究院石油研究所所长戴家权指出，当新能源汽车具备与燃油汽车相抗衡的实力时，石油峰值的时代才会到来。2030 年前新能源汽车经济性将逐步凸显，对石油的替代性将不断扩大，但不具颠覆性，直接影响主要集中在占石油消费两成的公路用汽油。

预计到 2020 年，我国电动汽车保有量将达到 500 万辆，替代汽柴油量约 750 万吨，年均增速接近 50%；我国天然气汽车的保有量将达到 1050 万辆，替代汽柴油量约 2957 万吨，年均增长 8%。未来 3 年至 5 年，替代能源将年均增长 14% 左右，2020 年替代量将达到 4600 万吨左右，约占成品油需求量的 10% ~15%。天然气仍是规模最大的替代品，但是，车用燃气较汽柴油的成本优势将稳中有降，替代量趋于稳定。电动汽车对燃油汽车的替代受政策支持，将会加速推进。同时，《“十三五”规划》提出要实施新能源汽车推广计划，提高电动汽车产业化水平。这表明未来我国对新能源汽车的发展将提升到一个新的高度。根据《节能与新能源产业发展规划（2012—2020 年）》，2020 年我国电动汽车产量将达到 200 万辆，累计产销量超过 500 万辆，预计影响汽油消费量 300 万吨 ~500 万吨。虽然影响有限，但如果电池技术取得重大突破并商业化生产，仅让电动汽车的续航里程达到 1000 千米这一项，就足以让汽油车减少 30% 以上，这将对成品油产生绝对性的影响。

6. 乙醇汽油优势大，我国将在全国范围内大力推广

E10 又称汽油醇，是目前最为广泛使用的混合燃料。2017 年 9 月国家发改委等 15 个部委印发《关于扩大生物燃料乙醇生产和推广使用车用乙醇汽油的实施方案》。根据方案，中国将全面推广 E10 乙醇汽油，其由 10% 的乙醇和 90% 的普通汽油调和而成。方案要求京津冀及周边等大气污染防治重点区域 2018 年开始推广，2019 年实现全覆盖，到 2020 年，全国范围内将基本实现车用乙醇汽油全覆盖。因此，“十三五”后三年我国生物燃料乙醇将迎来大发展，预计 2020 年实际产量将在 2016 年产量基础上增长一倍以上，对汽柴油的替代更直接、更紧迫。截至 2017 年 10 月，

中国生物燃料乙醇年消费近260万吨，产业规模居世界第三位。全国已有11个省份试点推广乙醇汽油，其消费量已占同期全国汽油消费总量的五分之一。据卓创资讯能源事业部胡慧春介绍，截至2017年7月末，中国原油对外依存度达到69.39%，乙醇汽油可以在一定程度上替代化石能源，积极推广利于改善中国的能源结构，减少原油依赖。与国Ⅴ92号汽油相比，乙醇汽油E10排放的尾气中，一氧化碳降低了1.8%，碳氢化合物降低了12.9%，二氧化碳降低了2.4%。此外，乙醇汽油中氧含量高，有助于汽油充分燃烧，能够有效减少汽车发动机污染物排放，改善环境。

（五）成品油消费与GDP相关性分析

1. 我国成品油消费的弹性系数分析

成品油消费弹性系数的变化反映了与国民经济总值的相关性。如图7－10所示，通过2011年至2017年成品油消费增长率和我国GDP增长率的数据，对我国近七年来的成品油消费弹性系数进行了计算。观察发现，成品油消费弹性系数并不是稳定变化的，具有一定的波动性，其变化性受成品油消费增速变化影响较大。在变动趋势方面，2013年与2016年分别有较大的下降趋势，尤其是在2016年首次出现了负值。分析发现，成品油消费增速下降必然会带动成品油消费弹性系数的下降。在投资增速放缓、经济结构转型以及高铁和新能源汽车快速发展等因素的作用下，相继出现成品油供应过剩加剧，以及无法平衡过剩的产能问题，从而导致在2016年时我国成品油消费首次出现萎缩，其中柴油的表观消费量也首次出现负增长。2016—2017成品油增速开始大幅提升，根据数据分析得出汽油消费持续增长，柴油消费有所好转、煤油消费保持高速增长趋势。

成品油消费弹性系数的发展变化与经济增长、国民经济结构、生产工艺、技术装备、能源利用率等因素密切相关。随着中国经济步入新常态，经济增长从高速转为中高速，成品油需求也随之放缓。自“十二五”以来，我国国民经济中高耗能的重工业部门比重下降，科学技术水平逐渐提升，国民生产总值的增长速度快于成品油消费的增长速度，所以我国成品油消费弹性系数均小于1。随着科学技术的进步，能源利用率的提高，国民经济结构的变化和耗能工业的迅速发展，成品油消费弹性系数会逐渐下降。

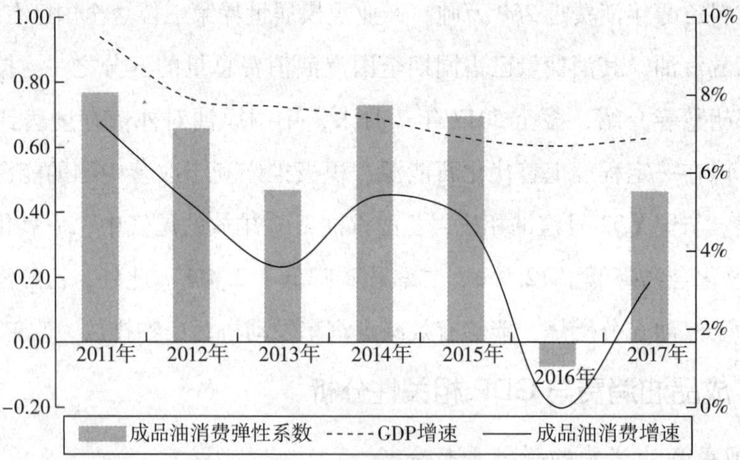

图 7-10　成品油消费弹性系数

数据来源：国家发改委

2. 我国成品油消费与 GDP 线性相关分析

分析成品油消费量和国内生产总值（GDP）之间的关系，应用回归分析法进行相关性分析。本次采用 2010—2017 年的成品油表观消费量与国内生产总值数据进行分析，成品油消费量和国内生产总值（GDP）的数据如表 7-4。利用 SPSS 软件对成品油消费量和国内生产总值进行相关性检验，所得结果如表 7-5 所示。

表 7-4　2010—2017 年成品油表观消费量和国内生产总值数据

年份	成品油表观消费量（万吨）	国内生产总值（亿元）
2010	21900	413030
2011	24300	489301
2012	25080	540367
2013	26334	595244
2014	26928	643974
2015	27616	689052
2016	28948	744127
2017	32500	827122

数据来源：国家发改委

表 7-5 成品油消费与 GDP 相关性检验结果

		成品油表观消费	国内生产总值
成品油表观消费	皮尔森（pearson）相关	1	.983**
	显著性（双尾）		.000
	N	8	8
国内生产总值	皮尔森（pearson）相关	.983**	1
	显著性（双尾）	.000	
	N	8	8

**. 相关性在 0.01 层上显著（双尾）

首先，根据相关性检验概念，对检验出的 P 值进行比较分析。在表 7-5 中，P 值为 0.008，远远小于相关性检验的显著性水平 0.05，所以成品油消费量与我国 GDP 存在显著的线性相关关系。其次，Pearson 相关性指数反映了两者相关的程度。本例中 Pearson 为 0.983 远大于标准值 0.01。通过检验结果得出，成品油消费量与国内生产总值 GDP 呈显著的线性相关关系。

经济增长是成品油消费增长的原因，而成品油消费不是经济增长的原因，经济越发展越需要充足的成品油资源。随着我国经济的快速发展，我国对成品油资源的需求将日益增加。这就需要一方面号召全民节约成品油资源，另一方面要努力提高成品油开采效率，减少成品油开采过程中的浪费，同时应改革完善成品油管理体制，不断提高成品油的使用效率。

3. 我国成品油消费与人均 GDP 的变化规律

根据发达国家经济发展与成品油消费变化历程分析，总结出成品油消费与人均 GDP 基本呈“S”型轨迹变化的规律。而我国成品油消费和经济发展过程也呈现出了这样的规律：当人均 GDP 达到 6000～7000 美元的阶段时，人均成品油随 GDP 变化的增幅加快；当人均 GDP 达到 1 万～1.5 万美元时，人均成品油随 GDP 变化增幅再次加速；当人均 GDP 达到 2 万美元以上时，成品油消费达到顶峰继而饱和。2017 年我国人均 GDP 达到 25974 元，并保持着上升趋势。随着国内汽车保有量的快速增长，乘用车也进入了大量普及的阶段。2016 年国内汽车销量为 2803 万辆，同比增长 14.1%，2017 年 1—6 月国内汽车销量为 1335 万辆，同比增长 3.8%。通过数据反映出我国汽车的产销量每年保持递增趋势，预计 2020 年我国乘用车将保持每年 15%～20% 的高速增长。所以，成品油的消费量预计仍然保持长期稳定的增长趋势。

(六)成品油消费与汽车行业发展相关性分析

随着我国社会和经济的持续发展、人民生活水平的不断提高、汽车保有量的快速增加、交通运输和物流等行业的稳步发展,以汽油、柴油、煤油为主的成品油消费呈现快速增长的趋势。此外,私家车数量的增加直接决定了汽车保有量的增加。当前,汽车工业发展和汽车保有量的增加已经成为拉动国内石油消费的主要因素之一。

1. 汽车产量呈现逐年上涨的趋势

数据显示,观察近5年我国汽车产销量逐年攀升,同时,已连续9年成为全球最大的汽车生产国和最大的新车消费市场。2017年我国汽车产销量再创历史新高,产销量呈小幅增长趋势,全年产量2901万辆,销量2887.89万辆,同比增长3.19%和3.04%,增速与上年同期相比回落11.27%和10.61%(见图7-11)。其中,新能源汽车、进口车以及二手车销量均迎来全面的爆发期。

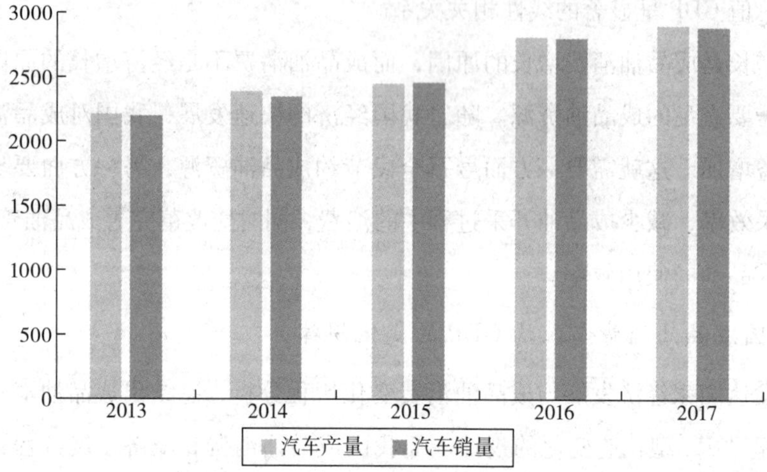

图7-11 2013—2017年汽车产销量(万辆)

数据来源:国家统计局,智研咨询整理

2. 汽车行业与交通运输业成为影响成品油消费的主要行业

(1)汽车行业。汽车工业发展和汽车保有量的增加已经成为拉动国内成品油消费的主要因素之一。从国民经济发展方面来看,随着我国居民收入的稳步增长,购买力有了很大的提高,对生活品质的追求也日益加强,城乡居民对汽车的需求度持续攀高。“汽车下乡”“以旧换新”等国家政策加大了私家汽车的消费量。从汽车保有量方面来看,机动车保有量在十年期间增加1亿多辆,其中汽车的保有量接近2

亿辆。汽车保有量的增加直接推动了成品油需求的增长。

（2）交通运输业。随着国民经济的快速增长，工业生产速度提高，交通业务总量逐年增加。交通运输包括公路、铁路、水路和航空运输，其中柴油消费量占总消费量的一半以上，直接影响成品油消费总量走势。公路旅客周转量和公路货物周转量平均每年增加8%和25%左右，水路货物年周转量平均每年增加11.8%左右。同时，互联网时代带动的物流业也逐渐发展起来，从而带动交通运输业的汽油、柴油、煤油保持较高的增速，行业在未来的发展也将持续保持稳定增长态势。

3. 汽车行业发展与成品油消费有着紧密的联系

从历史数据来看，国内成品油消费增长大体上与汽车保有量的增长趋势一致，如图7－12。2017年我国成品油消费总量已超过3.25亿吨，汽车保有量超过2.17亿辆，汽车用油占成品油消费量的比例及其对增量的贡献均达到50%以上。今后随着汽车覆盖率扩大以及物流业和旅游业的发展，我国成品油消费还将不断上升。

虽然影响成品油消费的因素有很多，但从每年的增幅来看，我国汽车销量与成品油消费总体趋势大体相同，存在一定的内在关系。另外，通过采用2008—2017年的成品油表观消费量与我国汽车保有量的数据进行回归模型分析得出汽车保有量与成品油表观消费量的回归方程拟合度 R^2 为0.937，可见二者的因果相关关系很大。综上所述，我国成品油消费与汽车行业的发展有着紧密的相关性。

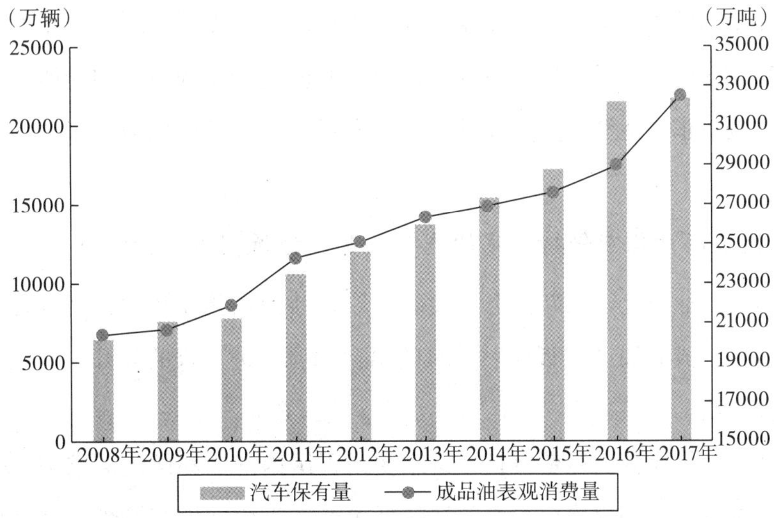

图7－12 成品油消费量和汽车保有量消费趋势

数据来源：国家统计局，智研咨询整理

二、2017 年中国成品油供需平衡分析

成品油供求平衡就是要根据成品油市场消费需求的变化，及时调整生产结构，在成品油供给量与需求量之间出现差额（供过于求或者供不应求）时，采取积极有效的措施，组织起符合客观实际的成品油市场供求平衡。在我国，成品油供求平衡，保持供求比例协调，是成品油市场的一项重要工作。因此，分析成品油供需平衡，使成品油供应与需求之间保持相互适应的关系，对于发展国民经济，合理组织流通，保障人民生活的安定，都具有十分重要的意义。

（一）成品油供需变化分析

随着我国经济步入新常态，我国成品油供应一直保持稳定的增长态势，新建炼厂和已有炼厂的扩能改造导致产能过剩；汽油需求在汽车行业环境的影响下增速放缓；因产业结构的调整，柴油需求疲软、出现负增长；煤油需求受益于航空需求强劲而保持高位运行；成品油出口将继续加速。原油进口权的放开和新能源的发展对成品油的影响也正在逐渐加大。我国成品油市场现在已经由供需紧张转为供大于求的局面。

1. 我国成品油供应保持稳定的增长态势，但低端产能持续过剩

中国炼油工业正处于向新常态过渡的阶段，结构调整和转型升级进程加快，加大了产能过剩。成品油“地板价”政策的出台和原油进口权的放开，使独立炼厂的积极性大大提高。

汽油和煤油供应依旧稳定增长，这主要由于国内汽油和航煤需求增速较强，而柴油基本需求疲软，国内炼厂采取措施降低生产柴汽比并增产航煤，进而抑制了柴油生产。

2017 年上半年主营炼厂和独立炼厂均保持较高的开工积极性，总体的原油加工

量及成品油供应均保持上涨态势，下半年随着惠炼二期和云南石化等炼厂投产，预计将继续增长。

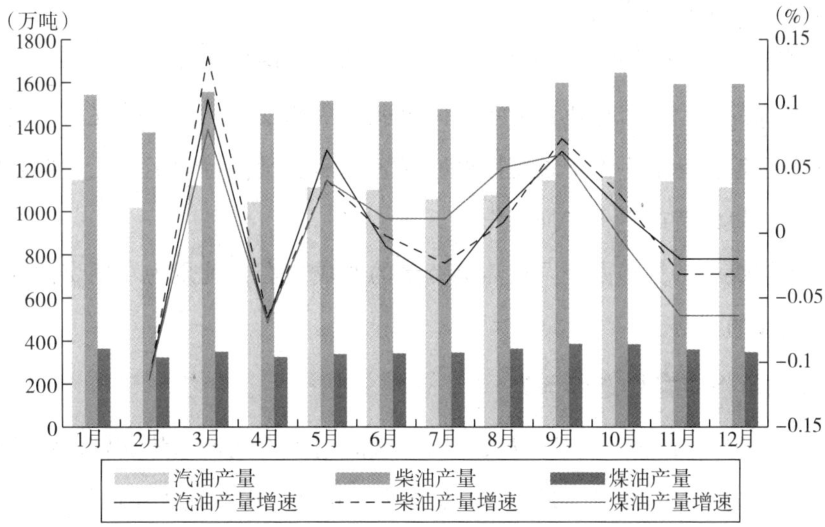

图 7－13　2017 年 1—12 月我国各类成品油产量及其增速

数据来源：国家统计局、卓创资讯

如图 7－13 所示，2017 年 1—12 月汽油累计产量 13276.2 万吨，同比增长 2.66%；汽油的增长点主要来源于独立炼厂。柴油方面，柴油 1—12 月产量 18318 万吨，同比增长 2.4%；柴油产量的增长点来源于独立炼厂和煤制油企业。煤油 1—12月累计产量 4227.3 万吨，同比增长 6.11%。中国汽油、柴油和煤油供应保持增长的态势，其中柴油增幅超过汽油。

2017 年我国有大型煤制油企业开工生产，煤制油产能的释放将会继续影响柴油的供应。

2. 成品油需求增长由负转正，呈中低速增长，但汽柴煤油的需求增势各异

2017 年成品油需求出现“煤稳汽降柴萎缩”的局面。因为我国持续推进经济结构调整，加大节能减排和环保力度，发展新能源和替代能源步伐加快，不同因素影响各类油品的消费。

（1）汽油需求继续增长，但增速开始放缓。

虽然替代能源、汽车保有量增速放缓等因素制约着汽油需求的增速，但我国乘用车市场发展势头良好，将继续支撑汽油消费刚性平稳增长。

（2）柴油需求超预期回升，增速达到 2012 年以来的最高水平。

我国是柴油消费大国，但近年随着我国经济增速放缓，柴油需求是三大石油产品中增速最慢的。2017 年，我国工业生产回升、煤炭运输回暖、快递物流高速增长，拉动柴油需求重归正增长。

（3）煤油需求消费增速保持高位，在三大油品中增长最快。

作为航煤的主力消费行业，近年中国民航业快速发展，民用航煤的消费增势强劲，其主要运输指标的平稳增长支撑着航煤表观消费量保持向上势头。但高铁的快速发展，对航煤消费产生一定抑制作用。

我国的航煤消费量约占全国煤油消费量的八成左右，其余为军用煤油、灯用煤油和其他领域的消费。

3. 成品油供需宽松态势加剧

受政策影响，独立炼厂快速发展，国内成品油供需宽松态势加剧，竞争日益激烈，净出口猛增。成品油供应过剩加剧，今后可能将出现大进大出的局面。

2017 年，全国需求方面，消费增幅出现明显放缓。供应方面，由于国内有 2800 万吨的一次产能投产，2017 年国内成品油供应依旧保持稳健，如图 7－14。

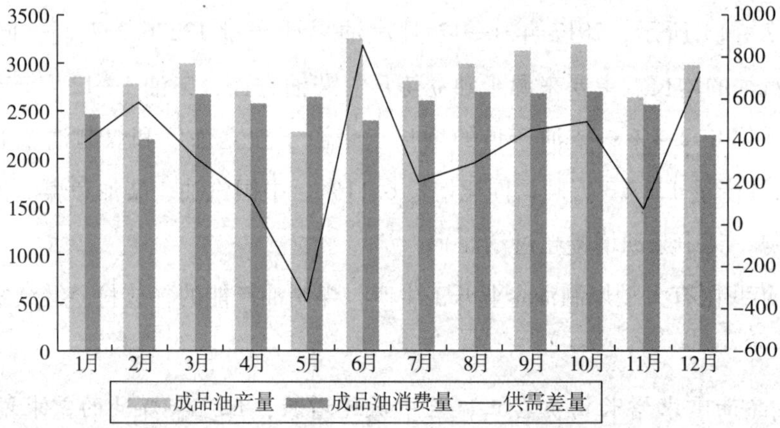

图 7－14　2017 年 1—12 月我国成品油供需量（万吨）

数据来源：国家统计局、卓创资讯

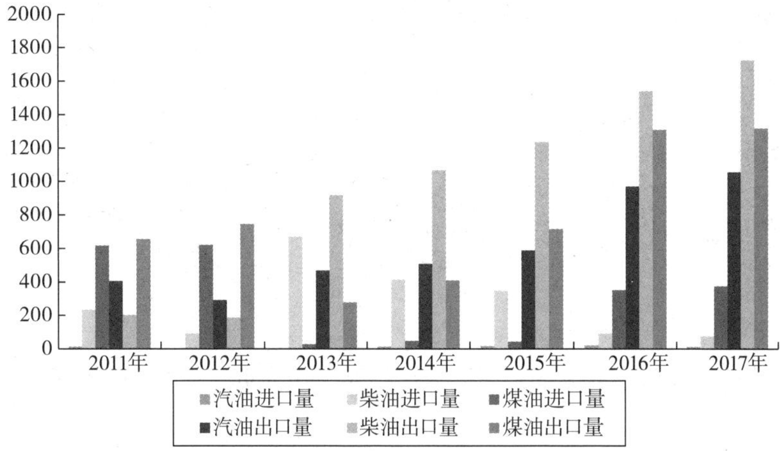

图 7－15　2011—2017 年我国各类成品油进出口量（万吨）

数据来源：国家统计局

如图 7－15 所示，中国的汽油、煤油、柴油净出口量从 2015 年的 2135 万吨猛增至 2016 年的 3255 万吨，占亚太国家当年相应油品净出口总量的比例从上年的 12.7%升至 17.9%。2017 年，国家收紧出口配额，成品油净出口结束五年的高增长，增速大幅回落，全年净出口成品油约为 3581 万吨，增速呈现断崖式回落，降至 6.8%。其中，汽油净出口 1038 万吨，同比增长 9.4%；柴油净出口 1619 万吨，同比增长 11.8%；煤油净出口 924 万吨，同比下降 3.5%。

2017 年有接近 4000 万吨的新增产能投产，国内炼油能力继续扩大，成品油供应量攀升。但当前国内经济依然处于低速增长期，对成品油市场刚性需求的支撑有限。2017 年，国内成品油市场供需差进一步拉大。

从图 7－16 可以看出，2017 年汽、柴、煤三类油品供需差逐渐趋于稳定，但差额还是呈现总体上升趋势。

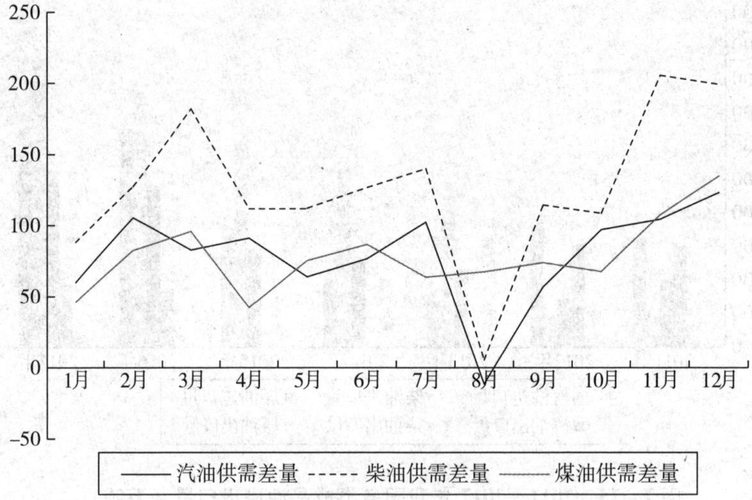

图7－16　2017年1—12月我国各类成品油供需差量（万吨）

数据来源：国家统计局、卓创资讯

（二）影响成品油供需变化的因素分析

成品油市场供需平衡由多方面综合因素影响，为了更好地理解成品油供需差额的产生、变化和发展，必须从多个角度和层次对成品油供需变化的影响因素进行分析。成品油供需的不断变化以及供大于求的局面不断拉大主要有以下几方面的因素。

1．宏观政策局势支撑成品油需求增长，但增速减缓，加大供需不平衡

我国政府针对汽油和柴油出台了若干调控政策，乘用车产销量增长将继续支撑汽油需求稳定增长，见图7－17。

2016年1月，国家五部委发布《关于“十三五”新能源汽车充电设施奖励政策及加强新能源汽车推广应用的通知》，8月，国家发改委发布《新能源汽车碳配额管理办法（征求意见稿）》。我国将于2018年4月1日起实施《乘用车企业平均燃料消耗量与新能源汽车积分并行管理办法》，将助推新能源汽车的快速发展，加大对汽油需求的替代力度。

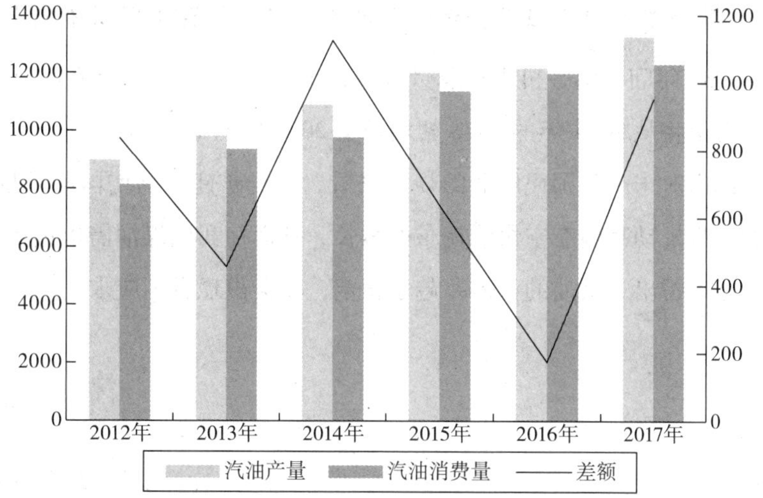

图 7 - 17　2012—2017 年我国汽油供需差量（万吨）

数据来源：国家统计局

2. 成品油供需差跟着经济增速放缓进一步拉大

2017 年宏观经济继续下滑，工业生产和投资增速进一步放缓，天然气、电动车、煤制油等替代资源将加快发展，汽油和煤油的需求增速将继续放缓，供需差距进一步拉大，而柴油市场受到多个终端消费行业转好的提振，需求增速回升。见图 7 - 18。

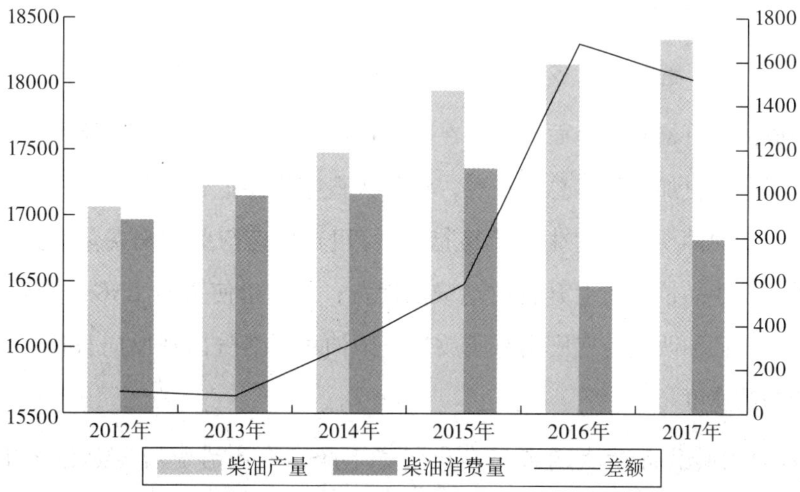

图 7 - 18　2012—2017 年我国柴油供需差量（万吨）

数据来源：国家统计局

3. 航空煤油需求增长强劲，供需差趋于稳定，将会出现供不应求

2015—2034 年间中国客机需求总量将达到 6330 架，需求总金额为 9500 亿美元。我国客机保有量将从 2014 年的 2570 架增长至 2034 年的 7210 架。

从民航部门对未来我国民航业的规划来看，机场扩建、新增国际机场以及飞机架次的增加，将推动我国航空煤油需求的增长，从而使我国煤油需求量将大幅上升。从图 7 – 19 可以看出，煤油的供需差趋于稳定，将会出现供不应求。

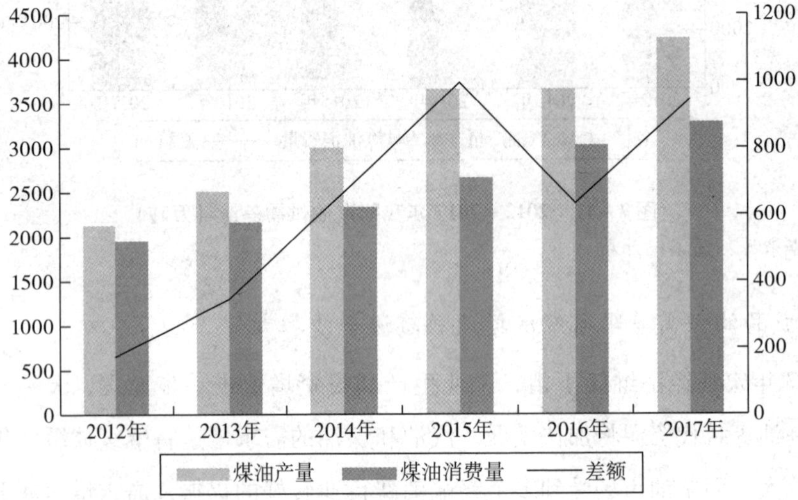

图 7 – 19　2012—2017 年我国煤油供需差量（万吨）

数据来源：国家统计局

4. 低油价环境有利于成品油需求的增长，减少供需差

国内成品油价格有望全面放开，在国内成品油供大于求的情况下，终端销售环节的市场竞争将更加激烈。总体来看，油价大概率维持低位，有利于稳定油品消费的增长。从柴油消费来看，生产价格指数（PPI）增速与柴油消费量增速有同步正相关关系，工业品价格的上升将拉动柴油消费；低油价使重型 LNG（液化天然气）货车销售及车辆油改气的速度均有所放慢，柴油对天然气出现反向替代，减缓了柴油消费萎缩的速度。

5. 人口老龄化导致我国乘用车出行率下降，汽油消费增速总体呈下降趋势

随着我国人口老龄化进程加快，有车族退休人数和 60 岁以上的有车族人数逐年增加，他们的乘用车出行率将降低，从而拉低全国乘用车的平均出行率，抑制汽油需求的增长，而且这种抑制作用将越来越大。人口老龄化对石油工业的影响必须引起警觉。

（三）成品油市场供需预测

2017 年国内经济保持较快的增速，汽油需求保持平稳较快的增长，柴油需求降幅有一定程度的扩大，煤油需求保持较高增长水平，成品油需求总量有进一步增加。

此外，天然气、生物柴油等替代产品对成品油的影响仍旧有限，近年来国内新能源汽车及各类共享单车的快速发展将会进一步导致国内汽油需求减少。随着新建及扩建产能的投产，国内成品油供应过剩的局面将更为严峻，成品油出口量将维持偏高水平。

1. 炼油能力不断增强，成品油供应持续上升

我国炼油一次加工能力增速重拾升势。近年来，独立炼厂为申请进口原油“双权”，积极扩大炼油规模以及完善配套装置，炼油能力已有长足发展，加上进口原油供应日益充裕，独立炼厂成品油供应持续攀升。

2016—2020 年规划新增炼油能力约每年 1.45 亿吨，若规划产能全部投产，到 2020 年我国炼油能力将达到每年 8.55 亿吨。由于炼厂的加工负荷及产品收率提高，我国成品油供需富余量届时将达到 4000 万吨左右。

2. 成品油需求继续保持缓慢增长，消费结构性变化越来越明显

2017 年汽油、煤油刚性需求继续增加，由于“十三五”一些重大项目开始全面展开和 PPP（公私合营模式）项目将迎来落地高峰期等，2017 年我国成品油需求增长区间较上年有所上移，增速由上年的负增长转为缓慢增长，汽油、柴油、煤油需求表现继续分化。

据有关专家预计，2017 全年统计局口径的成品油需求量为 3.20 亿吨，较 2016 年增长 2.2%；成品油产量为 3.6 亿吨；成品油净出口量将超过 4000 万吨。

3. 市场竞争将空前加剧，供需矛盾越来越突出

综合分析 2017 年我国成品油供需差将达到 4400 万吨。2017 年，汽油和煤油需求强劲增长、柴油需求加快萎缩的趋势仍然维持，资源过剩的局面进一步加剧。见图 7－20。

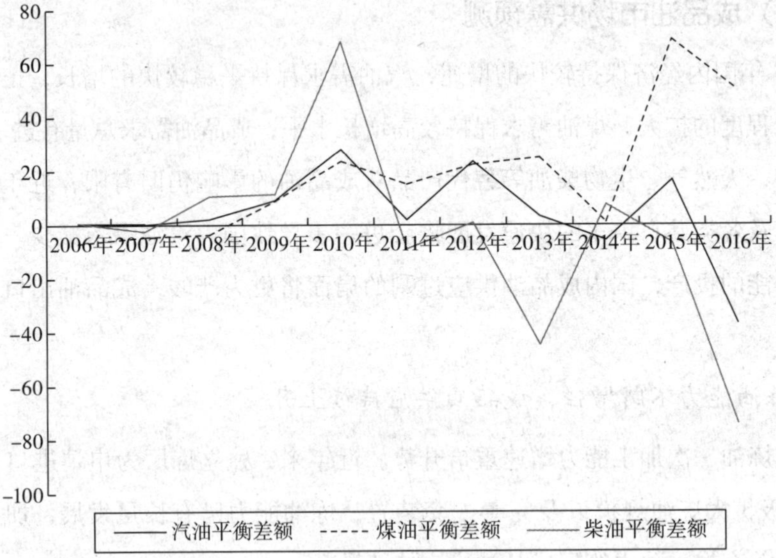

图 7－20　2006—2016 年我国各类成品油平衡差额（万吨）

数据来源：国家统计局

我国炼油能力和加工量依旧会保持快速增长，国内炼油产能严重过剩，大量富余资源无法在国内消化，只能通过出口缓解产销矛盾。从供需面来看，加大出口是必然措施，但从 2017 年的政策导向分析，国家对成品油出口政策开始收紧。

虽然成品油出口退税政策将利好出口，炼厂开工率或将有所提高，但成品油出口面临挑战。如果出口受阻，国内成品油市场过剩还将明显加重，国内成品油供需将进一步宽松，加剧国内的资源平衡矛盾。

三、中国成品油消费客户的基本分类及消费特征

（一）成品油消费客户基本分类

成品油消费客户的分类标准有很多种，分类标准不同，客户的基本分类不同。常见的分类标准按照消费品类分类、按照消费的数量（金额）分类以及按照消费用途分类。

1. 以消费品类为标准的客户分类

按照《成品油办法》（商务部令 2006 年第 23 号）第四条，成品油是指汽油、煤油、柴油及其他符合国家产品质量标准、具有相同用途的乙醇汽油和生物柴油等替代燃料。基于成品油的界定标准，成品油消费客户可以根据其消费品类的不同，分为汽油客户、煤油客户、柴油客户和其他类客户。

汽油客户指的是以消费汽油为主的客户，这也是成品油消费的主要类别。据统计，2017 年汽油表观消费量约 12226.42 万吨，同比增长 2.65%。从地域上来看，汽油客户主要集中在华东和华中地区；从行业上来看，汽油客户主要集中在交通运输、仓储和邮政业，如图 7－21 和图 7－22 所示。

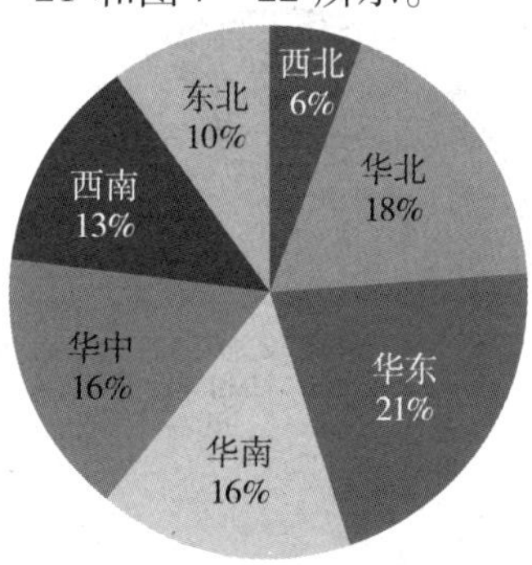

图 7－21　汽油客户地域分布

数据来源：国家统计局

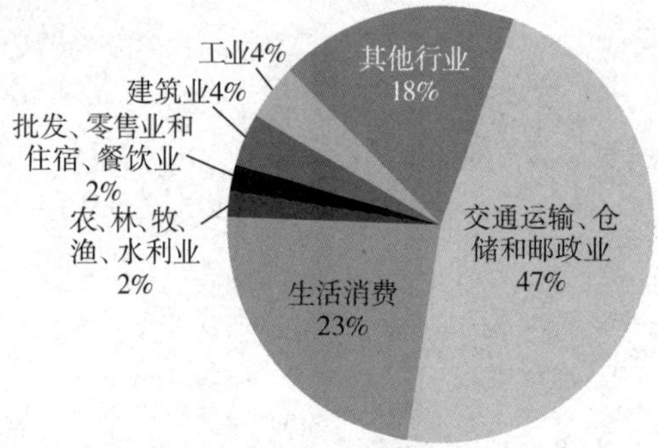

图 7－22　汽油客户行业分布

数据来源：国家统计局

柴油客户指的是以消费柴油为主的客户，这也是成品油消费最多的一项。据统计，2017 年柴油表观消费量达到 16674.00 万吨，同比增长 1.77%。从地域上来看，柴油客户主要集中在华东和华中地区；从行业上来看，柴油客户主要集中在交通运输、仓储和邮政业，如图 7－23 和图 7－24 所示。

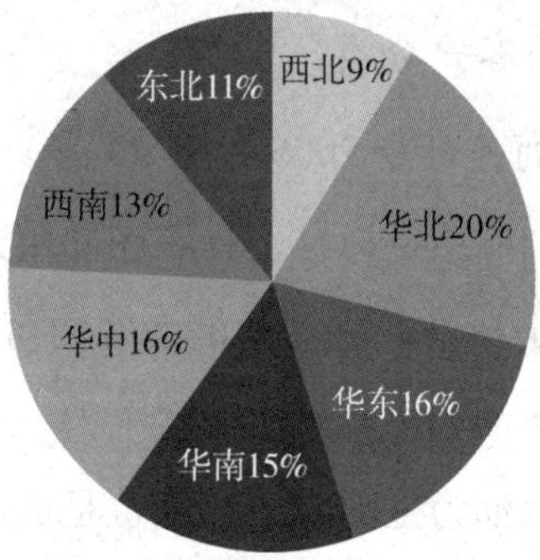

图 7－23　柴油客户地域分布

数据来源：国家统计局

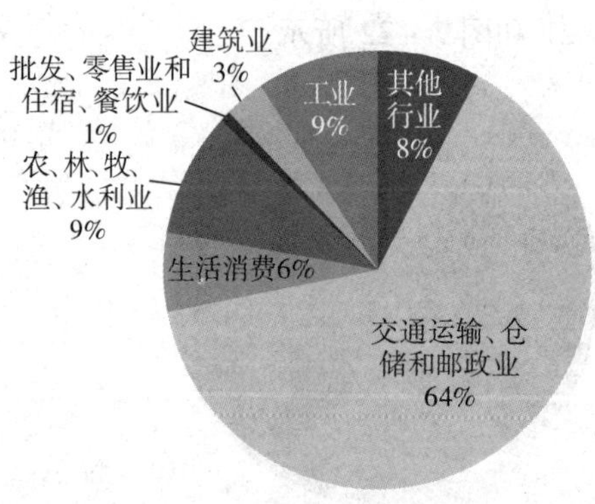

图 7－24　柴油客户行业分布

数据来源：国家统计局

煤油客户指的是以消费煤油为主的客户，这类客户占比较少。据统计，2017 年煤油表观消费量达到 3287. 10 万吨，同比增长 9. 26% 。从地域上来看，煤油客户主要集中在华东和华北地区；从行业上来看，煤油客户中的 94% 属于交通运输、仓储和邮政业，如图 7 – 25 和图 7 – 26 所示。

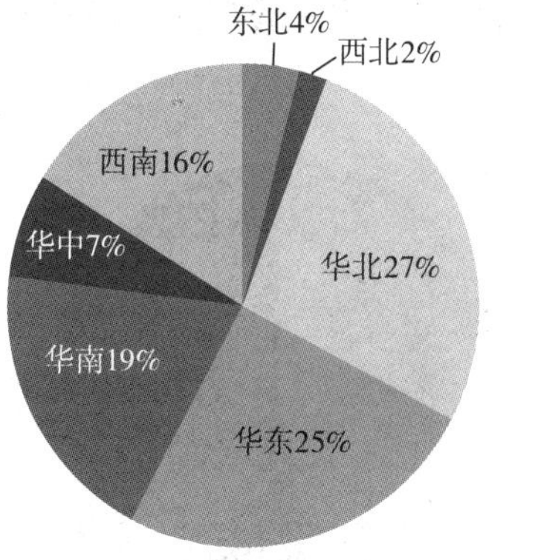

图 7 – 25　煤油客户地域分布

数据来源：国家统计局

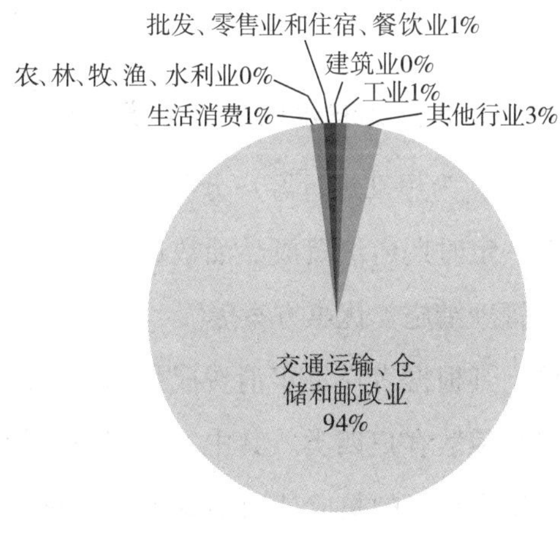

图 7 – 26　煤油客户行业分布

数据来源：国家统计局

其他类客户指的是以消费除汽油、柴油和煤油之外的其他为主的客户，这类客户往往占比较少。2017 年燃料油表观消费量达到 2941. 40 万吨，同比增长 9. 41% 。

燃料油主要在石油加工、化工、交通运输、建筑、发电、供热等行业得到较为广泛的应用。我国燃料油消费主要集中在船用燃料油、石油加工原料、化工、建材以及电力、热力生产等领域。随着沿海船运业的较快发展，尤其是保税船用油对燃料油需求强劲，交通运输、仓储用燃料油连续多年成为我国最大的燃料油用户，占燃料油消费总量的比例大幅提升，其次是石油加工、炼焦及核燃料加工业对燃料油的需求，占消费总量的比例已成倍增长。

根据2017年的相关数据，以消费品类为标准进行的客户分类中，各类客户消费占比情况如图7－27所示，根据2017年的数据，在四类客户中，柴油类客户消费仍然占最高比重，汽油客户次之。

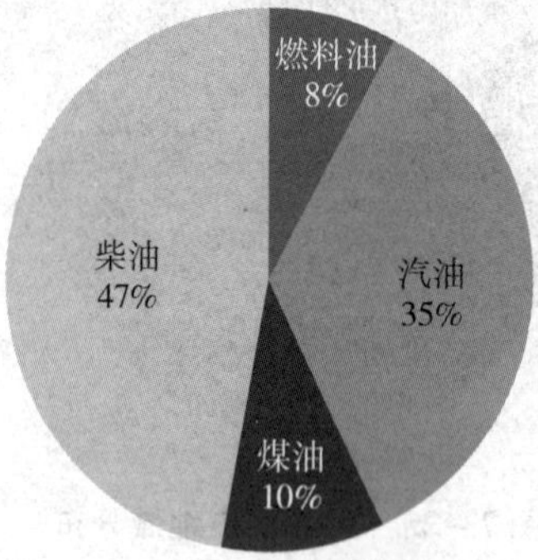

图7－27　成品油客户消费品类分布

数据来源：国家统计局

2. 以成品油消费数量（金额）为标准的客户分类

以成品油消费数量（金额）为标准进行客户分类是成品油销售公司最常见的分类方法，其往往根据客户在一定时期内消费成品油数量（金额）的不同对客户进行分类，从而制定不同的客户管理措施、优惠方案等。

以中石油某加油站为例，其根据客户每年消费成品油数量的大小将客户分为大客户、中型客户、小型客户和零散客户四类。其中，大客户指的是成品油年消费量超过500吨以上的客户；中型客户指的是成品油年消费量在300～500吨的客户；小型客户指的是成品油年消费量在100～300吨的客户；零散客户指的是成品油年消费量在100吨以下的客户。

这类分类方法能够直观地了解客户的消费能力，销售公司也会根据客户的消费情况来分析其稳定性、成长与提升空间，决定是否放弃该客户，且在销售服务与跟进上切实实行“保大扶中放小”的原则。

3. 以成品油消费用途为标准的客户分类

以成品油消费用途为标准进行客户分类是指根据客户消费成品油的主要用途对

客户进行分类。根据这一分类标准，成品油消费客户主要可以分为行政类客户、私家车客户、运输业客户、公共交通客户、农业成品油客户和非车辆客户。

行政类客户指的是消费成品油用以政府机关及企事业单位工作的客户。其基本特征为消费量较为固定，一般通过投标选择定点加油，价格敏感度低，重视品牌、质量及服务，结算方式多为定期结算，对周边客户影响大，是开发维护的重点对象。

私家车客户指的是消费成品油用以私用汽车的客户。其基本特征为数量逐年增加，生活方式日益时尚，是汽油消费的主要群体。多选择就近加油，注重油品品质，非常关心车辆养护和售后服务，品牌和信誉对他们尤其有吸引力。

运输业客户指的是消费成品油用以客运和货运的客户，可大体分为国有、私营、个体三类。其基本特征为大型车辆居多，流动性大，价格敏感度高，用油量大，关注数质量和服务，通常还需要补充冷却水、检修车辆、稍作休整等。

公共交通客户指的是消费成品油用以公共交通的客户，可大体分为出租车客户和公交巴士客户。出租车客户的基本特征为工作时间长，加油费用自负，用油量大、加油频次高、加油数量及加油时间比较固定，习惯于现金结算，对价格、数质量敏感，偏好实用的促销品和免费服务。公交巴士客户的基本特征为消费量大且固定，单车考核、集中结算，价格敏感度适中，对资源的稳定供应、油品数质量要求较高，多采取定点加油，对场地空间有一定要求，希望服务快捷、方便。

农业用油客户指的是消费成品油用以农业生产的客户，其基本特征为需求时段、品种、数量集中，对油品数质量较为关注，对价格较为敏感，品牌依存度较低。

非车辆客户指的是消费成品油用以厂矿、工程机械用油客户和宾馆、饭店、洗浴、旅游业等服务业客户，其基本特征为大部分自身拥有小型储油设施，用油量大，价格敏感度高，关注数量、质量和供应的稳定、及时性，一般要求配送供应，工程用油往往需分阶段结算。

综上所述，常见的成品油消费客户分类如表 7－6 所示。其中，第二种分类方法往往要依据成品油销售公司的规模而定，没有确定的分类标准。因此，本部分仅对第一种和第三种分类方法下的客户消费趋势展开进一步的分析。

表 7－6　成品油消费客户分类

成品油消费客户分类标准	类别
成品油消费品类	汽油客户、煤油客户、柴油客户、其他类客户
成品油消费的数量（金额）	大客户、中型客户、小型客户和零散客户等

续表

成品油消费客户分类标准	类别
成品油消费用途	行政类客户、私家车客户、运输业客户、公共交通客户、农业成品油客户和非车辆客户

数据来源：《中国能源统计年鉴》

(二) 中国不同成品油客户群的消费趋势

1. 按成品油消费品类分类

按照第一种分类方法，以成品油消费品类为标准对客户进行分类，可以将成品油消费客户分为汽油客户、煤油客户、柴油客户和其他类客户。这一分类标准下，各类客户的消费趋势变动如下：

(1) 汽油客户消费稳步增长。

我国的汽油主要应用在乘用车领域，经济增长时期，居民收入水平会随之增加，会增加对出行乘用车的需求，直接拉动汽油消费。2010—2014 年，我国国内汽油消费需求旺盛，表观消费量实现快速增长，5 年复合增长率达 9.46%。从 2015 年开始，汽油表观消费量增速明显放缓，这是因为以纯电动汽车、插电式混合动力汽车和燃料电车电动汽车为主的新能源汽车从 2014 年起实现跨越式发展，国家政策也开始大力扶持这一新兴绿色产业。到 2016 年，我国汽油表观消费量为 1.20 亿吨，同比增长 3.8%，增速较 2015 年下降 5.7 个百分点。2017 年汽油消费量较 2016 年相比基本呈现上升趋势，其中 4 月、7 月、8 月消费量同比下降，这主要是受当月进出口的影响。总体来说，2017 年汽油消费量仍然保持增长。但受小排量汽车购置增多以及新能源汽车快速发展的影响，汽油增速回落明显，如图 7 - 28 及图 7 - 29 所示。

近年来尽管经济增速放缓，对汽油消费有一定抑制作用，但汽车保有量的不断增加使汽油消费依然保持较高增速。虽然新能源汽车的兴起对汽油消费有一定的抑制作用，但是随着人们生活水平的不断提高，汽车保量的总量增加依然能够使汽油消费增速保持增长。

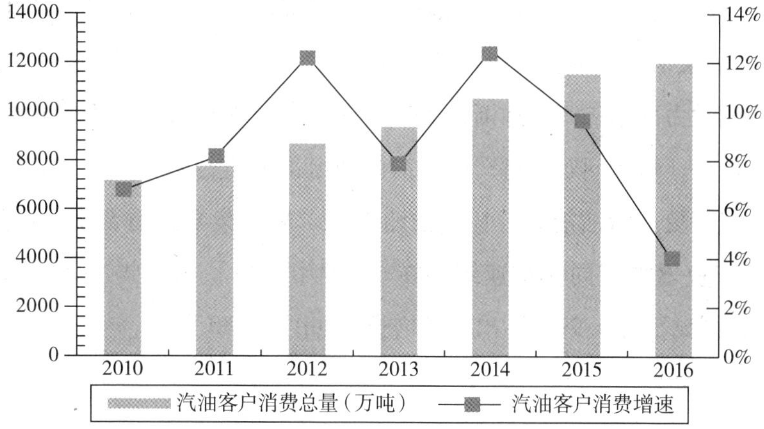

图 7－28　2010—2016 年汽油客户消费趋势

数据来源：国家统计局

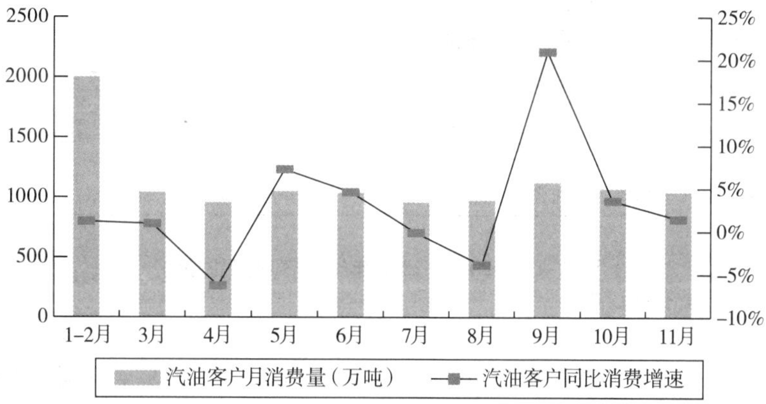

图 7－29　2017 年 1—11 月汽油客户消费趋势

数据来源：国家统计局

长远来看，汽油客户的消费将仍有稳步增长。这是因为尽管新能源汽车快速发展，加大了对汽油消费替代，但小排量汽车购置税继续实行优惠政策，减按 7.5% 的税率，乘用车销量有望持续增长，汽油刚性消费需求得以保证。同时，单车油耗下降的趋势和新能源汽车的快速发展对汽油需求形成一定抑制作用。由于 2016 年非标调和油冲击市场，汽油消费增速处于历史低位，2017 年随着对非标调和油和走私油的监管加强，汽油需求增速有所回暖。

（2）柴油客户消费增速降低。

柴油消费与经济增长关系密切，2010—2016 年的历史数据表明，我国柴油消费与工业增加值显著正相关，柴油消费与工业的景气程度密切相关。这主要由于柴油应用于商用车领域，随着经济增长放缓，工业投资水平下降，制造业 PMI 指数也持续在 50 左右的荣枯线徘徊，商用车保有量下降，三大产业结构性调整仍在继续，以往以柴油为驱动力的第二产业逐渐被第三产业取代，在很大程度上影响着柴油消费量的下滑。此外，环保问题日益严峻，沿海地区部分重污染行业关停，或者采用液化气、天然气等更加清洁能源，替代柴油消费，从而柴油的消费水平也随之下降。2016 年我国工业增加值同比增速维持在 6% 的中低速状态，柴油表观消费量总计 16330 万吨，同比下降 4.99%，出现负增长，如图 7－30 所示。

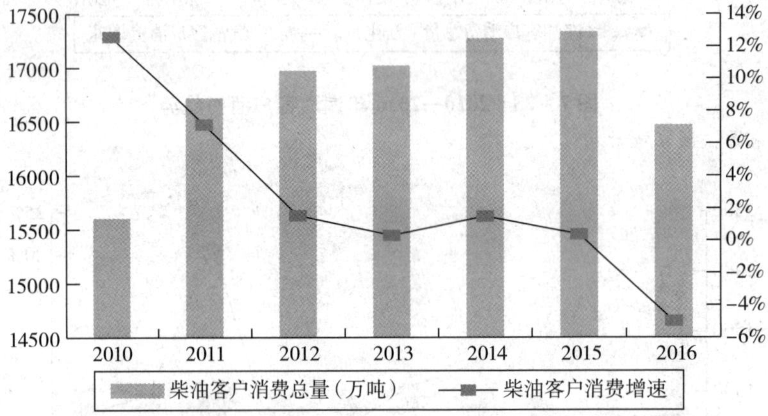

图 7－30　2010—2016 年柴油客户消费趋势

数据来源：国家统计局

2017 年柴油表观消费量达到 16674 万吨，同比增长 1.24%，整体来看，市场有所好转。在图 7－31 中可以看到 9 月份和 10 月份两月同比大涨，这是由于“金九银十”到来，北方农忙时节柴油需求有所提高，加之雨季结束，户外作业开工率提升，而国际原油震荡上涨令业者看涨后市，国内需求向好。同时，炼厂开工率维持高水平，柴油产出率继续大涨，且这两月柴油出口量同比、环比均大幅下滑。因此，柴油表观消费量大涨。2 月份柴油消费量同比下降，这是因为春节前后，国内多数工矿、基建类工程逐步进入收尾阶段，开工率不断下降，受此影响柴油需求有所回落，同比出现小幅下滑。此外，2 月份出口暴增 37.1%，令表观消费量出现大幅度下滑。整体看来，国内柴油需求表现疲软，同比出现小幅下滑。但卡车是消耗柴油的主力，近几年受经济低迷影响，中重型卡车产销量下滑严重。随着 2016 年国家有关部门联合颁布了针对卡车超载超限新规，卡车产销量均出现较大幅度的增长。卡车销量的反弹叠加基建领域工程机械用油的增多，柴油销量有望恢复增长。

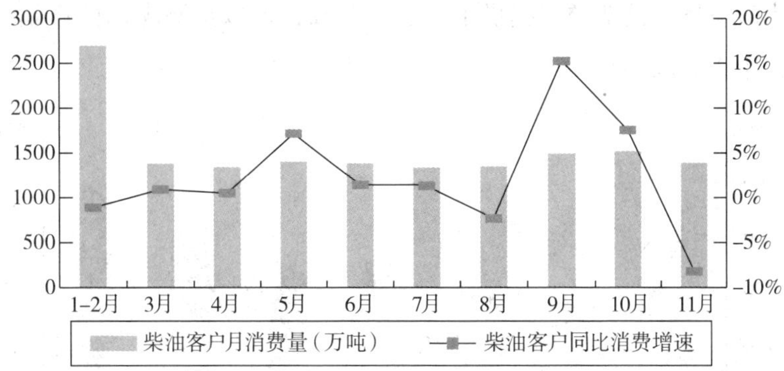

图 7-31　2017 年 1—11 月柴油客户消费趋势

数据来源：国家统计局

长远来看，柴油需求与经济增长密切相关。随着我国深化经济改革，经济增速放缓，柴油消费将继续维持低迷状态。分行业看，经济下行导致运输量下滑，同时随着油价回暖，柴油价格相对天然气在经济性上存在劣势，交通运输用油将受到抑制。工业增加值维持中低速稳定增长的态势，工业用油需求增长乏力。但另一方面，2016 年 8 月 18 日，交通运输部和公安部联合下发“关于印发《整治公路货车违法超限超载行为专项行动方案》的通知”，两大部门开展专项整治行动，统一超载执法标准，严厉打击公路货车违法超限超载、强行冲卡等突出违法行为。专项行动从 2016 年 8 月 18 日开始至 2017 年 8 月 31 日结束。随着严查超载专项行动的推进，柴油需求在一定程度上有望恢复。

（3）煤油客户消费高速增长。

煤油的主要用途为航空燃料与动力燃料，在国内航空需求的刚性需求支撑之下，国内航空煤油的需求稳健提升，而航空煤油占煤油消费的九成以上。近年来随着我国国民经济快速增长，人们消费水平不断提高，旅游、探亲、商务出行等不断增加，我国民航业保持稳定加快发展，带来了煤油消费的高速增长，如图 7-32 所示。2015 年全年实现民航旅客周转量 7283 亿人千米，同比增长 15%，2011—2015 年增速一直维持在 10% ~15%。民航客运周转量在总客运周转量中的占比逐步提高，由 2011 年 14.6% 提升至 2015 年 24.2%。2010—2017 年历史数据表明，航空煤油客户是最主要的煤油客户，民航旅客周转量增速与煤油表观消费量增速走势基本一致。而当前民航业发展势头良好，即使经济增速放缓，但居民消费习惯难以改变（网购、旅游），商业活动景气程度不减，导致对航空业需求不断拉升，民航业的稳定快速发展为航空煤油消费增长提供了一定的支撑，可以预测煤油的产销量在未来会继续保持稳中有升的趋势。

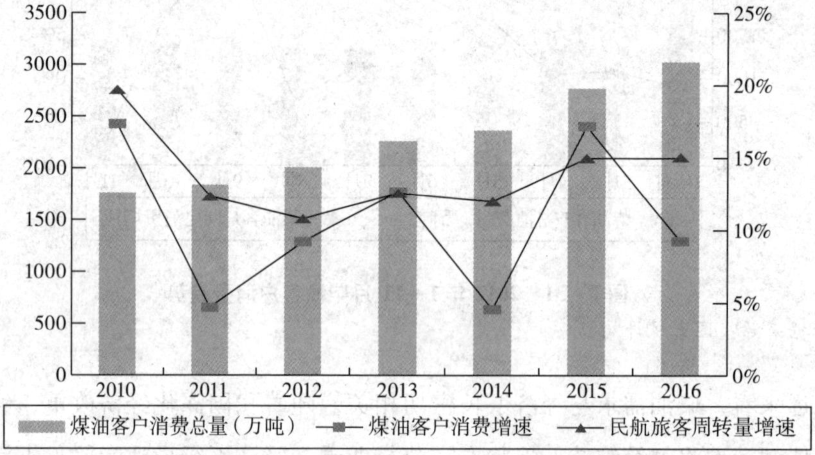

图 7-32　2010—2016 年煤油客户消费趋势

数据来源：国家统计局

2017 年煤油表观消费量达到 3287.10 万吨，同比增长 8.63%。近年来煤油消费一直处于高速增长状态，从 2017 年来看，除了 3 月、5 月、6 月同比有小幅度下降以外，其余各月都处于高速增长状态，尤其是 1—2 月、9 月、10 月同比增长接近甚至超过了 20%。国民生活质量不断提高，节假日出游人数逐年增长，更多的人出游选择飞机，故煤油的消费量在较长的时间内都可以实现高速增长，如图 7-33 所示。

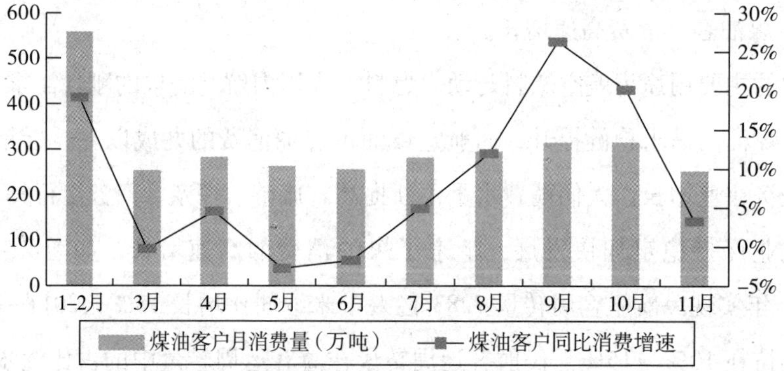

图 7-33　2017 年 1—11 月煤油客户消费趋势

数据来源：国家统计局

长远来看，随着我国机场建设稳步推进、居民收入逐步提升、航空出行持续增加，预计我国民航客运周转量将维持较快增长，从而推动煤油消费的快速增长。但同时，2012—2015 年我国高铁客运量一直保持30%以上的增速；国家发改委于2016 年发布《中长期铁路网规划》，计划“十三五”期间全国新建铁路不低于2.3万千米，总投资不低于2.8万亿元，航空煤油消费将会受到一定程度的抑制。从整体上来看，煤油客户消费会继续高速增长，但增长速度会有所减慢。

2. 按成品油消费用途分类

按照第三种分类方法，以成品油消费用途为标准对客户进行分类，可以将成品油消费客户分为行政类客户、私家车客户、运输业客户、公共交通客户、农业成品油客户和非车辆客户。这一分类标准下，各类客户的消费趋势变动如下：

（1）行政类客户消费趋势稳定。

在对行政类的消费客户成品油消费的分析中发现，他们大多会选择固定的加油站，由于行政类的消费客户受到政府行政的规定和企业的规章制度，成品油的消费量相对稳定，但是他们比较注重成品油的品牌、服务，对于成品油价格的高低没有太多的敏感，这类客户属于成品油消费稳定性较好的成品油消费客户。

（2）私家车客户正在快速减少。

近年来，公众消费理念逐步转变，对非燃油汽车的接纳程度明显提高。麦肯锡的调查显示，5 年内消费者对电动汽车的兴趣增长了 3 倍，2/3 的私用汽车车主对自己的电动汽车感到满意。公众对电动汽车接受程度的提高，加速了新能源对汽油的替代。制约电动汽车的因素是缺少充电桩和车价过高。但是，电动汽车安全性较优、载重较重、制动性好、能量利用效率高以及不限号、不限行等有利因素，极大地促进了电动车的发展。

2016 年 1 月，国家五部委发布《关于“十三五”新能源汽车充电设施奖励政策及加强新能源汽车推广应用的通知》，各地方政府也相应出台了一系列鼓励政策。2016 年 8 月，国家发改委发布《新能源汽车碳配额管理办法（征求意见稿）》，通过碳配额政策让不愿意生产新能源汽车的传统车企付出更高的成本，通过市场调节激励新能源汽车的发展。截至 2016 年底，全国新能源汽车产量 51.7 万辆，同比增长 51.8%，2014—2016 年三年复合增长率高达 208.9%；新能源汽车销量 50.7 万辆，同比增长 53.1%，2014—2016 年三年复合增长率达 206.3%。新能源汽车的快速发展将加大对汽油消费的替代。

从中长期看，新的电池技术的革新对于成品油消费的减量将产生重大影响。政府高度重视环境保护，而在雾霾频发的现今，电动汽车的发展由于政策扶持得到了快速发展。如果电池技术方面出现新的突破，仅让电动汽车的续航里程达到1000千米这一项，就足以让汽油车减少30%以上，其影响之大可想而知。

（3）运输业客户数量不断下滑。

2014—2016年我国成品油消费量增速较2010—2013年有较大幅度的下滑，主要原因在于柴油消费的大幅萎缩。柴油消费向物流业和农业领域集中。2016年，这两个行业柴油消费量占总量的79%，较2010年提高5个百分点，主要原因在于物流业运输品种（农产品、大宗工业品、轻工业品等）多样化特征明显，经济低迷时期，物流业下滑程度较工业生产下滑程度小，同时农业生产及其用油受经济周期波动的影响也较为有限。

（4）公共交通客户比例减小。

轨道交通的发展已经冲击到我国成品油的消费，并将继续较大规模地对成品油消费造成负面影响。轨道交通主要包括地铁及轻轨等市内短途交通与高铁等中长途交通。其中，在当今大中型城市交通拥堵的情况下，市内轨道交通的建立对于出租车和巴士，即汽油的消费将造成较大影响；而新的高铁线的建立，不仅对于中长途汽车客运造成不利影响，被替换的老铁路线也因此实现了更多的铁路货运，对于柴油消费也将产生下行压力。

（5）农业用油客户呈季节性变化。

多年来，我国农业成品油消费量已形成固有的季度性规律，即第二季度比第一季度高，第三、四季度基本持平。主要原因在于：一季度逢春节假期、天气寒冷，消费低迷；二季度春耕启动，相关用油增多，消费复苏；三季度给农田浇水施肥，消费有所增长；四季度受秋收的影响，油品消费呈上升趋势。从2014年起，这种季节性规律发生了一定程度的改变，尤其是三、四季度的消费规律变得难以把握，这与用油行业的发展景气程度密切相关。例如农业秋收大型机械化运作等。

（6）非车辆用油客户不断增长。

2016年，我国成品油表观消费量增长4.9%，较GDP增速低1.8个百分点，消费弹性系数从2010年的1.1降到2016年的0.7，单位GDP增速拉动的成品油消费增长幅度逐渐缩小。主要原因在于：服务业成品油消费既受经济增速趋缓的影响，也与经济结构调整存在很大的相关性。2010—2016年，我国第二产业占比从46.4%下降到39.8%，柴油消费量同步下滑；第三产业占比同期由44.1%上升至51.6%，旅游业和服务业的快速发展成为拉动汽油消费增长的重要原因之一。

（三）各成品油消费客户群稳定性分析

在对各成品油消费客户群稳定性的分析中，我们按照以成品油消费用途为标准对客户进行分类下的行政类客户、私家车客户、运输业客户、公共交通客户、农业用油客户、非车辆用油客户，进行成品油消费客户群稳定性的分析。

1. 行政类客户的消费客户群较为稳定

在对成品油的消费客户群进行稳定性分析的过程中，有一类是行政类的成品油客户，此类客户群中传统汽油柴油车辆数量特别大。传统汽油柴油做能源的车辆行驶速度快，加油更方便更有效率，因此行政类客户对于成品油的消费量较大，且对成品油消耗量相对稳定，对于成品油的质量有更多的要求，对于成品油价格的高低没有太多的敏感。然而随着人们越来越关注环境质量问题，意识到传统成品油的车辆在行驶中产生对环境污染的尾气，对生活环境造成很大影响。近些年来，国家政府机关也在倡导各政府行政机关使用节能环保的新能源汽车。2014 年 7 月 13 日，国务院机关事务管理局、财政部、科技部、工信部和国家发改委共同发布了《政府机关及公共机构购买新能源汽车实施方案》，要求中央国家机关及纳入新能源汽车推广应用城市的政府机关和公共机构，在 2014 年购入的新能源汽车占当年配备更新总量的比例不得低于 10%，2015 年的比例不得低于 20%，2016 年的比例不得低于 30%，以后年份的比例要逐年增加。但是与此同时，国家机关部门没有政策方案规定会用新购入的新能源汽车替换掉之前使用成品油做动力的行政类公务用车。故而以传统的成品油为动力的行政类用车数量不会减少，行政类客户在成品油的消耗数量上也会比较稳定，这类客户属于成品油消费稳定性较好的客户。

2. 私家车客户的消费客户群呈现下降趋势

在对私家车客户的消费稳定性分析过程中发现，私家车这类成品油消费用户也是成品油中汽油消费的主要客户群体，对于成品油的价格比较敏感。成品油价格较高时，此类客户群对于成品油的消耗量也有相应降低，可能通过其他能源代替部分成品油的消耗。由于新能源补贴政策正式出台，同时政府对于新能源汽车相关配套设施的不断建设和完善，使得新能源汽车产业增长迅速，市民对于新能源汽车的购买量也逐年增加。《2016 年中国新能源汽车市场报告》显示，自 2014 年新能源乘用车销量为 3.79 万辆。2015 年新能源乘用车销量为 11.31 万辆，到 2016 年达到了

24.86 万辆。2017 年 12 月 11 日，电动汽车资源网显示，2017 年 1—11 月新能源乘用车销售数量达到 49.6 万辆。新能源汽车消耗费用更低，同时在政府政策补贴、大城市购买车辆摇号及绿色环保观念的影响下，本来对传统汽油汽车感兴趣的顾客将会选择经济实惠的新能源汽车，因而私家车客户群在成品油消费数量上也是减少趋势。

3. 运输业客户的消费客户群消耗量不稳定

在对运输业客户的消费客户群的分析过程中发现，运输业的工具主要有大中型车辆，海上运输工具等，这类客户主要的燃料是柴油，在成品油消耗的数量上也是很大的。我们对于此类消费客户群成品消费稳定性做如下的分析：近年来，随着市场经济增长速度放缓，物流业成本增加，使用环保节能、成本更低的新能源运输车辆比传统燃油车辆有更多的优势，加上政府大力倡导使用新能源汽车，使得越来越多的新能源车辆在运输业中使用，由于电力、天然气等替代能源的运用，使得运输业消耗的柴油数量也有一定程度的下滑，因而此类客户出现成品油消耗量的不稳定。

4. 公共交通客户的消费客户群消耗量逐渐减少

对于公共交通这一类消费客户群来说，成品油的消耗量很大，但是近些年由于政府推行绿色交通、低碳环保的政策，各级政府对于新能源公共汽车相关的配套设施进行建造、升级，使得公共交通在补充动力等服务方面更加方便。新能源公交车已在全国范围内进行应用。根据交通部统计，2014 年新能源公交车的总量也达到了 3.66 万辆，2015 年全国新能源公交车数量达到 8.9 万辆，2016 年全国新能源公交车数量超过 16 万辆，占全国所有公交车数量的 27%。2017 年 11 月 23 日交通部网站发布消息，预计到年底，全国新能源公交车将达到 20 万辆。随着新能源公交车投入运行数量的增加，公共交通的成品油消费客户在成品油消耗量上会逐渐减少。

5. 农业用油的消费客户群较为稳定且呈现稳步增长

在对成品油消费客户的分析过程中发现，随着各地经济的发展，很多传统的农业生产活动转变为机械化的生产，极大地提高了农业生产效率。由于在农业生产中机械化程度的提升，也使得农业机械化的使用量有了更大的提升。根据国家统计局网站和中国农业机械化信息网数据显示，2014 年全国农业机械总动力达到 10.81 亿千瓦，2015 年全国农业机械总动力达到 11.17 亿千瓦，2016 年全国的农业机械总动力为 11.44 亿千瓦，由此可见 2017 年全国的农业机械总动力仍会有所增长。农业机械使用的成品油大多数是汽油或柴油，因而农业客户群使用成品油的数量基本稳定且稳步增长。

6. 非车辆用油客户的成品油消费客户群也相应减少

成品油的消费客户群体还有一类是非车辆用油的成品油消费客户群。在对成品油消费客户群体消费的稳定性研究分析中发现，近年来，随着经济发展增速减慢，道路、桥梁等基础建设的项目增速减缓，新型城镇化建设将带来城市设施建设的放缓，同时近年来国家对于矿山、油气开采等行业实施去产能政策，同时伴随着相关行业生产标准的提高，加上各地对于环境保护的重视，使得许多生产项目暂停关闭，非车辆用油工程机械使用量将会减少。由于大多数工程机械以柴油为主要动力，从而此类行业的业务量减少对于成品油消耗量的减少也有直接影响，国内市场经济也直接影响到服务行业，使得服务行业对于成品油的销量也逐年降低，因而非车辆的成品油消费量也会随之逐年减少。

（四）成品油消费客户群消费趋势分析

在对成品油消费客户群的消费行为研究中发现，成品油消费客户群的消费趋势分析也是一项重要的内容，对此我们按照将成品油消费用途为标准将消费客户群进行分类，并对各成品油消费客户群进行如下消费趋势的分析。

1. 行政类客户的消费客户群消费趋势较为稳定

我们对行政类客户的消费客户群的消费趋势做出分析总结，行政类客户消费群体数量较大，行政类客户群体中以传统的成品油燃料为动力的车辆数量较多。由于行政类客户对于车辆动力及加油的便利性更为看重，在新能源配套设施不完善的情况下，此类客户群还是以传统成品油为主要动力。此前国家有关政府部门公布了政府机关等购买新能源汽车的方案，指出相关的国家政府机关，公共单位购买新能源汽车数量的比例每年都要增加。同时没有政策指出新能源汽车会替代传统使用成品油做燃料的汽车，因而以成品油为燃料的行政类用车数量不会减少，这类成品油消费客户群对于成品油数量的消耗不会降低，因而行政类客户的消费客户群消费趋势较为稳定。

2. 私家车客户的消费客户群消费趋势日益降低

我们在分析私家车客户的消费群消费的趋势中发现，私家车客户群随着市场经济的增长而增长。随着居民收入提高，为方便家庭出行，越来越多人会选择购入小汽车。家庭汽车的数量在增加，对于成品油的消费量也在增加，随之带来的问题也很明显。家庭汽车在频繁的使用过程中，不断排放大量的汽车尾气，造成了许多环境问题，周围居民生活质量也受到影响。如今政府部分也出台了许多环境保护政策，鼓励市民绿色出行，例如市民可以使用自行车轻便出行，也可以选择方便的公交汽车等。近些年来，私家车用户对更为环保的电动汽车、天然气能源汽车的使用也在逐年增加。新能源乘用车在使用中消耗的成本更低，各地政府也在完善新能源汽车的配套设施，给予生产制造新能源汽车厂家补贴，私家车用户也看中了新能源汽车的成本低、使用便捷的优点，也更倾向于购买和使用新能源汽车。因而在私家车客户这类用户群中消耗成品油的数量也在日益降低。

3. 运输业客户的消费客户群表现为逐渐减少的趋势

我们在对成品油消费客户群的趋势分析中发现，对于运输业这类成品油消费用户来讲，公路运输占比较大，还有海上运输，航空运输，对传统成品油的消耗量特别多。这类成品油在使用中会产生大量废气等有害气体，造成环境污染加剧。近些年由于市场经济增速变缓，运输的成本也在变高，运输业为降低运输成本，也会采用天然气等新能源作为运输工具的能源。同时政府为保护环境，让生态与经济保持协调发展，也积极出台了许多鼓励使用新能源作为运输工具的政策，新能源车辆的使用也能有效降低相应的运输成本，相比传统成品油车辆的使用，新能源车辆的使用给生态环境带来的影响也较小。因而运输业这类客户群在成品油消费量趋势上也是会逐渐降低的。

4. 公共交通客户的消费客户群成品油消耗量呈现逐年减少的趋势

我们将公共交通客户的消费客户群进行成品油消费趋势分析，公共交通这类成品油消费客户群对于成品油的日常消费量很大，在公共汽车日益增加的今天，此类车辆在日常的运行使用过程中，也会排放大量的污染气体。时下政府倡导节能减排、绿色环保的交通运输工具，根据国家交通运输部的统计数据表明，全国范围内的新能源公交车数量逐年增加且增幅较大。新能源车辆运行中能源转换效率高，经济环保，与传统使用的成品油燃料相比更有优势，加之各地政府积极采用新能源公交车，并不断建设完善新能源汽车的相关配套设施，管理运行的制度进一步健全，使得新能源车辆使用量越来越多，传统成品油车辆使用逐渐减少。因而公共交通这类成品油客户在成品油消费量的趋势上也会进一步减少。

5. 农业用油的消费客户群消费趋势基本稳定且呈现增长趋势

我们对农业用油这类消费客户群的消费趋势调查分析发现，随着国家经济的发展，农业现代化程度在提高，农业机械使用量也在逐年增加。国家相关部门数据表明，农业机械化程度在逐年增加，农业机械总动力也会随之增加。农业机械总动力中的传统成品油动力在对农业机械动力提供中占绝大多数，农业机械化的提升和农业总动力的增加也带动了成品油使用量的增加，因而在农业这类成品油消费用户群中，成品油消耗量呈现稳定且逐年增长的趋势。

6. 非车辆客户的成品油消费客户群消费趋势逐年减少

在对非车辆客户的成品油消费客户群消费趋势分析中发现，随着国内经济发展增速的放缓，基础设施建设计划逐渐减少，政府对于能源等开采行业施工进行控制，同时也出台了相关行业去产能的政策，使得相关行业的施工量增速放缓。非车辆成品油用户群中大多数是工程机械用户，工程机械的运行中也产生大量的污染气体，影响生态环境。近年来各地政府对于环境问题越来越重视，出台了相关政策控制工程的运作，同时经济发展速度放缓也使服务行业对于成品油的消耗有所减少。因此综合来讲，非车辆的成品油消费客户群消费趋势也是会逐年减少的。

四、2018 年中国成品油市场发展展望

展望 2018 年，中国经济继续保持企稳向好的发展态势，国内炼油能力再上新台阶，同时成品油需求增速放缓，产能过剩持续加剧，加之国家能源政策推动，成品油市场将出现新局面。

（一）成品油市场总体发展趋势

1. 产能持续扩张，成品油供应过剩加剧

近年来，我国炼油市场形成了以中石油、中石化为主，中海油、中化、中国兵器、独立炼厂等多元化发展格局。特别是 2015 年放开“双权”以来，民营炼厂获得发展新机遇，独立炼厂炼油总能力已占全国炼油总产能的 26%。同时，浙江石化、云南炼厂等多个炼化一体化项目相继上马，后续还有曹妃甸、华锦石化等即将投产，预计 2018 年成品油过剩量将达 4000 万～4500 万吨。在产能过剩加剧的局面下，国内炼油企业积极加大成品油出口，化解产能过剩，但成品油出口仍实行严格配额管制，预计出口配额会有所增加。

2. 成品油市场需求平稳增长，汽油需求小幅增长，柴油保持消费稳定，其他油品仍有增长空间

2018 年国内经济有望保持平稳增长的态势，成品油需求总量将会继续增加，但综合考虑经济增速放缓、乘用车销量增速放缓、调和油资源波动、新能源和共享单车冲击、公路客车流量增长放慢等因素，成品油需求增速继续放缓。

3. 油品结构调整加快，炼油企业产品结构向化工原料方向转变加快

面对产能过剩、柴油市场持续疲软的现状，炼油企业紧贴市场需求，大力调整产品结构，努力增产汽油、航煤等高价值产品。汽柴油生产受到抑制，其他如航空煤油等产品增加，炼油企业产品结构向化工原料方向转变加快。全年在原油加工量

比上年降低0.4%的情况下，汽油、高标号汽油、航煤、化工轻油等高附加值产品比上年分别增长4.5%、5.0%、4.6%、1.9%；柴汽比1.2，比上年降低0.1。

4. 油品质量全面升级，环保督察力度加大

2016年4月，财政部、国家能源局发布通知，中央财政从节能减排补助资金专项中安排资金，对符合条件的成品油质量升级项目贷款给予贴息补助。11月，中国能源网发布了《关于印发〈加快成品油质量升级工作方案〉的通知》。2017年3月底，国家环境保护部印发的《关于〈京津冀及周边地区2017年大气污染防治工作方案〉的通知》中指出，“2+26”城市9月底前，全部供应符合国Ⅵ标准的车用汽柴油，禁止销售普通柴油，严控劣质油品入市。调和油企业和不合规小炼油厂将受到冲击，同时各主营炼厂和独立炼厂升级明显加快，加速提供国Ⅵ标准的汽油产品。我国成品油质量升级进一步提速，对环保的督察力度进一步加大。我国在油品质量升级方面表现两个特点：一是油品升级速度较快；二是国Ⅵ排放标准已经达到世界上最严标准水平。

5. 乙醇汽油全面推广，对成品油市场影响加剧

2017年9月，国家发改委等十五部委印发《关于扩大生物燃料乙醇生产和推广使用车用乙醇汽油的实施方案》，方案要求京津冀及周边等大气污染防治重点区域2018年开始推广，2019年实现全覆盖。到2020年，全国范围内将基本实现车用乙醇汽油全覆盖。因此，“十三五”后三年我国生物燃料乙醇将迎来大发展，预计2020年实际产量将在2016年产量基础上增长一倍以上，对汽柴油的替代更直接、更紧迫。与此同时，煤制乙醇也迎来发展机遇，当下，我国“煤改气”后遇到了天然气需求暴增、供应不急导致“气荒”的尴尬，而乙醇汽油的利好政策同样使得未来市场需求骤然提升，但反观这一产业却面临着产能严重不足、企业普遍亏损的尴尬。

6.《原油成品油流通管理办法》将出台，市场准入放宽，市场竞争进一步加剧

2017年7月19日，商务部《原油成品油流通管理办法（征求意见稿）》发布，原油批发资质、成品油批发资质申请条件放宽，外商成品油零售经营资质要求放宽，原油仓储资质放宽，成品油仓储资质库容要求提高，原油、成品油市场规范细化。2016年初，国家发改委原主任徐绍史曾公开成品油市场化时间表，“十三五”时期

要实现成品油价格完全市场化。2017 年 5 月，中共中央、国务院印发《关于深化石油天然气体制改革的若干意见》再次强调，要“完善成品油价格形成机制，发挥市场决定价格的作用”。成品油产能过剩加剧，内销压力不断加大，成品油市场竞争激烈，明后两年成品油市场或将全面市场化。从国内环境看，成品油市场已经具备了“三化”特征：价格调整常态化、竞争常态化、市场主体多元化，全面市场化的条件已经成熟，只欠价格市场化的“东风”到来。

（二）成品油需求趋势预测

由于受到经济增速下滑拖累，成品油消费趋缓，2017 年增长约 3.2%。展望 2018 年，中国经济继续保持企稳向好的发展态势，但是由于经济结构转型、房地产市场调整、环保力度加大、乘用车销量增速放缓、新能源汽车和共享单车等替代能源发展等因素，成品油终端消费行业发展将放缓，从而使成品油需求增速回落。预计 2018 年成品油需求量 3.31 亿吨，同比增长 1.9%左右。

1. 汽油需求继续增长，但增速继续放缓

2017 年汽油消费量增加，但增速明显放缓，如图 7－34、图 7－35 所示。汽车保有量低速增长，加之新能源汽车和混合动力汽车推广，成为制约汽油消费增速的显著因素。2017 年汽油消费呈现趋冷的态势，预计 2018 年汽油消费量将保持增长的态势，但是涨幅或将受到整体供需偏弱的影响，相比 2017 年增幅收窄。

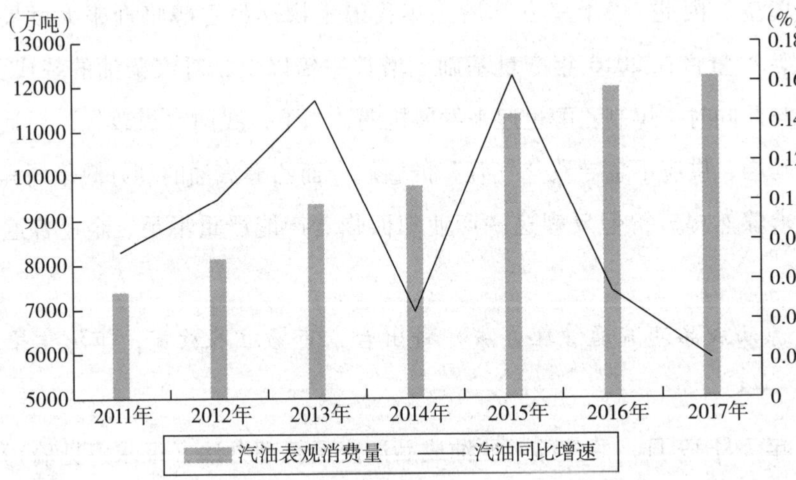

图 7－34　汽油表观消费量及同比增速

数据来源：国家统计局

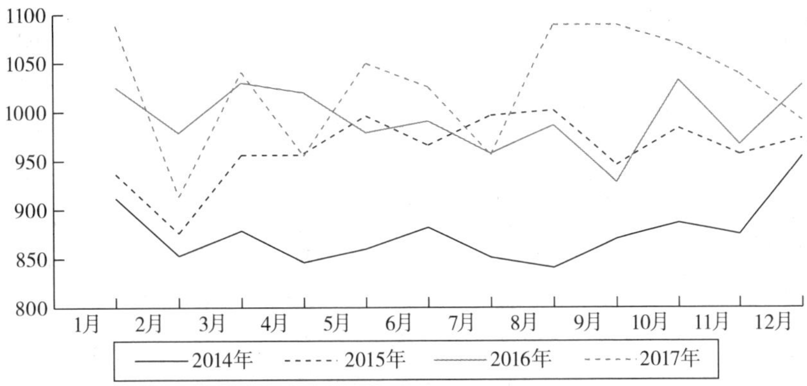

图 7－35　2014—2017 年各月份汽油表观消费量变化情况（万吨）

数据来源：国家统计局和卓创资讯

2. 受宏观经济影响柴油需求有望复苏

中国是柴油消费大国。随着中国经济快速发展，中国柴油消费量快速增长。但近年来，柴油需求是三大石油产品中增速最慢的。主要原因是中国经济增速放缓，再加上环保要求日益严格，导致柴油需求萎靡不振，进入慢速增长甚至负增长阶段。如图 7－36、图 7－37 所示，2017 年上半年中国经济延续企稳向好的态势，但受到炼油产能结构过剩、工业结构调整以及新能源等替代能源发展政策性影响，柴油处于低速增长模式。进入下半年剧情开始反转，2017 下半年国内柴油处于底部回升周期，国内工业生产和投资增速回暖，基建以及工矿企业开始加大开工负荷，柴油消费回暖，2017 年全年柴油消费增速由负转正的局面已经基本成形并呈现出稳定发展的趋势。2018 年中国经济保持平稳增长的态势，固定资产投资有望继续升温，资金面保持宽松政策，将支撑柴油整体处于复苏的局面。

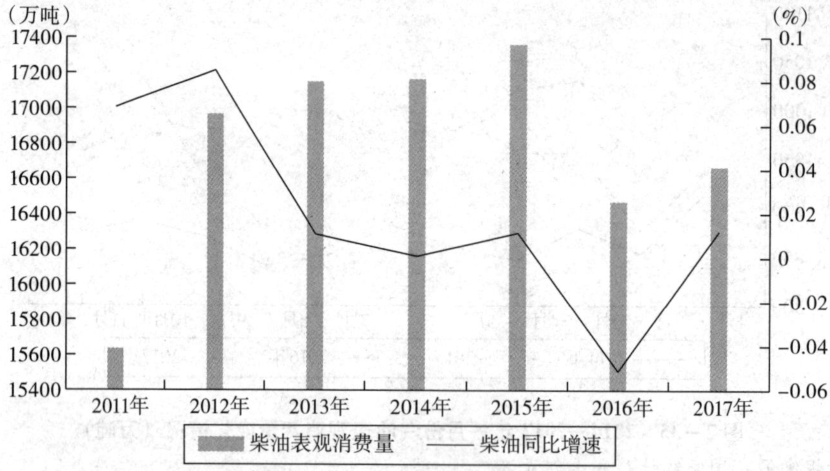

图 7－36　2011—2017 年柴油表观消费量及同比增速

数据来源：国家统计局

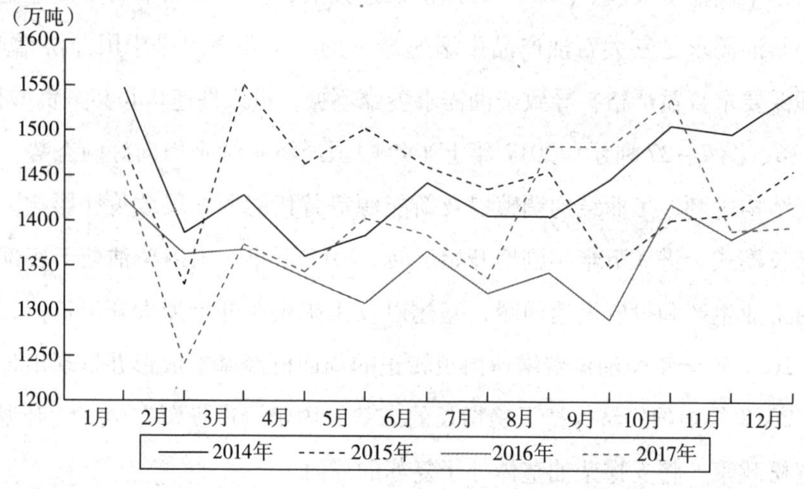

图 7－37　2014—2017 年各月份柴油表观消费量变化情况

数据来源：国家统计局和卓创资讯

3. 煤油需求在航煤需求拉动下保持较高增长

2017 年煤油消费量增加，增速继续保持稳定增长的态势，如图 7－38、图 7－39 所示。煤油是三大油品中增速最快的，十年来的年均增速为 10.1%。在中国，航煤消费量约占全国煤油消费量的八成左右，余下为军煤、灯煤和其他领域的消费。随着近年中国民航业的快速发展，民用航煤的消费增势强劲。受益于居民旅游出行热情较高、商务活动继续回暖、民航运力逐步提升等因素，预计航空旅客周转仍将是促进煤油需求增长的主要动力；同时，航空货运及快递业务的发展，也将支撑航空货运周转继续回暖。

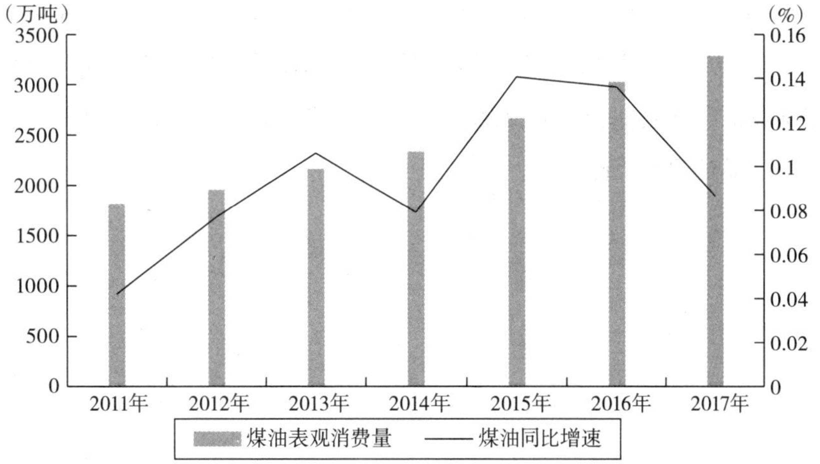

图 7－38　2011—2017 年煤油表观消费量及同比增速

数据来源：国家统计局

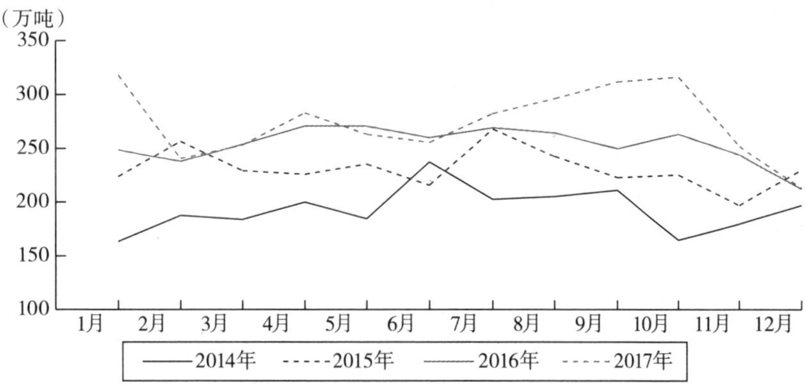

图 7－39　2014—2017 年各月份煤油表观消费变化情况

数据来源：国家统计局和卓创资讯

中国石油经济技术研究院发布 2016 年度《国内外油气行业发展报告》，称 2016 年我国石油消费增速大幅放缓，成品油消费首次出现负增长，但长期来看，成品油市场需求增长空间仍然较大。据中国产业调研网发布的《2015—2020 年中国成品油市场现状调研分析及发展前景报告》显示，从整体上来说，中国经济将继续保持平稳较快发展，工业化和城镇化将持续深入，石化产品内需市场潜力巨大。同时，伴随着成品油定价机制的形成和供需的不断平衡，成品油市场的运行将越来越稳健。

自我国成品油市场进入第三个发展阶段以来，资源份额变化、批零渠道竞争、油品质量升级是供给侧重塑的主要特征；用油结构、品号结构、季节特征的变化则体现了需求侧的重塑；而国家各项行业政策是成品油市场供需转型的催化剂。预判2018年市场走势，汽油和煤油需求继续增长、柴油需求有望复苏，资源过剩的局面将进一步加剧。我国石油企业需要结合“一带一路”国家战略，未雨绸缪，及早为我国过剩的成品油寻找出路。

第八篇

新能源篇

一、2017 年中国新能源发展现状

进入 21 世纪以来，随着全球气候问题的日益凸显，以及能源供需矛盾的不断加剧，世界各国从可持续发展和保障能源供给安全的角度，调整了各自的能源政策，进一步将新能源发展纳入国家发展战略。中国能源产量已跃居世界第一，但与此对应的能源消费也已跃居世界第一，供需依旧紧张。中国能源产业结构仍然是以煤为主，并在相对长时期内难以改变。在寻求经济与能源平衡点的过程中，新能源由于具有清洁、污染少、可再生等优势，成为了我国发展低碳环保型经济、改善能源结构、促进经济社会可持续发展的关键所在。

（一）新能源概况

新能源是指在新技术基础上和新的运作方式下开发利用的能源，这种能源当其常规化即转化为常规能源。2017 年，中国新能源产业得到快速发展，乙醇汽油市场空间的逐步开拓、电动汽车生产和销售的快速提高、氢能源市场化和经济性的探索，均对传统能源消费结构产生冲击。

2016 年，我国能源消费总量低速增长，新能源比例继续提高，其中煤炭消费比重下降 2 个百分点，非石化能源和天然气消费比重分别提高 1.4 个百分点和 0.3 个百分点，非化石能源的快速发展对清洁能源消费比重提高的贡献率约为 64%。2017 年我国能源消费总量预计达到 44 亿吨标准煤，同比增长 1%。其中非化石能源和天然气消费比重将升至 6.7% 和 14.8%；煤炭消费占一次能源消费的比重继续减少；石油占一次能源消费比重保持稳定。预计 2017 年我国一次能源生产总量将达 36.5 亿吨标准煤，较 2016 年有所回升。原煤产量约 36.5 亿吨，天然气产量约 1500 亿立方米，原油约 2.0 亿吨，一次电力约 1.9 万亿千瓦时。

(二)乙醇汽油发展现状及问题分析

1. 乙醇汽油概述

乙醇汽油是一种由粮食及各种植物纤维加工成的燃料乙醇和普通汽油按一定比例混配形成的新型替代能源。其中，燃料乙醇是指体积浓度达到99.5%以上的无水乙醇。按照我国的国家标准，乙醇汽油是用90%的普通汽油与10%的燃料乙醇调和而成，即E10乙醇汽油。

乙醇汽油是一种较为理想的可再生的清洁能源，它是一种具有较高辛烷值的含氧化合物，将其按适当的比例调入汽油中可以提高汽油的辛烷值，增加汽油中的氧含量，减少发动机内的碳沉淀、一氧化碳和碳氢化合物等有毒气体的排放。

2. 中国乙醇汽油发展历程

乙醇汽油作为一种可替代成品油的清洁能源，在中国推广并不是一件新鲜的事。事实上，早在17年前，中国就开始探索推广乙醇汽油。

1998年，我国粮食产量达到了5123亿千克的峰值，造成库存积压。为了消化陈化粮，2001年我国批准建立四家乙醇企业：中粮生化（安徽）股份有限公司（前身丰原生化）、中粮生化能源（肇东）有限公司（前身为华润酒精）、吉林燃料乙醇有限公司（中国石油授权吉林石化对其实施一体化管理）、河南天冠企业集团有限公司（以小麦为主原料）。同年，国家质量技术监督局颁布了《变性燃料乙醇》国家标准和《车用乙醇汽油》国家标准。2002年3月，国家经贸委、国家发改委等8个部委联合发布了《车用乙醇汽油使用试点方案》和《车用乙醇汽油使用试点工作实施细则》。河南省的郑州、洛阳、南阳和黑龙江省的哈尔滨、肇东5个城市，被确定为车用乙醇汽油推广首批试点城市，试点周期为12个月。2003年底，中央针对四家乙醇企业制定了5年补贴计划。从2004年起，企业每生产1吨乙醇，可享受2736元补贴。2004年2月10日，八部委总结以往经验，再次联合下发《关于印发〈车用乙醇汽油扩大试点方案〉和〈车用乙醇汽油扩大试点工作实施细则〉的通知》。将黑龙江、吉林、辽宁、河南、安徽五省列入试点名单，与此同时，湖北省9个市、山东省7个市、江苏省5个市和河北省6个市也开展局部试点。至此，乙醇汽油的推广扩大到九个省。

到2005年，由于乙醇汽油的推广范围不断扩大，1998年到2005年库存积压的陈化粮基本消耗殆尽，加之国际粮价一路上涨，各地开始出现“与人争粮”的现象。于是，根据2007年发布的《关于促进玉米深加工业健康发展的指导意见》，国家发改委宣布暂停粮食燃料乙醇的发展，陆续在广西、内蒙古、山东、河南等地建成多个非粮燃料乙醇示范项目。同年12月，经国家发改委批准，中粮集团在广西北海合浦投资成立的以木薯为原料的生物燃料乙醇项目正式投产，该项目燃料乙醇年产可达20万吨。这是中国第一个经国家批准并投入生产的以非粮作物为原料的生物燃料乙醇企业，标志着中国生物燃料乙醇的发展路线正向“非粮化”转变。据此，第一代燃料乙醇发展高潮正式退去。

随着国际原油价格不断攀升和全球空气污染日益严重，特别是从2013年开始，全中国范围内的“雾霾天”问题导致使用清洁能源的呼声日益高涨，乙醇汽油再次迎来了发展的春天。从2015年开始，中国玉米已有超过2亿吨的过剩库存，还有可达7亿吨年产量的秸秆，这些库存可支撑一定规模的生物燃料乙醇的生产。另外，中国生物燃料乙醇产业经过十多年发展，1代（以玉米、小麦等粮食为原料）和1.5代（以木薯、甘蔗、甜高粱等非粮食为原料）生产技术工艺比较成熟，以秸秆等农林废弃物为原料的2代生物燃料技术已具备产业化条件。于是，2016年10月国家能源局发布了《生物质能发展“十三五”规划》，规划要求加快燃料乙醇推广应用，扩大乙醇燃料生产和消费。

截至2017年底，我国生物燃料乙醇年消费量约260万吨，成为全球第三大燃料乙醇消费国。全国已有11个省区（包括黑龙江、河南、吉林、辽宁、安徽、广西六省区全境和河北、山东、江苏、内蒙古、湖北五省的31个地市）试点推广乙醇汽油，乙醇汽油消费量已占同期全国汽油消费总量的1/5。从中国推广乙醇汽油至今的十多年历程中不难发现乙醇汽油的发展经历了不同的阶段，详细可见表8－1。

表8－1　中国推广乙醇汽油发展历程

年份	事件
1996年	中国粮食连年丰收
1998年	粮食产量达到了5123亿千克的峰值，造成库存积压
2000年	6月，中国环境科学研究院向国务院建议加快推广乙醇汽油，以有效解决汽车尾气污染，维护能源安全，以及为剩余粮食加工转化开辟新途径； 中国石化石油化工科学研究院教授级高工张永光带领的团队证明10%的乙醇比例（E10）可以在无需对车辆的发动机和燃油系统进行任何技术改动的前提下，适应大部分现有车辆的使用； 8月初，国家经贸委布置了开展乙醇汽油研究任务

续表

年份	事件
2001 年	4 月，中国批准建立 4 家乙醇企业：中粮生化（安徽）股份有限公司、中粮生化能源（肇东）有限公司、吉林燃料乙醇公司和河南天冠集团； 河南天冠集团和黑龙江华润金玉公司乙醇改扩建项目相继投产； 9 月，吉林省 60 万吨燃料乙醇项目开工建设； 国家质量技术监督局颁布了《变性燃料乙醇》国家标准和《车用乙醇汽油》国家标准
2002 年	3 月，国家经贸委、发改委等八部委联合发布了《车用乙醇汽油使用试点方案》和《车用乙醇汽油使用试点工作实施细则》； 河南省的郑州、洛阳、南阳和黑龙江省的哈尔滨、肇东 5 个城市，被确定为车用乙醇汽油推广首批试点城市，试点周期为 12 个月
2003 年	中央针对四家乙醇企业制定了 5 年补贴计划：从 2004 年起，企业每生产 1 吨乙醇，可享受 2736 元补贴
2004 年	2 月 10 日，八部委总结以往经验，再次联合下发《关于印发〈车用乙醇汽油扩大试点方案〉和〈车用乙醇汽油扩大试点工作实施细则〉的通知》； 黑龙江、吉林、辽宁、河南、安徽五省被列入试点名单，湖北省 9 个市、山东省 7 个市、江苏省 5 个市和河北省 6 个市也开展局部试点
2005 年	上述各省、市辖区范围基本实现车用乙醇汽油替代其他汽油（军队特需、国家和特种储备用油除外）
2007 年	国家提出《可再生能源发展“十一五”规划》和《可再生能源中长期发展规划》； 暂停了粮食燃料乙醇发展，陆续在广西、内蒙古、山东、河南等地建成多个非粮燃料乙醇示范项目； 12 月，经国家发改委批准，由中粮集团在广西北海合浦投资成立的以木薯为原料的年产 20 万吨的生物燃料乙醇项目正式投产
2009 年	3 月，首批非粮乙醇汽油在广西推广，5 月广西开始封闭销售和使用乙醇汽油 ； 云南昆明开售全国首创含水乙醇汽油 ； 12 月，云南无水乙醇汽油入市
2010 年	我国燃料乙醇总体利用规模为 172 万吨，离 200 年的“十一五”规划的目标有一定的差距。
2011 年	重庆研发的车用乙醇汽油通过专家鉴定； 12 月 21 日，河南天冠集团万吨级秸秆乙醇产业化示范项目成为中国第一个正式通过国家发改委能源局鉴定验收的项目
2012 年	国家提出《可再生能源发展“十二五”规划》； 5 月 14 日，龙力生物收到山东省发改委关于《国家发展改革委关于山东龙力生物科技股份有限公司 5 万吨/年纤维燃料乙醇项目核准的批复》的通知，至此作为首家生产二代纤维燃料乙醇的企业，获得了国家燃料乙醇定点生产资格
2013 年	全中国范围内的持续“雾霾天”加剧了寻找清洁替代能源的迫切性，燃料乙醇迎来了第二次发展机遇期； 国家发展改革委又在广东、江西、浙江分别批复了燃料乙醇项目； 河南全省范围推广车用乙醇汽油； 黑龙江车用乙醇汽油推广开始封闭运行； 山东率先批准独立炼油厂参与乙醇汽油推广，七城市开始推广使用乙醇汽油

续表

年份	事件
2014 年	国家发布《能源发展战略行动计划（2014－2020 年）》，继续将非粮燃料乙醇作为重点发展的产业
2015 年	燃料乙醇年产量约 220 万吨，离 2012 年规划的目标有一定差距； 我国玉米粮食库存超过 2 亿吨创下历史最高纪录
2016 年	10 月，国家能源局发布了《生物质能发展“十三五”规划》，规划要求加快燃料乙醇推广应用
2017 年	中国生物燃料乙醇年消费量近 260 万吨，产业规模居世界第三位； 全国已有 11 个省区（包括黑龙江、河南、吉林、辽宁、安徽、广西六省区全境和河北、山东、江苏、内蒙、湖北五省的 31 个地市）试点推广乙醇汽油，其消费量已占同期全国汽油消费总量的 1/5； 9 月 13 日，国家发展改革委、国家能源局、财政部等十五部门联合印发《关于扩大生物燃料乙醇生产和推广使用车用乙醇汽油的实施方案》，首次明确提出：2020 年，车用乙醇汽油要在全国范围内基本实现全覆盖；2025 年，力争纤维素乙醇实现规模化生产，先进生物液体燃料技术、装备和产业整体达到国际领先水平，形成更加完善的市场化运行机制

3. 中国燃料乙醇产量及产能分布

截至 2017 年底，全国已有 11 个省推广使用乙醇汽油，2015 年燃料乙醇消费量达到 222 万吨，销售 E10 乙醇汽油约 2200 万吨，占 2015 年全国汽油消费量的 22.5%。2016 年燃料乙醇消费量达 256 万吨，其中国内燃料乙醇产量 204.8 万吨，比 2015 年产量减少 7.75%。全国现有燃料乙醇生产企业 8 家，这些企业在六省（区）全省和六省（区）的部分地市封闭推广（见表 8－2）。

表 8－2　2014—2016 年中国燃料乙醇产量　（单位：万吨）

序号	企业名称	2016 年	2015 年	2014 年	供应区域
1	河南天冠企业集团有限公司	35.1	57.86	69.6	河南、河北
2	吉林燃料乙醇有限公司	65.4	63	59.6	吉林、辽宁
3	中粮生物化学（安徽）股份有限公司	57.2	60.2	55.2	安徽、山东
4	中粮生化能源（肇东）有限公司	31	27	27	黑龙江
5	广西中粮生物质能源有限公司	13.2	11.2	6.3	广西
6	中兴能源（内蒙古）有限公司	0	0	0.55	内蒙古
7	山东龙力生物科技股份有限公司	1.8875	2.295	3.1396	山东
8	国投广东生物能源有限公司	1.00375	0	0	广东
	合计	204.8	222.0	221.4	

2016 年，中国燃料乙醇生产能力为 271 万吨，在建、拟建和规划的燃料乙醇项目生产能力为 106.2 万吨（见表 8－3），合计约 377.2 万吨。按照 2020 年燃料乙醇

年利用量1570万吨，生产装置开工率95%计算，燃料乙醇总的生产能力应达到1652万吨/年，需要再净增生产能力1275万吨/年。

表8-3 2016年中国部分在建、拟建、规划的燃料乙醇项目

企业名称	地点	原料	产能（万吨/年）	状态
中国石油化工集团公司	江西省井冈山市	木薯	10	在建
美洁国祯（安徽）绿色炼化有限公司	安徽省阜阳市	纤维素	18.2	在建
国投生物科技投资、铁法煤业（集团）	辽宁省铁岭市	玉米	0	在建
吉林省新天龙实业股份有限公司	吉林省四平市	纤维素	—	拟建
吉林燃料乙醇有限公司	吉林省吉林市	纤维素	8	筹建
内蒙古仕奇有限责任公司	内蒙古自治区通辽市	玉米	30	筹建
中粮生物化学（安徽）股份有限公司	安徽省蚌埠市	纤维素	10	规划
合计			106.2	

4. 发达国家乙醇汽油现状

2005—2016年，全球生物燃料乙醇消费量从3628万吨增加到7915万吨，年均增长7.3%。有超过40个国家和地区推广生物燃料乙醇和车用乙醇汽油，年消费乙醇汽油约6亿吨，占全球汽油消费总量的60%左右。美国是世界最大的生物燃料乙醇的生产国和消费国，主要原料为玉米。美国的燃料乙醇生产始于上世纪70年代末的第二次石油危机，2016年，全美生物燃料乙醇总产量达到4554万吨（见图8-1），E15车用乙醇汽油在美国已实现全覆盖，年减排二氧化碳超过4350万吨。巴西是世界第二大生物燃料乙醇生产国和消费国，也是最早实现车用乙醇汽油全覆盖的国家，主要原料为甘蔗。2016年，巴西生物燃料乙醇产量达到2118万吨，主要通过高比例掺混（27%）利用，巴西燃料乙醇替代了该国50%的汽油。欧盟早在1985年就开始使用乙醇含量为5%的车用乙醇汽油。2016年，欧盟生物燃料乙醇产量为409万吨。2016年，上述3个国家和地区的燃料乙醇消费量占全球总量的83%，中国、加拿大的生物燃料乙醇消费也呈逐步上升趋势。

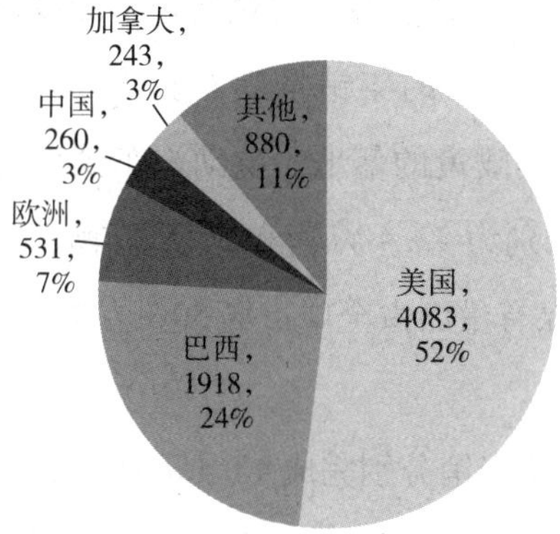

（单位：万吨）

图 8-1　2016 年全球燃料乙醇分国别消费量及占比

5. 乙醇汽油替代成品油问题分析

E10 乙醇汽油是我国推广使用的车用乙醇汽油，它的推广也造成了 92 号汽油面临淘汰的现状。这是因为乙醇汽油较之有更高的辛烷值，符合现在的高辛烷值汽油市场的需求，且能有效降低汽车尾气排放。虽然乙醇汽油解决了很多问题，但它也同样有不尽如人意的地方。一方面，从乙醇汽油性能来说，我国推广的 E10 乙醇汽油的热值比普通汽油低 4%，因而 E10 的燃油经济性比普通汽油低 3% 左右。除了热值低以外，E10 乙醇汽油还有动力较低、燃耗较高以及会使发动机沉积物增加等缺点。另一方面，从价格上来说，E10 乙醇汽油的价格比 92 号汽油的价格要高。综合两个方面的劣势，E10 乙醇汽油还没有得到广大消费者的喜爱，所以 E10 乙醇汽油在中国的推广没有那么顺利。

（三）电动汽车发展现状及问题分析

1. 电动汽车的概念

电动汽车（BEV）是指以车载电源为动力，用电机驱动车轮行驶，符合道路交通、安全法规各项要求的车辆，主要分为纯电动汽车（BEV）、混合动力汽车（HEV）、燃料电池汽车（FCEV）三类。我国从“十五”时期开始实施电动汽车科技规划，“863”项目共投入 20 亿元研发经费，形成了以纯电动、油电混合动力、燃料电池三条技术路线为“三纵”，以多能源动力总成控制系统、驱动电机及其控制系统、动力蓄电池及其管理系统三种共性技术为“三横”的电动汽车研发格局。

2. 我国电动汽车发展现状

近年来，我国电动汽车发展如火如荼。由于 2017 年初新能源车政策正处于换挡阶段，补贴等细则尚不明朗，加上新能源车目录待定，2017 年新能源车进入了一段小低谷，离年初预计 70 万到 80 万的年销量尚有较大距离；随着“禁售燃油车”“双积分办法”“乙醇汽油”等政策的落地，电动汽车销量得到明显提升，2017 年前三季度电动汽车累计产销分别为 42.4 万辆和 39.8 万辆，同比增长分别为 40.2%和 37.7%。中国电动汽车的保有量已占全球市场 50%左右，稳居世界第一大新能源车市场。

2017 年 1—9 月，电动汽车产销分别完成 42.4 万辆和 39.8 万辆，同比分别增长 40.2%和 37.7%。其中，纯电动汽车产销分别完成 34.8 万辆和 32.5 万辆，同比分别增长 51.6%和 50.1%；插电式混合动力汽车产销分别为 7.6 万辆和 7.3 万辆，同比分别下降 4.0%和 0.6%。但电动汽车销量增速仍保持 20%以上，可见电动汽车占比仍在不断扩大。2017 年 1—7 月汽油消费量同比仅增长 1.27%，其中 1—4 月更是出现了负增长，而导致这一情况的原因就是替代能源的快速发展。

3. 电动汽车存在的问题分析

电动汽车发展主要有两个瓶颈，一是续航里程问题，二是能源消耗转移问题。续航里程问题需要电池技术的突破，在未来出现新型电池技术后，会迎来电动汽车行业的高速发展；中国有 60%左右的电力靠火力发电，因此电动汽车的发展对于环境的影响只是由尾气污染转化为火力发电的排放污染，未来火力发电比例大幅降低，核电、风能、太阳能发电等发电比例大幅提升后，才会从根本上解决燃油车对环境的污染。

（四）氢能源发展现状及问题分析

氢能是一种理想的新能源，在燃料电池领域的应用是发展氢能清洁利用的关键，而具有氢燃料电池的氢能源汽车成为了氢能源清洁利用的主要方式。氢能源可以产生较大的热量，同时在作为燃料进行燃烧时不会对外界环境产生污染，因为它通过和氧气发生化学反应生成水，而且这种能源在很多物质中都有一定的含量，来源比较广，如一些生物质和水中都含有大量的氢成分，同时氢能源是一种可再生能源，所以氢能源得到了广大科研人员的高度重视，也被作为应用到汽车行业中的主要研究对象之一。

氢能在中国的利用已取得长足进步，但技术仍处于落后阶段，氢燃料电池汽车、分布式发电、氢燃料电池叉车以及应急电源的应用已接近产业化，我国长征 2 号、3

号也使用液氢做燃料。利用液氢代替柴油，用于铁路机车或一般汽车的研制也十分活跃。氢汽车靠氢燃料、氢燃料电池运行也是沟通电力系统和氢能体系的重要手段。2016 年，国务院印发的《“十三五”国家战略性新兴产业发展规划》中明确提出，系统推进燃料电池汽车研发与产业化，并提出到 2020 年，实现燃料电池汽车批量生产和规模化示范应用。中国航天科技集团发言人表示，“与氢相关的业务产值为 4 亿元，利润近 5000 万元，并有很大的增长空间。随着国内氢能产业的快速发展，预计 2020 年实现年总收入 15 亿元，预计‘十四五’末该产业将实现销售收入 70 亿元。”

氢能研发已经得到世界各国的重视。我国近年来通过三个五年计划的支持，已经形成以大学和研究所为主的研发体系，包括制氢、储氢、输氢及安全、燃料电池、标准等研发。我国已经具备良好的制氢和储氢工业基础，煤制氢及变压吸附纯化等技术处于国际先进水平，燃料电池产业链已经初具雏形。但是从整体讲，我国氢能还是处于世界第二方阵，与国外先进水平相比还有差距。我国燃料电池的关键材料、氢气循环泵等设备还依赖进口，燃料电池可靠性亟待提高，在氢气泄露和爆炸等安全研究方面还有很多空白。要实现氢经济，仍存在许多相关的问题，例如，集中还是分散生产氢；氢汽车的研究、发展和市场问题；改进燃料电池技术问题；基础设施（燃料运输和加油站）方面问题等等。氢能源的商业化和市场突破，依赖于这些复杂因素的相互影响程度，以及成本、功率、能量存储密度和车辆的成本、性能、行驶范围、安全等。

从短期来看，氢燃料电池会先在移动电源领域取得商业化的成功；从长远来看，随着能源紧张、油价攀升，环境污染严重，节能环保成为人类不懈努力的方向。氢燃料电池作为一种新能源，成为了人们关注的焦点，在庞大的市场需求下，我国氢燃料电池行业的科研及应用将取得飞快发展。到 2020 年，氢燃料电池汽车将占世界汽车市场的 25%。由此可见，氢能源作为一种新的能源，其广阔的应用前景不容忽视。

二、2017 年中国新能源替代传统能源分析

（一）对能源结构的影响

新能源快速发展推动能源消费结构发生变化，2017 年上半年煤炭比重比 2016 年同期下降了 0.6 个百分点，清洁能源包括天然气、核电和可再生能源比重总计上升了 0.3 个百分点，能源比重“一升一降”说明我国能源结构正在发生重大变化。我国可再生能源在扩大规模的同时，技术进步在加快，成本在快速降低，光伏发电在 2016 年的光伏领跑基地竞争当中，平均每千瓦时电下降了 0.2 元，在资源较好的地区，光伏发电每千瓦时电下降 0.5 ~0.6 元。

（二）对成品油需求的影响

新能源替代燃料短期内对成品油市场的冲击可控，长期可能产生颠覆性影响。未来 3 年至 5 年，替代能源将年均增长 14% 左右，2020 年替代量将达到 4600 万吨左右，约占成品油需求量的 10% ~15%。传统燃油车禁售提上日程，成品油过剩格局或愈演愈烈。根据中石油经济研究院预测，2017 年国家成品油需求量约为 3.19 亿吨，同比增长 2.2%；成品油产量 3.6 亿吨，同比增长 4.3%，高出需求 4043 万吨，炼油产能进一步过剩。同时，政府开始研究传统燃油汽车禁售时间表，电动汽车快速发展，挤占传统燃油车市场份额，也导致成品油需求增长缓慢。未来成品油市场竞争将愈发激烈。

（三）对成品油价格的影响

影响成品油价格波动的内在原因并不是因为新能源的兴起。长期来看，全球油品价格变动基本一致，但是短期来看，国际原油价格、税费、油品规格、炼厂检修计划、炼厂意外停产、运输限制、季节性消费需求、区域库存水平等因素都会引起区域价格分化。但是新能源的发展对成品油价格的影响是非常有限的，不足以影响成品油的价格。相反，成品油价格的波动会影响新能源行业的发展。

三、2018 年中国新能源发展展望

世界能源已进入转型发展的新阶段，全球能源消费结构日趋清洁化，多元、低碳、清洁、高效、安全是必然的发展趋势。展望未来，能源全行业技术将快速发展，能效水平稳步提升，清洁能源成本不断下降。国家“十三五”规划明确指出：“十三五”时期，非化石能源消费比重要提高到 15% 以上；天然气消费比重力争达到 10% 或者更高；煤炭消费比重要降低在 58% 以下。非化石能源和天然气增量合计约为 4.8 亿吨标准煤，是煤炭增量的三倍多，可以看出清洁、低碳能源将是“十三五”期间能源供应增量的主体。乙醇汽油、电动汽车、氢能等清洁能源将稳步发展，对传统能源的替代逐步显现。大力发展清洁能源可相对减少我国能源需求中化石能源的比例和对进口能源的依赖度，有利于优化国家能源的配置结构，提高能源综合利用的经济效益及降低环境污染问题，减少治理污染的经济成本，是解决能源供需矛盾和实现可持续发展的战略选择。

（一）乙醇汽油逐步替代车用汽油

2018 年，传统汽油将陆续停售，乙醇汽油的使用及推广并逐步替代车用汽油将是大势所趋。推广使用乙醇汽油不仅可以缓解我国石油紧缺的矛盾，同时可以有效解决玉米等粮食作物和秸秆等农林废弃物的转化，促进农业生产的良性循环。2017 年 9 月 13 日，国家发展改革委、国家能源局、财政部等 15 部委下发了《关于扩大生物燃料乙醇生产和推广使用车用乙醇汽油的实施方案》，提出到 2020 年，乙醇汽油在全国基本实现全覆盖。以此推算，预计未来 3 年可累计减少汽油消费 3343 万吨，相应拉低常规汽油消费增速 2.9 个百分点，2020 年我国燃料乙醇年利用量将达到 1570 万吨。按中国乙醇供应能力，产能缺口约为 1275 万吨/年。

乙醇汽油经过 30 年的发展，能够成功地使用推广，在一些国家日趋成熟，是源

于它良好的社会和经济效益，以及降低空气污染的作用，这在实践上对燃料乙醇予以了肯定。虽然燃料乙醇在中国的推广使用方面出现了一些问题，但看来并不是不可解决的。乙醇燃料是现在技术最成熟、最可行的石油燃料替代品之一，我们必须认识到对于当今世界范围的能源危机和环境问题，不是某一燃料或某种技术就可以完全解决的，我们要做的是最大程度地减小在发展燃料乙醇及车用乙醇汽油过程中潜在的负面影响，发挥其最大优势服务社会。乙醇汽油必将成为未来燃料的发展方向，具有广阔的发展前景。

（二）电动汽车行业由政策驱动转向市场驱动

发展电动汽车不仅可以减少环境污染，还是提振汽车工业、占领新技术制高点、开拓新的经济增长点的大好契机。随着相关政策的日益完善，要想电动汽车行业健康发展，补贴退坡将成为必然趋势，2018 年我国电动汽车行业将由政策驱动转化为市场驱动。国家政策补贴的扶持是电动汽车这一新兴产业在成长初期得以发展壮大的关键因素，而在电动汽车的技术性能趋于成熟后政策补贴相应合理下降及逐步退出，是考虑到市场发展的自身规律，符合产业健康可持续发展的内在需求，但国家支持电动汽车发展的整体思路不会改变。

2017 年 9 月 28 日，工信部等五部委正式发布《乘用车企业平均燃料消耗量与电动汽车积分并行管理办法》。办法自 2018 年 4 月 1 日起施行，新能源积分要求从 2019 年 1 月 1 日起执行。随着双积分政策落地，我国电动汽车进入新的发展阶段。电动汽车已经告别单纯靠补贴的初级阶段，进入政策奖惩、约束结合的第二阶段；随着技术进步，产业链成本下降，产业将进入市场化、产品驱动发展的新阶段。

（三）氢能源市场化模式仍需探索

氢能源作为清洁能源的利用是当今世界上发展最快、环境效益最佳的氢能利用途径，业内一致认为氢燃料电动汽车是电动汽车的终极发展目标，预计在未来的三到五年时间内，即 2020 年左右，氢能产业会进入一个爆发期。现阶段，由于气候的变化和石油进口依靠的国际化关注的加大，导致了氢能源市场生存能力示范工程的竞争。2018 年氢能源技术应用还需提高，市场化模式还需要继续探索。

第九篇

专题篇

专题一　乙醇汽油对成品油市场带来的机遇和挑战

一、前言

2017 年 9 月，国家发展改革委、国家能源局等十五个部门联合发布了《关于扩大生物燃料乙醇生产和推广使用车用乙醇汽油的实施方案》，该方案进一步明确了乙醇燃料的使用意义及重点推进乙醇汽油的使用。推广使用乙醇汽油符合国际上对环境问题愈发重视的趋势。乙醇汽油自 2001 年首次提出，至今十六年中，已在部分省市推广使用，但根据新方案的要求，我国将在 2020 年实现全面推广使用乙醇汽油，由此可见，未来几年，乙醇汽油普及必将会影响我国成品油市场格局，对成品油市场既是机遇又是挑战。抓住乙醇汽油带来的机遇，化解其带来的挑战，有利于成品油市场稳定健康发展。

二、乙醇汽油国内外发展现状

乙醇汽油是一种由粮食及各种植物纤维加工成的燃料乙醇和普通汽油按一定比例混配成的新型替代能源，按照我国现行的标准及方案要求，推广使用的乙醇汽油是乙醇和汽油按照 1：9 的配比，即 10% 的燃料乙醇与 90% 的普通汽油调和而成。推广使用乙醇汽油可以有效的减少 CO、HC、NMHC 等的排放，并能够减少温室气体二氧化碳的排放，有利于改善空气质量，减少环境污染。

乙醇汽油是燃料乙醇的一种，最先起源于 20 世纪 70 年代的石油危机，美国和巴西自此开始发展使用。燃料乙醇已经在世界范围内广泛使用，2016 年，全球燃料乙醇年产量 986 亿升，相比 2015 年的 968 亿升增长 1.86%。全球燃料乙醇消费达到 7915 万吨，超过 40 个国家和地区推广使用燃料乙醇，年消费的乙醇汽油约有 6 亿吨，占全球汽油总消费量的60%左右。

美国是乙醇汽油发展最为迅速的国家，其作为燃料乙醇生产大国，占全球比例达58%，目前已实现乙醇汽油的全覆盖，年减排二氧化碳超过4350万吨。美国发展乙醇汽油其最初动机之一为解决农民玉米的增产，保护农民的利益，同时减少对进口原油的依赖。为此，美国联邦政府建立“乙醇发展计划”，开始推广使用E10，即添加10%乙醇的汽油。目前，美国所使用的乙醇汽油为E15，即添加15%乙醇的汽油。美国在发展乙醇汽油的过程中，明确立法、严格监管、革新技术多方配合发展，保护本国产业，并对利益相关者严格监管，发展纤维素燃料乙醇保证供应，致使美国成为当前燃料乙醇最为领先的国家。

巴西是世界上首个实现车用乙醇汽油全覆盖的国家，目前其生产和消费量位居世界第二位，巴西的燃料乙醇占全球比例达28%。巴西的燃料乙醇已经替代国家50%的汽油。与美国不同，巴西的乙醇原料主要来自甘蔗。巴西的乙醇汽油最初由政府部门和国家石油公司主导实施“国家乙醇计划”，通过价格手段、税收优惠、政府补贴等措施对燃料乙醇的发展进行严格的管理和监控，夯实发展基础，后期政策退出，转变为市场化。自21世纪，巴西的燃料乙醇发展逐渐走向市场化，灵活推广燃料汽车，从而促进燃料乙醇的稳定良性发展，实现如今的第二大乙醇汽油使用发展国家的局面。

相比之下，我国的乙醇汽油发展仍处在起步发展阶段，上升空间巨大。我国的乙醇汽油使用始于2001年，为解决“陈化粮”的问题，我国启用了乙醇汽油试点工作。2002年，《车用乙醇汽油“十五”发展专项规划》的发布，开启了首批5座试点城市，全面使用乙醇汽油，禁止使用普通汽油；2004年，《车用乙醇汽油扩大试点方案》《车用乙醇汽油扩大试点工作实施细则》发布，将推广使用乙醇汽油作为国家的一项重要战略，试点城市逐渐增加，包括东北三省以及河南、安徽全省；2007年，响应国家的《可再生能源中长期发展规划》，我国的生物燃料乙醇向“非粮化”转变；2012年，《生物质能“十二五”规划》中提出到2015年生物燃料乙醇产量达400万吨；2016年，《生物质能“十三五”规划》中提到截至2020年要将生物燃料乙醇年产量达到600万吨；2017年9月8日，国务院发布的《关于加快推进农业供给侧结构性改革大理发展粮食产业经济的意见》中提到，要推广使用车用乙醇汽油，为我国的乙醇汽油发展提供了基本保障；2017年9月，《关于扩大生物燃料乙醇生产和推广使用车用乙醇汽油的实施方案》的发布，为我国乙醇汽油的推广使用提供了更高要求，对乙醇汽油的发展做出了明确的规划。

目前，我国已有11个省份推广使用乙醇汽油，2016年，中国13家燃料乙醇生产企业共生产271万吨，规模占全球第三，消费量达260万吨，占同期全国汽油消费的20%。但与美国和巴西相比，仍有较大差距。在推广使用乙醇汽油的过程中，面临着动力不足、尾气排水较多等问题使得市场对乙醇汽油仍存有部分质疑。随着在2020年实现我国乙醇汽油的全面覆盖，目前，在已经推广的省市中，针对《关于扩大生物燃料乙醇生产和推广使用车用乙醇汽油的实施方案》，进行了进一步的调整，吉林省加大了市场的违规整治；天津市划分推广使用乙醇汽油四个阶段；浙江民企有望加入乙醇汽油行业；山东省增加乙醇汽油推广城市等。各地区为实现全面推广使用乙醇汽油打下坚实基础。

三、乙醇汽油给我国成品油市场带来的机遇

乙醇汽油的大规模推广，其对成品油市场带来的机遇不容忽视。乙醇汽油相对于成品油来说，可以增强其与其他能源的竞争力，同时，其能够推进成品油市场化发展，并减少成品油市场对于原油进口的依赖，促进石油企业的转型改革。

1. 增强成品油竞争力

乙醇汽油的推广使用有利于增强成品油在多种能源中的竞争力。一方面，乙醇汽油与普通汽油相比，其最大优势在于可以减少污染气体和温室气体的排放，使用乙醇汽油可以减少汽车尾气中40%的碳排放，36%～64%的细颗粒物排放，减排效能超50%，有效地缓解减排压力，符合绿色发展的趋势。在交通运输领域，新能源汽车发展迅速，主要由于其环保性能，而乙醇汽油的出现恰好填补普通汽油环保性差这一空缺，并可凭借其动力优势，与新能源汽车形成有力的竞争。因此在推广使用乙醇汽油的过程中，能够有效保证能源市场上依旧以汽油为主导，对成品油的竞争力提升有重要作用，增强成品油在交通运输里的竞争力。另一方面，乙醇汽油的成本相对较低，尽管新能源汽车在过去几年发展稳定，但是在价格上远远超过传统汽车，在进一步的发展中将会受到一定阻碍。而乙醇汽油的成本较低，乙醇汽油以陈年粮食库存、木薯、红薯木质纤维等物质为主要原料，在我国当下粮食供给充裕、玉米产能过剩的情况下，每年产生的超期超标粮食可支撑一定规模的生物乙醇燃料

生产，此外，国内每年可利用的秸秆和林业废弃物超过 4 亿吨，30% 即可生产燃料乙醇 2000 万吨。因此，在推广使用发展乙醇汽油既能解决陈年粮食问题，又能保证乙醇汽油的供应，增大成品油在多种能源中的竞争水平。

2. 促进独立炼厂联合

乙醇汽油的推广使用有利于促进独立炼厂的联合，推进成品油市场化。随着国内经济的迅速发展，市场化是成品油市场发展的方向，目前，成品油市场化水平仍需提高，以中石油、中石化、中海油三大国有石油公司为主，民营成品油企业及独立炼厂为辅的市场格局，三大国有石油公司占据了超过一半的成品油零售市场。长期以来，独立炼厂面临着规模较小，市场认可度偏低的劣势，难以快速发展的问题，而独立炼厂的联合，将有利于加大独立炼厂的影响力。乙醇汽油推广使用，意味着成品油在炼厂炼化后，需要增加一个调和的环节，相当于延长了成品油的生产加工流程，这不仅丰富成品油市场经营的主体，也为独立炼厂联合提供了一大契机。独立炼厂联合，一方面，增大了独立炼厂与国有石油企业的竞争能力，使得成品油市场主体多元化，促进市场公平有序的良性竞争；对于民营企业来说，在采购乙醇汽油中可以有更多的选择；另一方面，对于其自身发展也有极大促进作用，其可以实现多层次合作，优化整合资源，完善独立炼厂的成品油销售网络，提高核心竞争力以及成品油市场中的话语权。

3. 加速企业环保转型

乙醇汽油的推广使用，对于成品油市场中的主体——石油企业来说，也是转型升级发展的好机遇。由于石油行业的特殊性，企业时常在环保方面不够完善，而当下企业的安全环保问题越来越受到广泛的关注。乙醇汽油的推广使用，可强化企业对环保问题的重视。根据我国的《中华人民共和国环境保护法》规定，政府对于企业进一步减少污染物排放的，将会给予税收、价格、政府采购等方面的支持，各地方的相关政策也同样对环保型企业有着鼓励支持政策。石油企业借助乙醇汽油的推广使用，转型升级的过程中，需将对设备进行升级改造，在此过程中，可将环保因素作为升级改造的重点，以此来提升企业对于环保的重视程度，承担更多的社会责任，增加消费者对其的认可程度，借此扩大其市场，从而保证市场的企业在成品油市场中持久稳定的生存。同时，石油企业在推广乙醇汽油的同时，其自身的发展符合国家低碳发展的要求，可享受国家的相关政策支持，对于企业的进一步发展也同样有着重要意义。

4. 降低原油进口依赖

推广使用乙醇汽油，可以有效减少对原油进口依赖，进一步保障国家能源安全。我国是能源消费大国，目前的能源消费量位居全球第二位，并且能源消费增长迅速。尤其是我国交通运输行业发展迅速，带动的汽油、柴油需求也不断加大。尽管截至2016年，我国原油以及其他液体燃料日均产量399.9万桶，是全球的第八大生产国，但仍不能满足我国巨大的能源需求，我国面临原油增产的巨大压力，仍旧需要大量进口来填补国内缺口。2016年，我国的原油产量大幅下降，而市场需求却持续上升。原油净进口量约达3.76亿吨，同比增长13.1%，对外依存度高达65.5%，比2015年提高了4.6个百分点。石油作为不可再生能源，如此高的对外依存度，不利于保障我国的能源安全。而乙醇汽油的推广使用，可以有效的降低我国对外的原油进口依赖。美国是目前发展乙醇汽油最完善的国家，其一年使用4000多万吨燃料乙醇，有效的提高了自身的能源自给率，其原油对外依存度逐渐减低。目前，我国使用的乙醇汽油是10%的乙醇和90%的普通汽油调和，在原本消耗汽油的基础上，降低了原油使用量，减轻原油压力。我国自乙醇汽油试点以来，累计使用2200万吨，相当于减少原油进口3600万吨。由此可见，推广使用乙醇汽油，对于减少我国原油对外依存度有明显成效。同时，推广使用乙醇汽油，有利于我国油气产业的可持续性发展。

四、乙醇汽油给我国成品油市场带来的挑战

1. 仓储、运输需进行升级改造

我国炼厂分布不均衡，使得我国目前的成品油运输基本形成了“西油东送，北油南运，周边调配”的运输格局，成品油的运输是成品油流入市场前的关键一环，世界发达国家的运输方式以管道运输为主，水运、陆运为辅，我国目前运输结构不够合理，陆运为主，但易受到路面情况影响，管道运输的利用仍有极大的提升空间。而乙醇汽油的运输对于管道有更高的要求。乙醇汽油相比普通汽油，其特点是易溶于水以及易挥发，一旦遇水会水油分层，从而影响使用。另外，乙醇汽油的运输周期仅有4~5天，因此，在仓储及运输过程中，需改进设备装置。对于乙醇汽油的调

和方式主要分为油罐调合和管线调和，整个调和过程需要设备精准控制，工艺自动化程度高，并且要保证调和比例的准确性才能保证乙醇汽油的高品质。而油罐、管道的改造费用巨大，对于成品油市场上的相关企业提出了一定的挑战。

2. 汽油消费需求减少，促进其他能源发展

在乙醇汽油的推广使用过程中，由于燃料乙醇的添加，将会对汽油的需求产生一定的影响。按照2020年实现乙醇汽油全覆盖计算，未来3年，燃料乙醇将会提带3343万吨的常规汽油，汽油需求的增长率将会从原预测的6.7%降至3.8%，这将延缓成品油市场中汽油消费需求增长量，甚至产生汽油消费需求的负增长。汽油消费需求减少，一方面，对石油企业是一挑战，其将会降低企业的利润，市场价格将会下降，成品油流通成本降低。成品油市场中的石油企业必须采取相应措施调整企业的经营模式和策略，企业自身的调整面临一定风险，若不能迅速调整自身，将会被市场淘汰。另一方面，成品油市场为维持稳定健康发展，需要足够的动力来源，汽油消费需求的减少，将会带动其他替代能源需求的增加，替代能源企业借机发展，扩大市场占有率。

3. 独立炼厂难获资质，竞争力受到制约

乙醇汽油的调合需要特殊的装置设备，对炼厂的一、二次装置规模和存储设备有所规定，这使得绝大部分的独立炼厂难以获得乙醇汽油的调和资质，在成品油市场生存中受到一定的挑战。成品油市场中，除中国石油、中国石化等国有石油公司以外，山东独立炼厂的竞争能力逐渐增强，就炼油能力而言，2016年，独立炼厂的炼油能力达2.62亿吨，占全国炼油总量的34.8%。目前，除山东东明石化和玉皇化工两家独立炼厂以外，其他的山东独立炼厂还未获得乙醇汽油的调和资质，这主要由于乙醇汽油的推广使用中，燃料乙醇的购买、定价等由国家决定，是非市场化垄断产品，另外，目前下游的乙醇汽油监管、惩处制度还不完善，暂时不能进行完善的乙醇汽油监督管理，因此，对于调合资质的申请存在很多阻碍。不具有调合资质的独立炼厂暂时无法进行乙醇汽油的生产和销售，只能作为中国石油、中国石化等国有石油公司的加工厂，将生产的汽油卖给具有调合资质的公司。在此情况下，将会流失部分成品油市场份额。与此同时，民营加油站将不能从独立炼厂获得可供销售的乙醇汽油，仅能从中国石油、中国石化等石油公司购进，从而无法利用价格优势竞争。

五、我国发展乙醇汽油的对策建议

乙醇汽油作为日后常规能源发展，在2020年实现全覆盖，则需要进一步采取相关措施。目前，在天津、山东等地区已经出台相关政策，对乙醇汽油的发展阶段进行划分，对绝大部份城市而言，要促进乙醇汽油在现有发展的基础上进一步完善。以国家政策为引导，对于乙醇汽油的发展设立明确的发展方向，根据国家的政策指引，明确推广使用乙醇汽油的工作重心；以绿色发展为理念，督促企业转型，建立绿色友好的工艺流程，减少污染及问温室气体的排放；以多元化发展为重点，促进独立炼厂的联合发展，增强民营企业在成品油市场中的竞争力；以合作共赢为目标，促进多方产业合作，保证乙醇汽油的可靠性、稳定性、充足性；以制度完善为保证，以确保乙醇汽油的品质及市场的公平性。

1. 健全制度保障，完善市场监管

乙醇汽油已在11个省市有所发展，但是相关的保障制度并未完善。乙醇汽油的发展经历了初步发展到暂缓发展的过程，这与制度的不完善有直接关系。乙醇汽油在发展初期，受到“与民争粮”的质疑，缺乏完善的保障制度使得乙醇汽油的发展受到停滞。乙醇汽油与社会公众利益息息相关，因此政府在推广使用乙醇汽油中，一方面要承担服务引导的角色，引导市场早日实现市场化，另一方面，要完善各个环节的监管，维护市场安全，为乙醇汽油稳定推广使用奠定基础。

政府对于乙醇汽油的监管是必不可少的行政手段，目前缺乏必要的法律制度文件，造成监管方面空缺，监管力度不足，使得乙醇汽油发展时容易受到社会公众质疑。因此，政府应该要尽快健全制度保证乙醇汽油的发展，协调当前的政策文件，解决社会公众的存疑问题，对乙醇汽油进行专门的监管，对必要的信息进行市场公开，保证乙醇汽油市场的透明性及公开性。

2. 鼓励独立炼厂联合，增大民营竞争力

乙醇汽油作为与社会公众生活联系最为密切的一种能源，市场的公平竞争是避免垄断的必要条件。帮助独立炼厂联合，提高民营企业的竞争力是十分必要的。目前，独立炼厂的产能占我国总产能很大部分比例，但是，其目前面临着难以获得乙醇汽油调合资质的困境，这将使得独立炼厂成为“代工厂”。独立炼厂的联合将有利于获得调合资质，并能够促进独立炼厂之间资源互补和共享。通过扶植有实力的民营企业联合、重组等方式以增强其在成品油市场的竞争能力，打造多元化的成品油市场主体，形成良好稳定市场竞争格局，在乙醇汽油的推广使用过程中，是必不可少的一环。

3. 支持企业转型，倡导绿色发展

乙醇汽油的大范围推广使用离不开其降低污染的特性。与普通汽油相比，乙醇汽油可以有效的减少污染气体及温室气体的排放，符合我国当下的绿色低碳发展趋势。与新能源相比，乙醇汽油可以保证市场仍以汽油作为主体，并且发展迅速，成本较低，符合我国目前能源形势。在推广发展乙醇汽油过程中，针对乙醇汽油的易分层等特性，要求仓储、运输条件更为严格，相关企业要进行设备方面的改进升级，此外，各石油企业应顺应发展趋势，倡导绿色低碳发展，与乙醇汽油的发展目的一致，将绿色环保放在企业发展的重要地位，借助乙醇汽油推广使用机会，进行企业转型升级，打造成为绿色环保型企业，为国家低碳发展贡献力量。

4. 加大多方合作，保证乙醇汽油供应

乙醇汽油的推广使用绝不是仅依靠一类企业实现的，其需要多类型企业、多领域企业的合作，才能更好的保证乙醇汽油在供应商维持稳定。就乙醇汽油的生产而言，目前我国使用的是 10% 的乙醇与 90% 的汽油调合而成的乙醇汽油，在这过程中，除需要生产汽油原本的企业意外，还需要生产乙醇的企业；目前生产乙醇有玉米等农作物生产、纤维制醇、煤制醇等多种方式，涉及不同乙醇生产企业；在乙醇汽油的调合过程中，更是需要专业的技术和设备；由于乙醇汽油的特殊性，对于运输提出更高的要求等多方面呈现出需要多方合作，才能更好地推动乙醇汽油的发展，保证乙醇汽油在成品油市场中的地位及其品质。

专题二　LNG 市场特征分析及发展对策研究

2016 年中国天然气消费量为 2040 亿立方米，全年消费增速为 6.5%，占一次能源消费比重升至 6.2%，其中进口比例达到 36.6%，LNG 进口占总进口的 49%，共计 363 亿立方米。

随着我国 LNG 进口价格逐步接近国际 LNG 进口价格水平，LNG 进口价格一再下行，使得进口成本大大降低，这也推动着 LNG 应用的发展。截至 2016 年 6 月，我国约有 140 座左右具有一定规模的液化天然气工厂处于运营状态；13 个建成并运营的 LNG 接收站，总接收能力 4100 万吨/年；LNG 汽车近 20.5 万辆，LNG 加气站 2600 余座，且未来还将保持 10% 左右的增速。

不过由于 LNG 天然气需要经过储存、物流、转运及下游配套设施的配合，价格的地区差异又较大，且无论是进口还是国内生产，都存在运输周期或者生产周期问题，对需求侧的响应比较滞后，因此需要全面分析我国 LNG 市场特征，找出症结所在，对症下药，才有利于 LNG 市场的健康有序发展。

一、上游资源供应市场特征

按资源来源，进口 LNG 是指国内能源公司与国外能源公司签订合约，并通过沿海 LNG 接收站上岸的 LNG 资源；国产 LNG 是指以管道供应的天然气、边远气井、油田伴生气、煤层气等为原料气，进行提纯制冷液化得到的 LNG。

1. 进口 LNG

（1）加快沿海 LNG 接收站建设与运营。

截至 2016 年底，我国已建 LNG 接收站 13 座，年接收能力约 5040 万吨/年，约合 731 亿立方米/年；预计 2017 年将有 4 个接收站建成，新增接收能力 960 万吨/

年，投资主体更趋多元化。根据LNG接收终端站区域划分：华北区域4座；华东区域3座；华南区域6座。根据中石油、中石化、中海油的归属划分：中海油占有绝对优势，共计8座（海南洋浦、广东大鹏、深圳迭福、珠海金湾、福建莆田、上海洋山、浙江宁波和天津浮式LNG）；其次中石油拥有3座（江苏如东、河北曹妃甸和辽宁大连LNG）；中石化2座（山东青岛和广西北海LNG）。

（2）进口LNG价格维持低位。

全球原油价格仍处于复苏阶段，加之全球LNG产能过剩，供应宽松，我国新近进口LNG价格普遍较低，2017年6月平均到岸价格仅为2530元/吨。未来随着美国等LNG出口国更多的参与到国际LNG贸易市场，LNG价格有望保持在较低位置。（见图1）

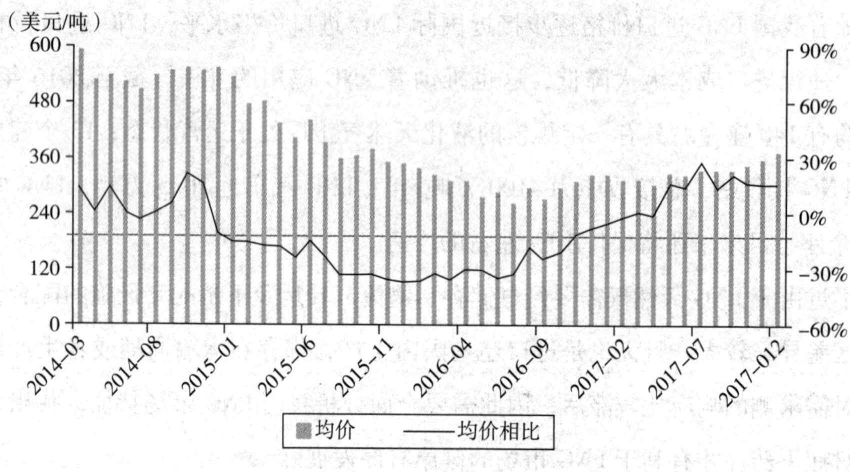

图1　我国LNG进口均价走势

数据来源：公开数据整理

（3）LNG进口量不断增大。

在经济快速发展、环境保护及产业结构调整等因素的影响下，中国天然气消费量快速增长。与此同时，LNG产业得到迅猛发展，LNG进口量增长幅度更为突出，由2007年初进口39亿立方米增至2016年进口363立方米，年均增长25.0%，如图2所示。

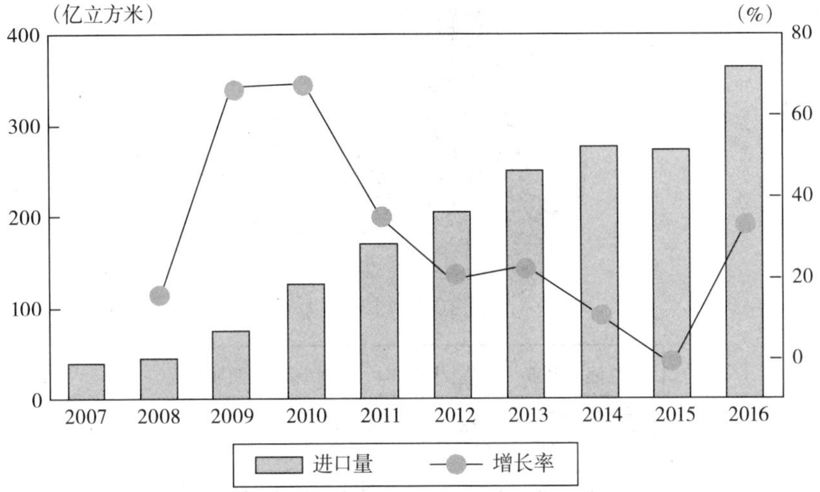

图 2 2007—2016 年我国 LNG 进口量走势

数据来源：公开数据整理

2016 年，中海油、中石油、九丰、中石化 LNG 进口量分别为 1632 万吨、565 万吨、65 万吨及 354 万吨，占比分别为 62%、22%、2%、14%。与 2015 年相比，中海油占比下降 6 个百分点外，中石油与九丰占比不变，中石化进口量占比提升 6 个百分点。（见图 3）

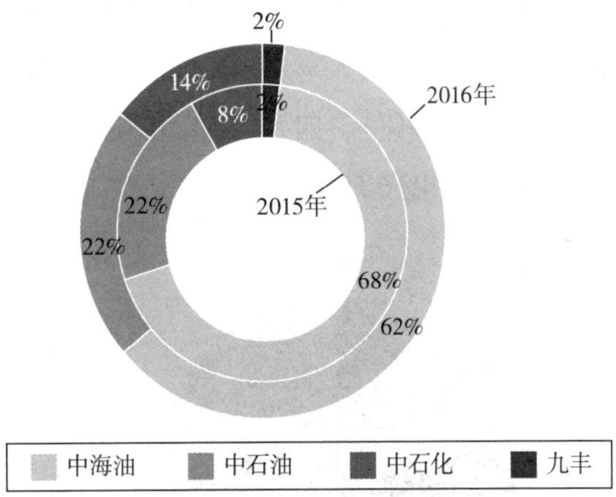

图 3 2015 年与 2016 年中国 LNG 进口量分集团对比

2016 年，中国 LNG 进口来源国共 16 个，但其中近 94% 的 LNG 进口量来自于与中国有长期合约的 5 个 LNG 进口国。其中，连续两年澳大利亚稳居中国 LNG 第一大进口国，2016 年占中国 LNG 进口总量的 46%，占比较 2015 年提升 18 个百分点。（见图 4）

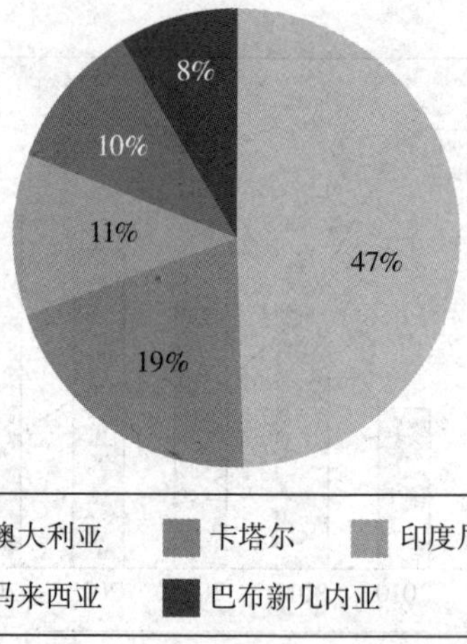

图 4　2016 年中国 LNG 进口来源国占比

2. 国产 LNG

(1) 产能、产量持续上升，开工率维持较低水平。

全国的 LNG 工厂产能和产量是处于持续上升的阶段，2016 年，中国 LNG 工厂产能较 2015 年增长 21% 至 9695 万立方米/天，产量增长 16% 至 822 万吨。2016 年，LNG 工厂产能前六位省份分别为内蒙古（20%）、陕西（18%）、山西（9%）、宁夏（8%）、河北（7%）、四川（7%），如图 5 所示。2016 年 LNG 工厂年产量，位于前七位的省份：内蒙古（191 万吨，23%）、陕西（158 万吨，19%）、新疆（91 万吨，11%）、山西（75 万吨，9%）、四川（51 万吨，6%）、河南（45 万吨，6%）、宁夏（45 万吨，6%），如图 6 所示。

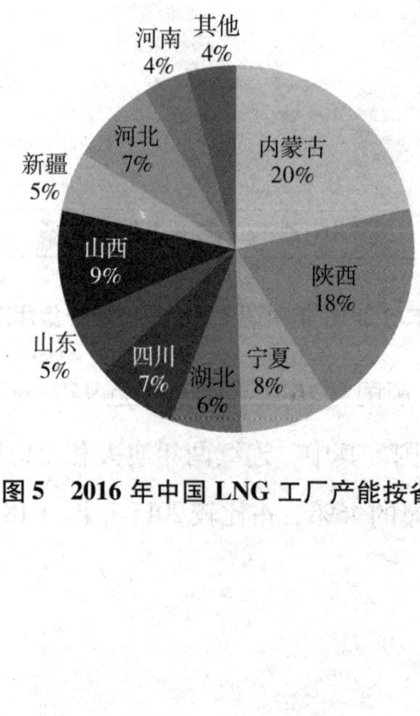

图 5　2016 年中国 LNG 工厂产能按省份分布

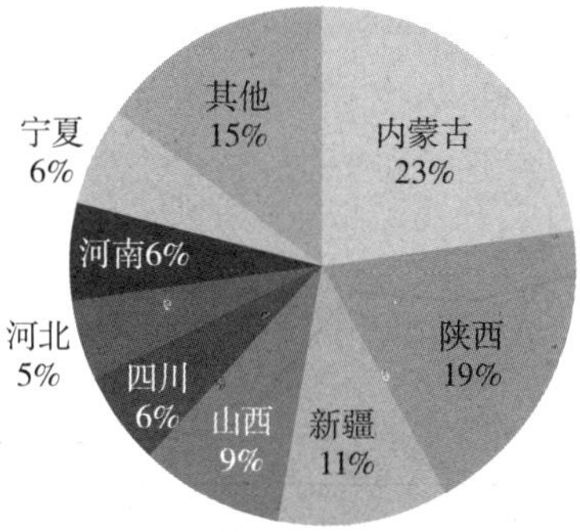

图 6　2016 年中国 LNG 工厂产量按省份分布

但与之形成对比的是，LNG 工厂开工率情况不容乐观。近两年，国产 LNG 液化工厂的年均开工率不足 40%，如图 7 所示。可见虽然 LNG 上游产能快速增长，但下游市场增幅有限，导致出现严重的产能过剩情况。

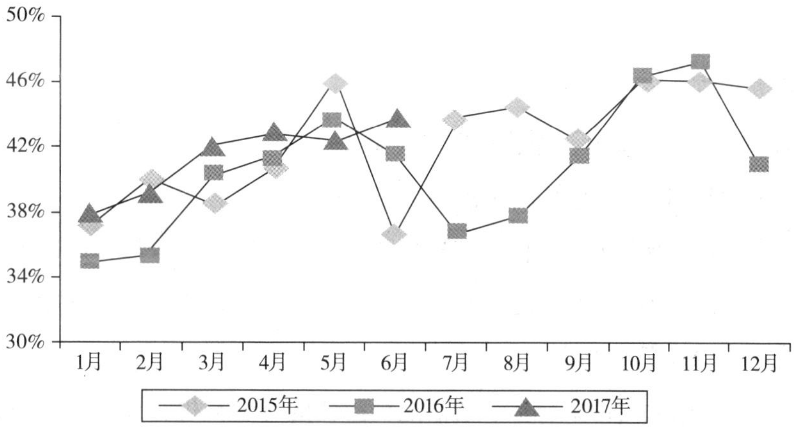

图 7　2015—2017 年国内 LNG 工厂开工率

（2）LNG 近期出厂价格维持低位。

2017 年上半年我国 LNG 市场价格小幅震荡，一季度轻微上涨后，二季度回落至 2017 年 1 月水平，约 3100 元/吨，如图 8 所示，较 2016 年市场价格有较大幅度增长，但仍显著低于 2015 年同期水平，接近 2015 年来最高价格 5100 元 /吨的一半。尽管我国 LNG 市场有一定的独立性，但在政策逐渐开放和全球大背景下，未来 LNG 上涨承压，预计也将维持低位。

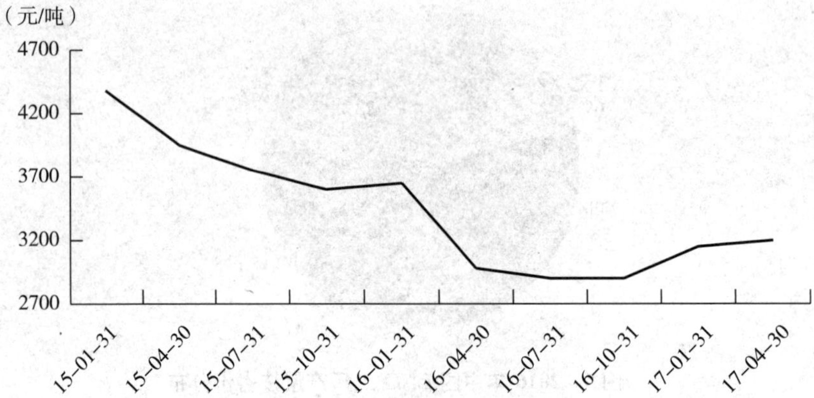

图 8　我国 LNG 进口均价走势

二、下游消费市场特征

1. 应用类型

城市燃气 LNG 用量中，随着管道气气源进一步覆盖，LNG 应用于城市管网气源的气量有所降低，LNG 的应用将重点在以下领域：

（1）中小城镇及偏远地区由于地理位置偏远，居民居住分散，居民可支配收入低等原因，短期内很难实现管道天然气的覆盖，利用 LNG 提供点到点的供应模式，这或将是未来 LNG 的重要市场。

（2）借助全国大气污染防治、清洁能源替代的有利契机，以工业用户、工业园区、煤基替代用户为主，其中对于中小城镇、偏远地区，管道燃气短期内难以供应地区，采用 LNG 点对点供应。

（3）车船用 LNG。由于 LNG 是液体，运输方便，能量密度大，汽车续行里程长，非常适合长途运输车辆的使用，燃点为 650℃，比汽柴油、LPG 的燃点高，着火点也高于汽柴油、LPG，安全性能好，因此 LNG 在车船应用上有一定优势。虽然石油价格持续走低，让 LNG 在车船应用上优势不明显，但在 2016 年环保压力之下，LNG 仍将成为开拓一个清洁能源新时代的有力臂膀。

（4）关注燃气分布式的发展，借助分布式的力量寻找 LNG 新的商机。天然气分布式能源虽然在十多年前就已经提出，但 2015 年被称作天然气分布式能源进入实质性运营的“元年”。所以分布式供能的发展即将引来一轮发展的春天。作为分布式供能的主要能源天然气也会引来一次扩大用气量的机遇，而 LNG 价格低廉，可以作为管道天然气有益的补充。

2. 应用现状

（1）管道气未通达地区的城市管网主供气源：东北、华南、西南地区部分城市在未通达管道气气源时，通常以 LNG 作为城市管网气源，该用气类型的特点是用气成本高、终端市场发育缓慢、管道气通达后 LNG 用量迅速降低。四川地区的 LNG 工厂曾经是广西、云南、贵州等地城市燃气的主供气源，以上地区的终端燃气市场居民用气比例长期维持在 50% 以上且终端价格长期维持在 4 元/立方米以上，在中缅线贯通供气后，四川地区的 LNG 工厂出货量及价格受到很大影响。

（2）城市燃气管网冬季调峰：由于城市燃气冬夏峰谷差的存在，以及管道气冬季供气能力受限，我国北方地区在冬季需要大量的 LNG 供应来满足调峰需求。

（3）车船动力燃料：出租车使用 CNG 燃料，公交车使用 CNG、LNG 或油气混合、气电混合燃料已较普遍，重卡汽车使用 LNG 燃料在西北、华北、华东地区也较为普遍，船舶使用 LNG、柴油双燃料在相关政策逐渐出台后取得快速发展。

（4）工业、发电项目单点直供：华南地区管道气气源通达较晚，且能源价格承受能力较北方强，导致大量工业、发电项目使用 LNG 气化站单点供气方式。

3. 消费量

2016 年全国 LNG 消费量约 1345 万吨，约合 5380 万立方米/天，较 2015 年增长 26.9%。其中，LNG 接收站供应量约 525 万吨，占 33.28%；LNG 工厂供应量约 822 万吨，占 66.72%。图 9 为 2016 年 LNG 应用市场的占比示意图。

宏观经济形势、汽柴油及 LPG 等替代能源价格并无太大变化，新增市场需求有限，因此，2017 年国内 LNG 市场缓慢增长。

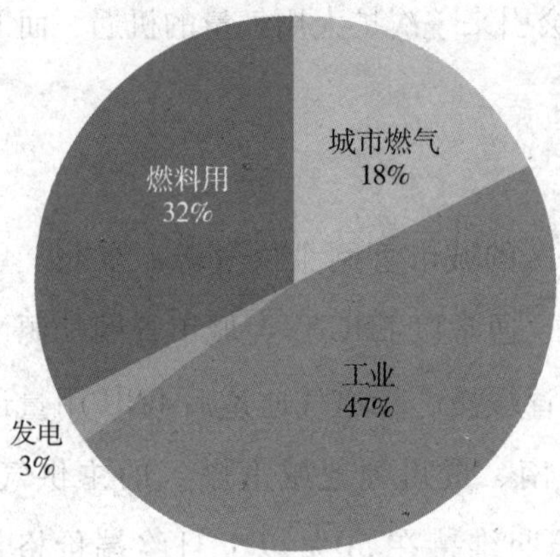

图9　LNG 市场消费类型

三、发展对策分析

1. 多途径增强天然气供需和进口灵活性

我国进口的 LNG 基本是传统的国际 LNG 贸易合约以 20 年—25 年长期“照付不议”协议为主，其价格不能及时反映真实市场需求。为了从根本上消除“亚洲溢价”现象、合理化 LNG 进口价格，在管网设施建设和第三方准入等条件成熟后，有序放开油气进口权，破除进口权上的垄断，形成以国企为主，民企参与的多主体格局，多途径增强天然气市场的灵活性。具体为：第一，主动积极寻找合作机会，构建 LNG 进口多元化格局，规避资源供应风险；第二，联合日本、韩国和印度等国，扩大上海石油天然气交易中心的国际影响力，增强亚洲地区国家的 LNG 国际贸易定价话语权；第三，加快区域天然气管网设施建设，实现区域天然气市场联通性，形成双边或多边天然气市场协调机制。

2. 建设规模化的 LNG 储运调峰设施

我国 LNG 工厂产能快速增长，进口 LNG 通过沿海的接收站大量涌入，另一方面在当前低油价的环境下，LNG 替代优势下降，下游市场增幅有限，导致国内 LNG 工厂出现严重的产能过剩、负荷率低的情况。对此应发挥 LNG 有储存优势和应急调峰能力，利用这种极强的调控能力使其在能源消费中拥有不可替代的战略地位。LNG 同比天然气压缩比是 1：600，储存空间小，在调峰过程中又可短时间加大或减少管道外输量，所以无论是储存能力还是调峰能力都优于储气库；同时，国家发改委印发的《天然气发展“十三五”规划》中指出，支持 LNG 储气设施建设，有序发展 LNG 接收站调峰，加快建立和完善城市应急储气调峰设施。因此，国家在这方面要给予相当于储气库的扶持政策，更好地发挥接收站战略储备和调峰作用，国产小型 LNG 工厂也可根据需要向调峰储气设施进行转变；地方政府也可以从地方安全供气角度，提高保障供气天数出发，给予地方企业建设储气库一定的扶持政策。

3.“煤改气”大环境下开发新的用气需求

对于下游需求侧分析，按传统的城市燃气、工业、发电、车船用气来分析我国 LNG 市场消费情况：工业燃料和发电是未来天然气增长点。在国家“煤改气”的大环境下，预计“十三五”期间，煤改气需求量为 1126 亿立方米。其中工业替代需求最大，占 47%；发电替代需求占 37%；供热替代需求占 16%。《天然气发展“十三五”规划》中指出，以京津冀、长三角、珠三角、东北地区为重点，推进重点城市“煤改气”工程，扩大城市高污染燃料禁燃区范围，大力推进天然气替代步伐。这些地区既是煤炭消费密集地区，又面临较大的环保压力，经济承受能力相对较强，是减少煤炭使用的重点地区。同时，推进 LNG 中小城镇及偏远地区的覆盖率，主要涉及中小城镇及偏远地区，改善居民燃烧煤炭的能源使用方式，逐渐实现调整中小城镇及偏远地区能源使用结构的发展目标。这在一定程度上，可以有效的提高中小城镇及偏远地区居民的生活质量，并改善周边的环境。

4. 通过 LNG 车船燃料调节缓解部分供需矛盾

国家发改委印发的《天然气发展“十三五”规划》中提出，积极支持以 LNG 为燃料的运输车辆，鼓励在内河、湖泊和沿海发展以 LNG 为燃料的运输船舶。2020 年气化各类车辆约 1000 万辆，配套建设加气站超过 1.2 万座，船用加注站超过 200 座。因此，重点推进 LNG 船舶燃料和 LNG 汽车燃料是 LNG 下游市场开发的两个主要方向，也是符合中国的环境保护和生态文明战略规划目标。鉴于当前 LNG 船舶燃料、汽车加注等企业面临前期投资巨大的问题，政府应当给予减免税费、增加补贴等政策扶持，力促 LNG 产业下游市场实现多元化发展。此外，还可开展一系列的措施，如完善气电联调机制，完善燃机用气价格体系，促进燃机用气的高效、经济、有序；发展可中断用户，并对其给予价格上的优惠；利用多气源供气格局，建立气源互助应急模式，搭建多气源调度平台，促进各气源协调发展，共保城市安全；加快推进储罐扩建工程，提高中游的缓冲能力；依托天然气交易中心开展小型 LNG 船贸易，增加市场的灵活性等。

专题三　中国独立炼厂绿色发展的战略思考

摘要：独立炼厂填补了国有炼厂油品供给的区域空缺，对我国社会经济发展及人民日常生活都有重要的意义。但独立炼厂经济发展与社会环境效益的冲突加剧，炼厂发展增加了我国环境保护的压力。本文研究分析了独立炼厂发展面临的内外部问题，希望通过加快运输管道建设、拓宽下游销售渠道、提高工艺技术水平、优化装置结构等建议的提出，为我国独立炼厂绿色发展提供参考。

关键词：独立炼厂；绿色发展；环保；战略思考

一、前言

十八大报告指出，要坚持保护环境和节约资源的基本国策，全面推进绿色、循环、低碳发展，形成节约资源和保护环境的格局。近年来，我国炼油行业发展迅速，成品油需求增速缓慢，产能严重过剩，生产过程及污染排放对环境造成的影响较为严重。为促进炼厂的发展、保护环境，政府先后放开了原油使用权、进口权及成品油出口权等政策，但我国独立炼厂在生产运行中仍面临着装置一体化程度低、布局分布不均及环保意识欠缺等问题，炼厂的发展对环境造成了威胁。独立炼厂总产能占全国总产能的1/3左右，对我国的经济发展具有重要意义。因此，为了减少油品在生产、运输、使用等过程中的环境污染，提高原料油利用率及生产效率，对独立炼厂绿色发展的研究必不可少。

我国独立炼厂绿色发展受限主要是因为炼厂利润和环境效益冲突，环保问题并没有得到炼厂的重视。王亚平对独立炼厂发展状况和制约因素进行分析，认为炼厂的健康稳定发展除了需要提高炼化一体化、拓展终端领域及市场空间，也需要政府的政策支持。周红军对我国独立炼厂"油头化尾"可能采取的原料加工路线进行分析，在资源和条件等的限制下，可以通过建立技术支持平台、差异化产品链等改变不利局势。朱春凯分析国有炼厂利润和独立炼厂利润，认为在环保、税收、油品升级等压力下，独立炼厂炼油利润改善有限。通过对现有文献分析，发现缺乏系统的有关独立炼厂绿色发展的研究。本文通过分析独立炼厂发展现状，结合炼厂在发展时所面临的问题，以绿色发展为前提为我国独立炼厂的发展提出战略性建议。

二、独立炼厂加工流程及现状分析

2016 年我国炼厂炼油总能力约为 7.5 亿吨/年，新增能力及淘汰能力分别为 2110 万吨/年、2086 万吨/年；一次加工能力为 7.5 亿吨/年，较上年净增 24 万吨/年；炼油及一次加工能力较 2015 年增幅小，其中，炼油能力指常减压装置的加工量，一次加工能力指常减压蒸馏装置的原油加工量。随着 OPEC 减产协议达成，国际原油价格上升缓慢，在 50 美元/桶上下波动，但仍低于我国大多数油田开采的盈利平衡点，促使油田继续减产，从而导致独立炼厂原料油来源受限，需要通过进口满足原油加工的需求。

1. 独立炼厂加工流程

独立炼厂早期原料油以国产原油和进口燃料油为主，但低价高硫的进口燃料油的流入造成了严重的环境污染。燃料油消费税的征收、替代能源的发展、原油进口权和进口使用权的放开，以及环保要求日益严格，使得独立炼厂对燃料油的加工量急剧下降。原料油结构多样化明显，加工原料油多以进口原油为主。

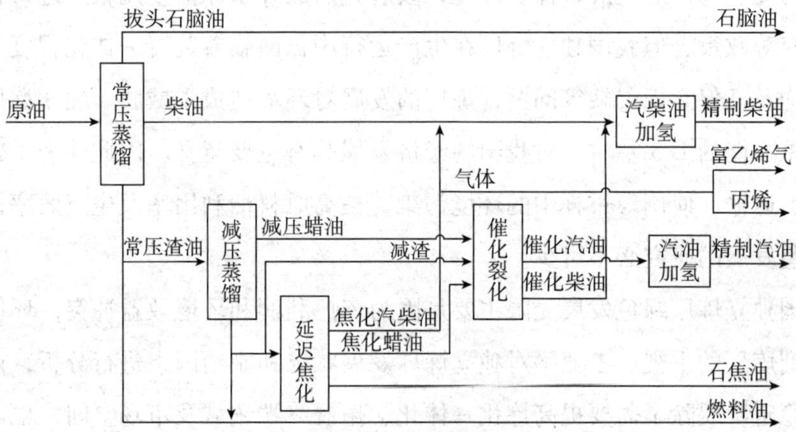

图 1　典型独立炼厂的加工流程

我国重油催化裂化和延迟焦化技术成熟，装置大多以常减压装置配套延迟焦化、催化裂化、汽柴油加氢等装置，详见图 1。原料的加工首先通过常减压蒸馏装置分离出减压蜡油、减压渣油及轻馏分；随后，通过延迟焦化装置实现重质馏分向轻质气体、油品的转化；最后，催化裂化及延迟焦化产生的汽柴油馏分通过加氢装置，实现汽柴油的精制。催化裂化装置的轻油收率较高，能产生高附加值的 C_3、C_4烯烃。随着独立炼厂一次加工能力的提高和油品质量升级的加快，配套的二次加工、深度精制装置也进一步得到提升。

2. 独立炼厂发展现状

2016 年，我国独立炼厂的总炼油能力为 2.62 亿吨/年，占全国总产能的 34.8%。在未开放原油进口权及进口原油使用权时（以下成为“二权”），我国独立炼厂原料紧缺，加工量不足，开工率长期低于40%，随着“二权”的放开，独立炼厂开工率上升到52.0%。

独立炼厂主要集中于炼油板块，对油品市场的依赖程度较高。2015 年年底，我国一次加工能力在 500 万吨/年以上的独立炼厂有 11 家，总一次加工能力为 8060 万吨/年，见表 1。其中，山东省一次产能为 1.44 亿吨/年，占总产能的 68%，陕西占 10%，东北占 8%。

表 1　一次加工能力 500 万吨/年以上的独立炼厂

序号	炼厂名称	加工能力（万吨/年）	地区
1	陕西延长石油有限责任公司	1740	陕西
2	山东东明石化集团有限公司	800	山东菏泽
3	宁夏宝塔石化集团有限公司	750	宁夏
4	山东华星石化集团有限公司	700	山东东营
5	盘锦北方沥青燃料有限公司	700	辽宁
6	东营华联石油化工有限公司	620	山东东营
7	山东昌邑石化有限公司	600	山东潍坊
8	山东万通石油化工集团	580	山东东营
9	中化宏润石油化工有限公司	570	山东潍坊
10	山东天弘化学有限公司	500	山东东营
11	中海沥青股份有限公司（滨化）	500	山东滨州
合计		8060	

2016 年，中石油与 8 家独立炼厂签订了合作协议，为独立炼厂提供高质量的原

料，并优先购买合作炼厂生产的成品油，合作炼厂以优惠价格提供成品油；中石化与山东东营市政府签订合作协议，计划通过与区内炼厂合作推动联合石化的发展。2011 年 3 月，国家发改委《产业结构调整指导目录（2011 年本）》的发布，提高了独立炼厂的进入壁垒，限制了产能落后炼厂的建设，降低了新建炼厂对于环境的潜在压力。

3. 政府政策对独立炼厂的影响

2016 年共有 13 家独立炼厂获得进口原油使用权和原油进口权，并且都进口了一定数量的原油。按照 85% 的合理开工率计算，我国炼油能力过剩 1 亿吨/年。原油进口权和原油进口使用权的放开，显著地提升了我国独立炼厂的开工率，推动了落后产能的淘汰，部分解决了独立炼厂原料来源不稳定、质量无法保证等问题，同时独立炼厂的竞争力也得到了提高。

成品油出口权的放开为国内过剩成品油的销售提供了渠道，2016 年我国共有 12 家独立炼厂获得成品油出口配额，中石油、中石化及中海油 3 家公司的汽、柴、煤油的出口总配额分别为 773 万吨、1376 万吨、1431 万吨。在独立炼厂中，中化泉州的成品油出口配额最多，汽、柴、煤油的出口配额分别为 220 万吨、175 万吨、50 万吨，详见表 2。虽然中石油、中石化、中海油及独立炼厂的出口配额均为完全使用，但可以看出：独立炼厂的规模一定程度上限制了其进一步发展。

表 2　2016 年成品油出口配额　（单位：万吨/年）

产品	中石油	中石化	中海油	中化	弘润石化	东明石化	其他	总计
汽油	485	258	30	220	30	18	35. 5	1076. 5
柴油	480	804	92	175	15	3	17	1586
石脑油	0	0	0	5	4	0	0	9
煤油	335	1058	38	50	0	0	3	1484

数据来源：金银岛资讯

三、独立炼厂绿色发展的主要问题分析

当前，我国独立炼厂绿色发展的过程中还存在一些问题，例如炼厂产业链条较短，深加工能力受到限制，生产时无法充分利用原料、提高产品附加值，能耗相对较高；产销一体化水平低，规模不经济增加环保压力；油品质量升级压力大，运输

方式有待改进；企业缺乏有效监管，全产业链环保意识有待提高。上述问题的存在阻碍了我国独立炼厂的绿色发展。

1. 深加工产业链延伸不够，高附加值产品较少

独立炼厂产业链条延伸不够，原料油的加工主要通过常减压、催化裂化及加氢装置，其中70% ~80%的产品为成品油，高附加值的产品较少。加工原料多为进口燃料油，2011 年及 2012 年燃料油进口量约为 2680 万吨，达到进口量的最高点，详见图 2。随着进口燃料油高额消费税的征收，降低了炼厂进口燃料油的积极性。原油进口使用权和进口权的放开为炼厂获得较低价高质原油提供了渠道，2012 年到 2016 年仅仅 5 年的时间，我国燃料油表观消费量由 3882. 2 万吨降至 2697. 1 万吨，见图 2，同比下降了近 30. 5% 。虽然原料油的品种增多、品质得到改善，但部分炼厂装置的原料适应性低，原料油利用率有待提高。

我国独立炼厂一次常减压装置的加工能力相对较低，占一次常减压装置总产能的 24. 6% ，缺乏相应的重整及深加工装置。国家油品质量升级规定推动了部分炼厂生产装置的调整，加强了重整装置的投建，一定程度上提升了油品的深加工能力及化工产品生产能力。但独立炼厂产业链条较短，深加工配套装置及技术有待完善，缺乏如 PX、PTA、乙烯裂解等化工产品的生产，导致独立炼厂对油品市场的依赖程度较高，原料使用率、产品附加值及深加工能力有待提高。

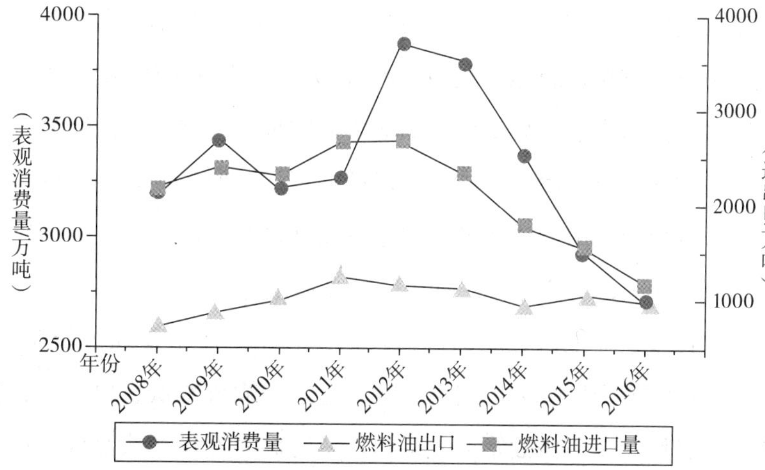

图 2　2008—2016 年我国燃料油进口量

数据来源：国家能源统计局

2. 产销一体化水平较低，规模经济效益有待提高

独立炼厂产销一体化水平低，抗风险能力弱。独立炼厂的经营相对国有加油站来说灵活性更高，可以根据国际油价变动快速调整产能、批发价格，保证自身利益的最大化。成品油批零价差较高，相对炼油板块成品油零售环节利润更大，汽油零售利润最高可达2000元/吨，柴油较低维持在800—1000元/吨。只有少数独立炼厂涉足成品油零售并具有一定规模。据金银岛数据显示：京博石化拥有下属加油站120个，万通石化80个，东明石化、华联石化及鲁清石化各30个，多数炼厂的业务停留在油品批发环节，产销一体化水平、盈利水平受到限制。

多数炼厂规模相对较小，规模经济很难实现。相对大型炼厂来说，小规模炼厂购买大型清洁装置的能力相对较弱。即使购买了清洁装置，由于独立炼厂规模普遍较小，油品的单位清洁成本及质量升级成本更高。所以，独立炼厂的规模不经济增加了环保压力。原油进口使用权和进口权的放开加快了独立炼厂的“两极分化”，即少数炼厂加快淘汰落后产能，加快装置重整，获得高品质原油，竞争力显著提升；其他炼厂因缺乏资金和技术支持，油品质量升级阻碍大，无法获得进口原油，市场退出威胁大。

3. 油品质量升级成本巨大，运输方式有待改进

环境保护部发布的《中国机动车污染防治年报（2013年）》中指出，2013年我国重型柴油车数量仅占汽车保有量的5.6%，但其NO_X（氮氧化物）和PM（颗粒物）的排放量分别占汽车总排放量的67.4%和78%，其中63%左右的柴油用于交通运输业。所以，油品质量升级要积极推动柴油质量的改进。油品质量升级有利于提高车辆尾气清洁度，减少污染物排放。但独立炼厂在原料、资金、规模及技术等方面的约束，很难承担使用清洁技术、改造油品升级装置所带来的高成本，一定程度上限制了高品质油品的生产能力，加大了油品质量升级的压力。

独立炼厂多位于内陆地区，原油进口及消耗过剩产能主要通过长距离的铁路、公路运输，成本高、安全风险大。相比之下，管道运输成本低、效率高，目前已建成管道有3条，日照—东明原油管道、莱州—昌邑输油管线（成品油、原油输送管道），及黄岛至潍坊重质原料管道，输送能力分别为1000万吨/年，1300万吨/年，及1500万吨/年，但已建成管道的输送能力有限，无法满足现有油品的输送。

4. 政府监管有待加强，全产业链环保意识有待提高

近两年来，我国多地持续出现雾霾天气，对人民群众的身体健康构成严重威胁，政府油品质量升级、原油进口权及使用权、成品油出口权等政策的颁布，主要是通过推动独立炼厂大型化发展、改变原料种类等方式，淘汰落后产能，提高原料油利用率，降低生产过程污染物排放，从而促进我国炼厂的绿色、低碳发展，加大环境保护力度。但是，部分炼厂缺乏环保意识，清洁技术不够先进，很难从根源上解决环境污染问题。

企业排放监管有待加强，全产业链环保意识有待提高。独立炼厂的建立有利于提高当地政府的财政收入，增加就业岗位，带动当地 GDP 增长，以至于部分地方政府在油品质量、污染物排放等监督过程中，缺乏有效的监督及引导，一定程度上降低了炼厂节能减排的积极性，削弱了政府政策效力的发挥，最终大幅度增加了环境保护的压力。加上环保意识不到位，炼厂从原油品质、加工过程、污染物处理、油品销售等过程中，存在资源浪费、污染物排放不合格等问题。

四、绿色发展对策建议

为保证我国独立炼厂的绿色发展，应从炼厂绿色发展的角度出发，从战略层面思考，正确处理独立炼厂经济效益和环境效益间的关系，并从三个主要方面提出相应的发展建议：第一，独立炼厂外部条件（运输、销售）及内部生产条件（装置、技术）的改进；第二，政府对独立炼厂的监督及引导；第三，政府、独立炼厂与消费者间的关系，即政府引导消费者进行绿色消费，消费者的行为反过来影响独立炼厂的生产方式及产品质量。本文主要从第一、第二方面，简要分析政府、独立炼厂与消费者间的关系。

1. 加快运输管道建设，拓宽下游销售渠道，提高独立炼厂竞争力

我国独立炼厂大多处于炼油阶段，而国内炼油产能严重过剩，仅靠炼油炼厂的盈利空间十分有限。为降低营运成本，提高炼厂收入，加快运输管道建设、差异化生产、加大终端加油站的合作力度势在必行。

加大运输管道建设、生产差异化产品是提高独立炼厂的竞争优势，实现绿色发展的有效方法之一。管道运输成本低，运输过程中的风险小，更加环保。同时，为

提高炼厂的竞争优势，依据当地市场需求生产特定的化工产品，或加大与终端加油站的合作力度，拓宽下游销售渠道，推动产业链走低碳发展道路。炼化一体化可以提高炼厂的盈利空间，有利于降低生产过程中的能耗，在提高原料利用率的同时减轻炼厂生产过程中的污染物排放总量，还可以利用化工产品的销售提高炼厂的收入来源；以低碳生产为原则，依据炼厂所在地区或周边省市的石油及化工产品的需求，生产特色的产品。加快运输管道建设，拓宽下游销售渠道，以低碳生产为原则开发具有当地特色的产业链，可以避免独立炼厂之间进行恶性竞争，提高独立炼厂的竞争力，实现从可持续发展向绿色可持续发展的转变。

2. 优化装置结构，引进先进技术，提高炼厂的资源利用率

生产技术及生产装置落后、原料利用率低、生产装置与原料性质不匹配等因素，限制了独立炼厂的原料利用率，加大了产品的单位生产成本，超清洁油品工艺、异构重整等技术水平有限，导致无法充分挖掘产品附加值，造成了资源浪费。

优化装置结构、引进先进技术，是独立炼厂充分利用资源、减少污染物排放的重要前提，并有利于深加工能力的提升。随着原料油质量的提高，轻油比例上升，可以通过优化装置结构，提高装置的原料适用性，有利于油品收率的提高。先进技术包括油品清洁工艺技术、连续重整技术等，先进技术的引进可以提高资源的使用效率，生产出清洁的产品。独立炼厂在引进先进技术、工艺，及使用新装置方面具有更大的灵活性及优势：一是工艺技术的使用不需要经过层层审批，可以更早地进行技术革新；二是可以根据市场情况灵活调整生产成本，如人工成本、投资成本等。所以，独立炼厂提高自身工艺技术水平、优化装置结构，不仅可以满足产品升级的规定，实现资源的充分利用，还有利于收益水平的提高。

3. 严格炼厂全产业链监管，政策引导炼厂差异化发展，提高炼厂的社会责任意识

单独依靠国家政策淘汰落后产能、推动炼厂绿色生产，效果十分有限，加上地方政府与独立炼厂之间存在一定的利益关系，对炼厂污染排放及油品质量的监控不够严格，导致出现部分炼厂污染排放物和排放量不达标及油品质量不合格等情况。

针对以上情况，政府应加大对炼厂全产业链的监管力度，严格监督生产过程中污染物的排放，加大油品质量的监测力度，保证生产过程的清洁及油品质量的达标。同时，政府还可以通过政策引导独立炼厂差异化发展，推动公平经营环境的形成，

为具有精细化、专属化学品转型潜力的炼厂提供资金或技术支持，并针对其生产过程中存在的问题提出具有针对性的建议，促进独立炼厂的绿色发展，提高炼厂的深加工能力及加工效率，实现生产过程的低碳、低排放。政府应为独立炼厂的高层管理人员及员工提供企业与环境和谐的相关知识，提高炼厂员工的环保意识和社会责任意识，激励炼厂员工积极主动地为炼厂和环境的和谐做出努力。例如，炼厂可以采取淘汰落后产能、生产高标号的汽柴油、提高原料品质等方式，减少炼厂生产过程中污染物的产生。同时，消费者行为对企业的生产方式、产品质量等都将起到一定的影响，应引导绿色消费，通过消费者的自我约束来促进炼厂的绿色发展。

五、结论

原油进口权及进口使用权的放开，使我国独立炼厂的原料问题得到了解决，增加了优质原料油的来源，独立炼厂的开工率大幅度提升，炼油行业竞争更加激烈。政府环保监控的加强和相关法律法规的颁布，推动了炼油企业的优胜劣汰，加剧了炼油行业的竞争，加大了独立炼厂装置优化及油品升级的压力。独立炼厂的发展首先应处理好炼厂利益和环境效益间的关系。

我国独立炼厂的绿色发展，需要政府、独立炼厂和消费者间的配合及努力。首先，独立炼厂可以通过建设运输管道和拓宽下游销售渠道，降低运输成本、保证油品销售，提高炼厂盈利空间；其次，独立炼厂可以通过优化装置结构，引进先进技术，提高独立炼厂的规模效益及深加工能力，实现资源充分利用；政府通过严格炼厂全产业链监管，加大生产过程中污染排放量的监控，政策引导炼厂差异化发展，提高炼厂的社会责任意识，保证炼厂绿色发展。最后，政府应引导消费者进行绿色消费，通过消费者行为影响独立炼厂的生产方式及产品质量。

专题四　独立炼厂成品油营销的战略思考

摘要：两权放开后，独立炼厂的原油加工量、开工率、成品油产量等大幅提升，成品油市场供给过剩。2017 年第二季度以来，为争夺成品油市场份额，由两大主营炼厂发起，独立炼厂等多主体参与的成品油价格战愈演愈烈。浙江石油集团和山东炼化集团也形成成品油市场的重要竞争力量。多重因素导致成品油销售成为市场竞争的焦点。而独立炼厂的成品油销售主要依靠央企外采，这种渠道单一且盈利水平低的营销模式不利于市场份额的获取和长期发展，成品油营销成为独立炼厂发展的瓶颈。因此，研究如何增强独立炼厂成品油营销能力，进而提高独立炼厂的盈利水平和竞争力尤其重要。本文阐述了独立炼厂的发展现状和营销模式，运用 PEST 模型对独立炼厂所处宏观和产业环境进行分析，剖析了独立炼厂成品油营销存在的问题，并提出相关建议。

关键词：独立炼厂；成品油营销；战略

独立炼厂指中国石油、中国石化、中国海油、中国化工集团、中化集团等国有体系之外的炼厂。独立炼厂的初始资本为民营资本或地方国资，经营模式一般为自产自销。随着我国炼油行业的迅速发展和石油市场化进程的加快，独立炼厂成为中国炼油行业发展的一个重要力量。2017 年，浙江石油集团和山东炼化集团先后成立，两大集团通过整合，炼化规模和未来销售终端的数量都对中石油和中石化下游产生巨大挑战，导致成品油市场的竞争日渐激烈。

一、中国独立炼厂的发展现状

2017 年，中国经济企稳向好，且经济发展好于预期。获得原油进口权及进口原油使用权（以下简称“两权”）后，独立炼厂数量不断增加，国内炼油能力也由近两年的停滞进入增长轨道。其中山东是国内独立炼厂数量最多、分布最为密集的地区。西北、华北、东北等地区独立炼厂数量也较为可观。独立炼厂投资扩能改造升级步伐加快，引入大量新技术、新工艺，加工能力和产品质量也有大幅提升。

（一）独立炼厂的发展现状

独立炼厂近年来发展迅猛，从炼油能力、开工率和原油加工量、成品油产量等规模来看，独立炼厂具备了追赶中石油、中石化、中海油的能力，成为中国炼化行业的重要力量之一。

1. 炼油能力显著提升

2015 年之后随着“两权”放开，一些独立炼厂加快淘汰落后产能，进行装置重整，获得高品质原油和进口原油使用权，独立炼厂常减压装置产能利用率出现大幅提升，总产能再攀高峰，竞争力显著提升。

2014 年，独立炼厂的炼油能力仅占全国炼油能力的比重为 20.7%，2015 年，独立炼厂炼油能力占比达到 26.8%。2016 年我国炼油能力达到 7.56 亿吨，独立炼厂炼油能力为 2.29 亿吨，占比 30.3%。2017 年独立炼厂的炼油能力增加了 1760 万吨。以山东省为例，2017 年，山东独立炼厂综合炼油能力不断增加，其中一次常减压产能 16555 万吨/年，全国占比 20.34%。

2. 开工率和原油加工量持续增长

在未放开“两权”时，我国独立炼厂原料紧缺，加工量不足，开工率长期低于 50%。2015 年独立炼厂随着独立炼厂原油进口配额放开，以及成品油地板价保护政策，开工率呈持续提升态势，产量开始不断增长。独立炼厂开工率从 2014 年的 38% 上升至 2016 的 52%。2017 年独立炼厂开工率接近 60%。2017 年山东独立炼厂开工率创历史新高，达 62.28%。

2016 年我国独立炼厂原油加工量为 11444.5 万吨，占到全国的 21%。2017 年独立炼厂的原油加工量也超过全国 20%。

3. 成品油产量大幅提高

原油加工量与开工率的不断提升，导致成品油产量的不断增加。2016 年独立炼厂汽柴油产量为 8405 万吨，同比增长 35%。2017 年独立炼厂的产量份额达到全国的 21.5%，2018 年预计达到 23.6%。

以山东独立炼厂为例，2016 年，山东独立炼厂汽油产量达到 2320. 79 万吨，同比增加 587. 04 万吨，增幅为 33. 86%；柴油产量达到 3959 万吨，同比增加 1068. 64 万吨，增幅为 36. 97%。2017 年，山东独立炼厂成品油产量进一步增加，全年汽油产量 2669. 13 万吨，柴油产量 4640. 53 万吨，合计 7309. 66 万吨，环比增幅达 16. 4%（见图 1）。

	2013	2014	2015	2016	2017
汽油	1127.50	1581.67	1733.75	2320.79	2669.13
柴油	2420.89	2731.26	2890.33	3958.97	4640.53

图 1　山东独立炼厂 2013—2017 年的汽油、柴油产量（万吨）

数据来源：卓创资讯

（二）销售渠道与模式

随着“两权”的放开，独立炼厂的成品油产量大幅增加。产量规模提升后，需要销售渠道的支撑才能实现独立炼厂效益的增长，因此，独立炼厂越来越重视其销售渠道的建设，并在销售模式方面不断有新的尝试。

1. 自有加油站零售体系布局加快

成品油零售是市场竞争的最前沿，随着经济的发展和成品油市场的开放，市场份额的竞争主要来自于零售市场，竞争激烈程度超过成品油批发市场。成品油的零售量在整体销量中的比重不断提高，零售业务的发展是一种强大动力。

近两年，我国独立炼厂已开始重视销售终端的建设问题，通过新建加油站、收购私营加油站等方式加快销售终端的建设，同时通过价格优惠、积分换礼等形式进行宣传，抢夺市场资源。以山东省为例，山东独立炼厂在炼化规模提升、产量增长的同时，也加快横向布局终端零售体系的步伐。京博石化、万通石化、东明石化等炼厂加油站发展迅速，且将终端加油站零售作为重点发展方向之一。联盟石化也通过与民营加油站合作，增加炼厂油品的终端销售网点。

但因为历史原因等，山东独立炼厂通过自营、租赁、加盟等经营方式，所拥有的加油站数量目前仅500余座，占全国的0.5%。2017年中石化终端零售量占比近7成，独立炼厂通过自有终端零售量占比仅不足2%。因此，现阶段独立炼厂在加油站终端方面表现仍较为薄弱，进而限制了独立炼厂成品油的销售。

2. 向终端用户供油

终端用户由于需求量较大，且需求稳定，多由炼厂油品直供，减少了中间贸易环节，降低了操作风险，同时，终端用户能获得更为优惠的价格。所以，近几年，独立炼厂与终端客户接触日益密切，独立炼厂终端用户比例大幅提高。2015年，山东独立炼厂的终端用户已占到其油品销售的33%。

3. 向民营加油站和央企批发成品油

由于独立炼厂企业拥有的零售终端非常少，成品油更多通过批发方式，经贸易商多次转卖进入零售渠道。其成品油很大一部分通过央企外采方式进入央企成品油销售企业，以弥补主营炼厂炼油能力上的不足。一小部分批发给炼厂民营加油站。2016年，中石油与8家独立炼厂签订了合作协议，优先购买合作炼厂生产的成品油，合作炼厂以优惠价格提供成品油；中石化与山东东营市政府签订合作协议，计划通过与区内炼厂合作推动联合石化的发展。同时，批发方式中，线下批发占到绝大部分。且在油品运输方式中，主要依靠成本较高、运量较小的槽车。

4. 成品油出口

成品油出口配额是独立炼厂开拓海外市场的重要渠道，当前国内炼油产能过剩而成品油需求整体放缓，供大于求矛盾愈发尖锐在争取国际市场平台的同时，也满足了国内市场的需求。2016年，共有11家独立炼油厂获得成品油出口配额151.5万吨。2016年独立炼厂实际成品油出口量为73万吨，占到其年度成品油出口配额的一半左右。2017年5月，国家关闭独立炼厂出口的大门。在2018年首批一般贸易成品油出口配额中，独立炼厂成品油出口配额也并未提及。

同样，由于成品油管道建设的落后，炼厂至码头多无成品油管道，直接导致成品油物流成本的增加。

二、独立炼厂的PEST分析及成品油营销存在问题分析

独立炼厂的发展和营销战略受多方面因素的影响，在宏观环境下，国际上和国

家的政策变化，经济全球化、信息化和技术不断的革新等等，随时需要独立炼厂根据变化而不断调整其经营战略。经过分析可以发现独立炼厂现有成品油营销中心存在的一些问题，并且对问题深入剖析后提出进一步的改进方向和建议。

（一）PEST 分析

PEST 分析是指宏观环境的分析，P 是政治（Policy）因素，E 是经济（Economics）因素，S 是社会（Society）因素，T 是技术（Technology）因素。对上述四个因素进行分析，有利于认识环境因素对独立炼厂发展的影响，并有助于制定其发展战略。

1. 政治环境

能源行业由于其特殊性，受政治环境因素影响很大。近几年，国家相关政策对独立炼厂的快速发展起到很大的推进作用，同时，也为独立炼厂的发展带来挑战。

“两权”放开，表明国家支持独立炼厂的发展。独立炼厂充分利用到了国家的利好政策，原油进口量大幅增加，开工率和原油加工量、成品油产量都大幅提升。这对独立炼厂提升在成品油市场的竞争能力尤为重要。

但也有一些政策，对独立炼厂的发展并不利。2017 年，第一批加工贸易成品油出口配额并无独立炼厂身影，独立炼厂的成品油销售受到较大影响。2017 年 5 月，国家发改委停止接收有关原油加工企业使用进口原油的申报材料，对独立炼厂成品油生产的持续稳定性带来影响。

近几年，国家的环保、产品质量方面的核查更趋严格，一定程度上加大其运行成本。同时，消费税的连续上调，增加其税收负担。2018 年 1 月，国家对消费税、增值税的收费标准、缴纳的合法性进行严加监管。这将使整体经营情况还不够规范的独立炼厂的收益受到影响。

2. 经济环境

经济环境是指经济发展的总概况，国际和国内经济形式及经济的发展趋势，企业所面临的产业环境等。

2017 年，中国经济增长韧性较强，工业、交通等领域出现回暖，经济发展好于预期，国内生产总值增长 6.9%。经济的发展拉动成品油消费增长，全年消费量约为 3.25 亿吨，较 2016 年增长 3.2%。同时，经济结构转型、房地产市场调整、环保力度加大、替代能源发展等因素，对成品油终端消费带来影响。如政府对共享经济的鼓励，以及共享交通领域逐步规范，预计2020年共享出行将抑制汽油消费400万吨，“十三五”期间汽油消费增速将从原先预判的4.3%降至3.5%，对中国汽油需求带来一定的负面影响。

3. 社会环境

任何企业都处于一定的社会文化环境中，企业的战略必然受到所在社会的影响和制约。因此独立炼厂在关注利润的同时，也要考虑社会文化因素，担负起社会责任和义务。

十八大报告指出，要坚持保护环境和节约资源的基本国策，全面推进绿色、循环、低碳发展，形成节约资源和保护环境的格局。近年来，我国炼油行业发展迅速，成品油需求增速缓慢，产能严重过剩，生产过程及污染排放对环境造成的影响较为严重。

独立炼厂近几年也淘汰落后产能，加快装置重整，获得高品质原油，通过原料及工艺的改进，提高原料油利用率，降低生产过程污染物排放，加大环境保护力度，促进炼厂的可持续发展。

4. 技术环境

近年来，独立炼厂竞争力提高的一个重要因素就是技术创新，通过淘汰落后产能、装置重整等促进油品升级改造，进而通过高品质产品抢占市场。同时，国家大力推广乙醇汽油，到2020年，在全国范围内推广使用车用乙醇汽油，基本实现全覆盖。也促使独立炼厂不断提高炼化技术。

国家“互联网+”战略实施后，大数据、云计算等创新技术对油品经营方式也产生了深刻影响，逐步形成了“互联网+油品”的新方式，降低了交易成本，提升了交易效率。此外，互联网消费的快速增长，促进了电商、物流等行业发展，加大了对成品油的消费需求。再以加油站为例，在以用户为核心的互联网新业态下，加油站不再是传统的买卖场所，而是加油员与消费者交流的平台，快捷加油、便利购物成为主流消费模式；互联网的迅猛发展推动整个社会的万物互联，车与加油站的无缝链接。

（二）成品油营销存在的问题

1. 供过于求及政策的不稳定性增加传统销售模式的压力及风险

“两权”放开，炼油产能增加，需求缺乏强劲增长，导致成品油市场整体供大于求，对成品油销售本身就是短板的独立炼厂带来更大的销售压力。同时，成品油大部分销售终端依然牢牢地掌握在中石油、中石化两大国营企业手中，因此，独立炼厂想要增强销售能力，提高市场份额并非易事。

国家政策的不连续性，也会加大独立炼厂的经营风险。2017 年商务部暂停对独立炼油厂发放成品油出口配额。使得成品油出口配额仍然基本集中于中石油、中石化、中海油与中化集团等央企手中。国家发改委停止接收有关原油加工企业使用进口原油的申报材料，打乱了一些独立炼厂的经营计划，对独立炼厂成品油生产的持续稳定性带来影响。

2. 成品油销售渠道较为单一，管道运输缺乏

一直以来，独立炼厂更注重生产，而没有花更多精力去完善产业链布局，导致销售环节薄弱，尤其是终端销售环节较为薄弱成为其发展的瓶颈。大部分独立炼厂的成品油通过中石油、中石化的销售网络进行销售。但当市场出现波动，易造成库存积压，从而对成品油售价带来间接影响。例如，当国内经济发展缓慢，成品油消费增速下降，中石油和中石化仅自营炼厂即可满足市场需求，甚至超过市场需求时，会大量减少或者停止对独立炼厂的油品采购量。这将造成独立炼厂油品库存的积压，而为了消化库存，势必通过大幅度的价格优惠，这将对其盈利能力带来影响。

如前所述，目前独立炼厂的成品油输送方式主要通过槽车来运输，运量小，成本高，风险大，而更为经济、安全、高效的成品油管道运输能力非常有限，也是制约其成品油销售发展的一大问题。

3. 销售终端缺乏，成为制约其发展的瓶颈

独立炼厂长期以来缺乏成品油销售终端，导致其在竞争激烈的成品油市场中，销售压力增大。未来，随着炼油规模的继续扩大，产能持续过剩，如果终端销售网络无法与生产规模相匹配，此问题将成为其发展的最大瓶颈。

以山东省为例，中石化、中石油分别拥有加油站 2600 余座、1000 余座，民营加油站约 6000 座，独立炼厂自有加油站仅 400 余座。除京博石化拥有约 200 座自营加油站外，东明石化、万通石化各拥有 70 座左右，其余几家独立炼厂只有零星加油站。独立炼厂加油站多位于乡镇及偏远位置，实际经营效益并不理想。

4. 品牌影响力较弱

多年以前，独立炼厂受制于原料与装置，成品油品质参差不齐，曾发生过多起

质量纠纷，诸多下游客户放弃独立炼厂而选择价格高但质量有保证的主营炼厂油品。直至目前，虽然独立炼厂的油品质量已有很大的提升，且大量供应中石油和中石化，但由于消费心理的影响，部分下游客户对独立炼厂印象与认知依然停留在劣质油的层面上，同时，服务的标准化和管理的规范化不到位，以及经常采取价格战这一竞争策略，也会影响消费者对其品牌形象的认知。而随着竞争的不断加剧，消费者的选择余地更大，品牌信誉显得愈发重要。

5. 内部管理问题突出、缺少专业化人才

成品油营销活动的开展最终需要通过人来推动。我国大部分独立炼厂因销售渠道的单一化及多年来的对成品油终端销售的布局缓慢，缺乏大量专业化人才，尤其是精通市场与营销的人才，限制了其成品油营销活动的开展。同时，独立炼厂没有国有石油公司严格完善的人才招聘、培训、考核制度等，且人员流动性大，势必影响其成品油营销活动的开展。

由于品牌影响力较小，再加上自身的经营管理能力的限制和人才的缺乏，在市场竞争中，难以形成鲜明的竞争优势。

三、独立炼厂油品销售的战略建议

2018 年独立炼厂原油配额将大幅增长，成品油资源过剩，成品油市场竞争将加剧。商务部已发文，明确 2018 年原油非国营贸易进口允许量为 1.4 亿吨，较 2017 年增长 62.6%。同时，以浙江恒力为代表的大炼油项目建成，预计独立炼厂将实现原油进口、原油加工量、汽柴油产量、市场份额的“六连增”。在此市场预期下，同时结合独立炼厂成品油销售存在的问题，提出以下建议。

（一）国家政策应保持连续性

保持政策的连续性和稳定性对于促进市场平稳健康发展、防范风险具有至关重要的作用。在目前国内炼油产能过剩的情况下，配额管理政策制约了国内成品油出口的灵活性，既不利于炼厂维持较为经济的加工负荷，也不利于缓解油品供需矛盾。所以，需保持进口配额和成品油出口国家政策的连续性。

前面提出，独立炼厂销售渠道单一，主要依靠主营企业的外采，零售终端布局不足。但零售终端的布局需要一定的时间积累，同时，国内市场的竞争又日趋激烈。

因此，出口也是独立炼厂的一个较为理想的出路。因此，考虑到市场背景和竞争状态，为促进炼油行业的稳定持续发展，政府政策也需稳定持续。

（二）以提升油品质量为前提，结合价格优势进行竞争

独立炼厂可以进行联盟，联合起来具有规模优势。在联盟内部，实现集中采购、一致谈判、统一价格、集中结算、集中贷款、按各自配额分量使用，从规模、品牌、渠道、价格、管理等方面取得发展。

独立炼厂通过打造独特品牌燃油的营销策略，抢占高端油品市场，扩大油品销售市场占有率。采取包括提高油品品质、提升服务的标准化等灵活而具有针对性的营销手段，而非仅注重价格战，以提升自身的品牌形象和竞争优势。可以针对不同类型的顾客采取不同的营销方式，对于流动客户，主要通过加大品牌形象的宣传，并通过进一步的优质服务转化为固定客户。对于固定客户，以价格优势和标准化、优质的服务保持在顾客心中的良好形象。

（三）不断加大市场开拓力度，通过大力发展电子商务拓展自身销售渠道

在经营中引入互联网的核心在于提高效率，降低成本。借助于互联网，可以提升信息化技术和管理水平，促进利润增长；也可以快速与下游加油站建立黏性关系。通过互联网可以实现以低成本为顾客提供便利的服务，能够提升服务的优质化、标准化，能有效提升独立炼厂的品牌形象，拓展自身销售渠道，提升竞争力。

（四）加强加油站网络和管道建设、拓宽下游销售渠道，提高独立炼厂竞争力

独立炼厂自建加油站网络的优势是可以节约成本，油品质量可靠，油品供应稳定。运行管理机制灵活，一旦决策层做出决定，执行层就可以按程序进行推进。其中发展较好的突出代表为京博石化。同时，利用已经成立的山东独立炼厂集团，通过统一品牌、统一资源、统一品质、统一价格、统一形象等，将各个独立炼厂进行整合，协同进行加油站网络的开发和建设，将是可取之道。

管道运输成本低，运输过程中的风险小，更加环保。所以，成品油输送的管道建设虽然成本高昂，但也需通过战略布局，加快建设。作为独立炼厂代表的山东省，目前已启动成品油管道建设的规划。“十三五”期间，山东独立炼厂共有 6 条成品油管线正在规划建设，建成后，年输送汽柴油将达到 4000 万吨，管线运输具有低损

耗、运费低的优势，且一旦建成，未来山东独立炼厂成品油运输格局或将改变。

（五）开启国际化发展布局，积极探索与国外企业全方位合作的发展道路

2017 年，中国政府发布《能源发展“十三五”规划》，强调要坚持推进深层次的行业体制市场化改革，发挥市场在能源行业资源配置、调整中的决定性作用。近年来，尽管国家已逐步实现对原油进口权、使用权及成品油出口权的放开，但独立炼厂一直以来受困于终端销售网络限制，在资源供过于求的市场形势下，产品销路成为企业发展的最大掣肘，寻求国际化合作，探索国际化发展道路以成为独立炼厂谋求生存和发展的又一必然趋势。

现在一些炼厂已经开始了国际化发展的战略布局，2017 年 12 月份，由 16 家山东独立炼厂企业联合出资的山东炼化能源集团公司正式成立，公司将围绕投资高端产业项目、盘活成员企业存量资产、国际贸易和国际投资四方面开展业务。恒源石化以 4.23 亿元人民币收购壳牌马来西亚炼油有限公司 51% 股权；岚桥石化收购澳大利亚西部能源公司；东明石化在国外与卡塔尔、BP 签订了战略合作协议；天弘石化与 BPIST 贸易公司签署原油进口及来料加工的战略合作协议。

（六）加强销售人才队伍建设，建立营销管理模式

人才是企业成功的关键和核心。独立炼厂要深刻地认识到人才战略是实现全面战略的重要保证。独立炼厂要培养和拥有一批高素质人才队伍。独立炼厂需要建立培养人才、吸引人才、激励人才、留住人才的体制机制，畅通员工升迁发展渠道，做到培养和使用相结合。

大多数独立炼厂存在管理能力薄弱、培训不够完善、员工意识差等原因。因此应当强化业主管理意识，建立培训和考核制度，培养专业的管理人才，最终建立一套完善的管理制度。高效实现成本控制，油品质量控制，员工绩效考核和激励，数据分析及数字营销等一系列经营管理措施。

四、结论

在国家进口原油使用权放开后，山东独立炼厂在生产、经营等方面取得令人惊叹的成绩。国家政策对独立炼厂态度的转变以及炼厂原料供应环境的改善，极大地

鼓舞了山东独立炼厂的生产积极性。当前国内下游市场需求增量有限，山东独立炼厂市场份额的提升，直接影响国有石油石化企业的传统市场份额。从我国石化行业的发展趋势来看，独立炼厂的竞争力在不断增强。近两年，我国独立炼厂已开始重视销售终端的建设问题，通过新建加油站、收购私营加油站等方式推动销售终端的建设，同时通过价格优惠、积分换礼等形式进行宣传，抢夺市场资源。

2018 年，随着中国炼油能力连增两年且增速扩大，将导致炼油能力过剩近 1 亿吨。即使在开工率较低的情景下，国内成品油资源仍将过剩 4500 万吨以上，出口压力较大，国内市场竞争形势将更为严峻。2018 年下半年，随着新建成炼厂的先后投产运行，国内成品油市场的竞争将更为激烈。在国家保持政策的连续性下，独立炼厂要以提升油品质量前提下，扩大加油站网络和管道建设，不断提高内部管理和进行销售人才队伍建设，树立品牌形象，积极寻求国际合作，增强市场竞争力。

专题五　我国成品油管道布局以及建设发展方向分析

成品油管道运输有诸多明显优势。首先，成品油管道运输能明显减少成品油损耗；其次，成品油管道运输能明显降低运输费用，可以省去装卸、运输等多个作业环节；再者，成品油管道还可以改善油品运输供应的协调性，优化输油的操作条件，便于集中管理，而且对复杂地形和恶劣气候条件适应性更强，对环境的污染更少，运输过程更加安全可靠；此外，可能导致油品质量变差的因素更少，更重要的是，成品油管道建设快、占地少、投资少。管道输送成品油是建设具有国际竞争力、完善的现代化物流储运体系的一个重要组成部分，随着全球经济的增长，各国都不断发展成品油管道运输，积极调整成品油运输结构，其大量采用对一个国家的经济发展起着重要作用。

进入21世纪以来，我国的成品油管道投资建设力度大大增加，截至2017年，我国成品油管道运营总里程已达约3万千米，年输油量18000万吨。随着我国成品油市场消费增速放缓，资源供应宽松，成品油管道的建设也趋于优化结构，平衡地区供需。

一、我国当前成品油管道建设布局

当前，我国成品油管道在地域分布上呈现“四纵三横”的特点，纵向管道布局密度大于横向布局，大致形成“西油东送、北油南下”的格局。现有的“四纵三横”成品油管道主要有：

1. “四纵”

(1)“一纵”为以克拉玛依为起点，经克拉玛依至乌鲁木齐成品油管线（克拉玛依—乌鲁木齐)、西部成品油管道线（乌鲁木齐—兰州)、兰成渝成品油管线（兰州—成都—重庆)、贵渝成品油管线（重庆—贵阳)、西南成品油管道线贵阳至昆明段（贵阳—昆明)、百昆成品油管线（昆明—百色）连接终点南宁，形成西北—西南段的成品油管道纵线。

（2）“二纵”为以抚顺为起点，经抚顺—锦州注入支线（抚顺—锦州)、锦郑成品油管线已完工部分（锦州—郑州)、兰郑长部分管线（郑州—长沙)、湖南成品油管道二期工程（长沙—郴州）连接终点郴州，形成东北—华中段的成品油管道纵线。

（3）“三纵”为以大港为起点，经港枣成品油管线（大港—枣庄)、鲁皖成品油管线（齐鲁石化—宿州)、安庆—蚌埠成品油管线（蚌埠—安庆)、江西成品油管线（九江—赣州）连接终点江西赣州，形成华北—华南段的成品油管道纵线。

（4）“四纵”为以潍坊为起点，经鲁皖成品油管线二期（潍坊—临沂)、苏北成品油管道（徐州—南京)、苏南成品油管线（南京—苏州)、绍兴—杭州成品油管线（杭州—绍兴)、甬台温成品油管线（宁波—温州)、福建成品油管道线（福州—厦门）连接终点厦门，形成东部沿海成品油管道线。

2. “三横”

（1）“一横”是以兰州为起点，经兰郑长部分管线（兰州—郑州)、济南—邯郸成品油管线（邯郸—济南)、青岛—济南成品油管线（济南—青岛）连接终点青岛，形成西北—华北成品油管道线。

（2）“二横”是以娄底为起点，经湘潭—娄底成品油管线（娄底—湘潭)、湖南成品油管道一期管线部分（湘潭—株洲)、江西成品油管道二期管线（上饶—樟树)、甬绍金衢成品油管道（衢州—宁波）连接终点宁波，形成华中—华南长三角流域的成品油管道线。

（3）“三横”是以南宁为起点，经北海—南宁成品油管线（南宁—北海)、珠三角成品油管道一期管线（湛江—惠州)、珠三角成品油管道二期管线（惠州—梅州）连接终点梅州，形成珠三角成品油管道线。

除以上贯通东西、南北的管道线之外，我国的成品油管道还在成品油消费聚集区和重要的城市之间布局，如北京环城成品油管道（燕山石化—首都机场油库)，满足北京城区和重要设施的用油需求、格拉成品油管线（格尔木—拉萨)，解决西藏地区的用油问题。这些成品油管道在高效输送成品油，解决地区供需不平衡方面成就显著，随着成品油市场需求的不断变化以及管道建设不断完善，未来的成品油管道布局将更趋合理。

二、成品油管道布局的发展方向

根据中国石油经济技术研究院发布 2016 年度《国内外油气行业发展报告》显示，我国石油消费增速大幅放缓，成品油消费首次出现负增长，其中柴油消费呈现负增长，汽油和煤油消费增速放缓。成品油消费出现负增长的原因可以总结为两个方面：一方面，我国经济增速放缓导致的实际需求不振，而重工业等方面的不景气更是造成了柴油需求的锐减，这在一定程度上拖累了成品油的整体消费；另一方面，我国炼油行业出现了严重的产能过剩，炼厂均选择出口以减少销售压力，也在客观上导致了表观消费的缩量。

在这样的市场趋势下，成品油消费增速缓慢或者继续呈现负增长态势的可能性在未来一段时间内仍然比较大，产生这种可能性的原因不仅有现阶段经济增速下滑，经济方面不会为成品油消费的增长提供太多支持；而且新能源的发展对于传统能源的冲击会进一步加大。因此，我国成品油管道的布局在未来会呈现增速下降，主要以促进管道合理布局，优化管道分布结构为主。

结合未来成品油“供给东移，需求西移”的变化趋势，加快主干管道建设，推动成品油跨区调配和串换，实现全国成品油供需整体平衡。以主干管道和炼化基地为中心，建设周边辐射，广泛覆盖的区域性成品油支线管道。统筹多种运输方式，建立分工合理、协调发展的成品油联合运输网。到 2025 年，基本形成“北油南运、沿海内送”的成品油运输通道布局。

1. 北油南运通道

东北南下通道。构建大庆—长春—沈阳—京津冀运输通道，实现成品油自东北向华北输送、自东北经渤海湾海运外送。根据煤制油项目进展，适时建设煤制油外送管道。

西北南下通道。构建新疆—兰州、蒙西—兰州、兰州—成都—重庆、兰州—郑州—长沙的运输通道，实现成品油从西北向西南、华中地区输送。

2. 沿海内送通道

齐鲁西送通道。构建胶东半岛—鲁西—郑州运输通道，与华北南下通道、兰郑长管道互联，实现山东成品油向中部地区输送。

沿江输送通道。构建宁波—南昌—长沙江南成品油运输通道、武汉—重庆的江北成品油运输通道，在长江流域承接华北、东北成品油并沿江向西南地区输送，逐步替代成品油长江船运，降低运输过程中成品油泄露可能造成的长江水域污染风险和三线过坝燃爆风险。

华南输送通道。构建广东—广西—云贵渝的成品油运输通道，实现华南成品油向西南输送。构建广东—湖南成品油运输通，实现珠三角地区成品油向华中地区输送。

3. 支线管道

加快区域内支线管道建设，推进成品油管道终端城市引入工程建设，不断扩大成品油管道覆盖范围，提高成品油管道接入的城市数量，逐步降低城市间成品油公路运输比例。结合民航发展需求，对航空煤油年用量超过 20 万吨的机场，配套新建航油管道。研究建设成品油储备库接入管道，提高成品油储备应急动用灵活性。

成品油管道布局由原来的“西油东送、北油南送”向“北油南运、沿海内送”过渡。在“一带一路”政策下，成品油陆海内外联动、东西双向开放互动增强，海运能力的提升使成品油的供应更加多元化，沿海至内陆的成品油管道布局成为新的发展方向。同时，支线管道的建设成品油管道的覆盖范围扩大，在管道布局上逐渐呈现出密集化趋势。

三、我国未来成品油管道投资建设的趋势

当前，在国家深化油气体制改革的背景下，能源回归商品属性的呼声不断抬高，国家积极构建有效竞争的市场结构和市场体系，构建主要由市场决定能源价格的机制。在能源市场化的进程中，政府和市场不仅对我国管网公平开放工作的市场化、透明化、标准规范化和可实施性、可操作性等作出了要求，对于管网项目建设，也为企业搭建交流和磋商的平台，积极促进管网分离。

早在 2014 年，国家能源局就出台《油气管网设施公平开放监管办法（试行）》，

鼓励油气管网设施互联互通，油气管网设施运营企业可根据实际需求及能力，平等协商相互开放相关事宜。2017 年 7 月，国家能源局又发布《能源体制革命行动计划》，重申推进垄断环节改革，推进油气管网与销售业务分离，实行能源基础设施向第三方公平开放的投资建设任务。

由于成品油管道建设规模大、投资收回期长、项目间差异大和施工条件复杂等特点，导致我国的成品油管道的建设者和所有者都是大型或超大型的企业，成品油管道的建设运营一直处于一种寡头垄断的状态。而根据国家能源局的指示与市场发展的要求，我国成品油管道在未来的投资建设将更多地向第三方公平开放，吸引更多的民间投资进入，这些变化将推动成品油管道的共享和优化配置，提高基础设施利用率，多渠道增加收益。

专题六　成品油供应链管理体系建设

一、国内成品油供应链管理现状

完整的成品油供应链包括原油采购、原油配送、炼油加工、成品油配送和销售，最终到达终端用户的供应链网络。在这个链条中，成品油销售是最后也是最重要的一个环节，决定了成品油供应链能否顺利实现闭环，企业能否通过销售形成稳定的现金流入，保证石油企业正常的生产运营。中国石油初步形成了以炼化企业（成品油生产中心），东西北大区销售公司负责成品油一次物流配送（物流、结算中心）、省区销售公司负责二次物流和终端销售（销售中心）三位一体的成品油产运销供应链体系。中国石油大区销售公司是中国石油销售分公司的派出机构，主要负责炼化企业和省区、专项用户之间的成品油资源产销计划衔接、资源优化配置、一次物流组织（炼化企业到省区配送库之间的成品油配送）、部分二次物流组织（炼厂公路直接配送加油站）、油品结算、质量计量监督以及分辖区的成品油销售业务的管理、指导、协调、监督、服务。

中国石化的成品油供应链和中国石油类似。中国石化集团成品油供应按照行政区域划分设置物流管理节点，各节点的机构基本上遵循从总部到大区、省、地、县五个管理层次。成品油供应链由总部炼厂、区/省级公司、地市级公司、县级公司以及最终用户共同组成。在供应链的基础上，当前中国石化集团成品油物流可以划分为一次物流和二次物流。一次物流是成品油从直属炼厂到省级油库的过程，二次物流是成品油从省级石油公司经过市（地）级、县级油公司直至加油站，最终被消费的过程。

提供全国1/4的炼化能力独立炼厂也是成品油销售环节非常重要的参与之一。尤其是2015年以来，钢铁和煤炭一样，产能过剩的阴影同时笼罩着中国和全球的成品油市场。去产能是一个典型的博弈问题，尤其是针对独立炼厂，不论大小，都是地方财政的支柱，也吸纳了大量的就业，没有人愿意自己主动去产能。对此，国家的策略是用进口原油使用权交换淘汰落后产能，一大批独立炼厂在2015年开始，获得了原油进口配额——这种改变是历史性的，它意味着独立炼厂从此摆脱了主营炼厂长期下束缚动辄无米下锅无法开工的困境。其直接后果就是独立炼厂长期被政策束缚的形势近两年得到逆转。2016年大量独立炼厂获得“三权”（原油进口、进口原油使用、出口）使得独立炼厂开始独立腾飞。近两年国际油价持续低迷，独立炼厂批发价跟随国际油价波动，与主营炼厂相比极具竞争力。结果就是以山东为代表的独立炼厂油品在市场上大受欢迎，毫不费力地占据了沿海市场，并处于急速向内陆渗透的过程中。独立炼厂的批发环节，由200家左右的知名独立炼厂、上千家不知名的小炼厂或调油商、数以万计的贸易商组成，彼此间存在既竞争又合作的关系，市场化程度很高，从进油到销售到定价都紧跟市场的脉搏，非常灵活。

经过多年的发展，我国石油公司均已形成较为完善的物流体系和管理体制，为成品油销售业务的顺利开展起到了重要的支撑作用，其成品油物流管理模式可以概括为以下几方面。

首先，供应链一体化协调运作。各大石油公司普遍采取上下游一体化综合管理和分模块优化的模式。从下游的需求预测一直到中游的炼制计划和上游原油的开采，国外大石油公司对整个供应链进行综合管理和优化，不同模块之间的有效协调，形成了完善系统的工作体系。

其次，业务可视化管理。为了对业务进行综合性可视化管理，各大石油公司已经纷纷建立起了综合物流调度指挥系统，并实现了大屏幕的可视化实时动态展示。例如沙特阿美公司的生产运营指挥中心，包括油田生产、天然气处理、炼油生产、运输、装车、销售六大业务板块，上下游包括成品油物流系统的执行和完成情况均实现了可视化监控和管理，上百人从大屏幕上获取相关业务的实时信息来帮助完成各自的日常工作。

最后，计划调度滚动优化。各大石油公司成品油物流管理主要包括计划和调度两个方面，其中计划包括成品油资源配置和运输优化的年度、季度计划等，时间跨度随不同公司的运作水平和模式略有不同；调度则是计划的具体执行，制定旬度、日间调度计划并进行优化管理，包括网络优化、库存管理、油库自动化管理等。

二、成品油供应链管理展望

（一）建立成品油交易平台

成品油交易行业最大的问题是产能不均衡和供应商之间价格博弈严重。成品油市场并不是垄断性行业，中石油，中石化等国企占到30%左右市场份额，剩下的市场基本上处于完全市场化流通的状态。通过建立成品油交易平台，能够有效的提高成品油供应效率，降低交易成本。成品油供应链管理的根本目的仍是为了销售，把产品转化成收入，物流转化成现金流，在供应链管理的过程中，效益优先应该是最重要的原则。这里的效益，是指公司的整体效益，不是某一版块公司或者地区公司的个体效益，非整体效益的供应链管理和优化即使做的再细致和高效，其结果也很可能是无用功。通过建立成品油交易平台，首先是实现最优供应范围内部的最大程度上的资源供需平衡，彻底打破各个公司各自地域的划分和界限，坚决避免出现同一区域供应方千里卖货和需求方千里买货并存，将过多的资源浪费在供需匹配和运输上。其次，竞价交易在盘活交易活跃度同时，更能形成价格发现作用，让成品油报价更贴近市场真实的供需关系。成品油价格调整机制在不断优化，但它的定价侧重点，依然围绕进一步理顺成品油和原油的价格关系展开，进而形成国内成品油价格与国际市场原油价格之间有控制的、间接接轨的定价机制。而这种定价机制往往忽略成品油自身供需关系变化对价格波动的影响力，导致用油企业在成品油供应趋紧期间，不得不承受额外的原材料涨价压力。一旦成品油现货交易量足够庞大，报价足以反映成品油供需关系最新变化，无形间给成品油定价进一步市场化，提供了新依据。

（二）大数据技术在成品油零售业务中的应用

借助互联网思维与技术，实现与批发商、加油站、终端用户的互动，基于数据与数据分析，建立完整有效的客户关系管理系统，挖掘出客户的行为习惯与偏好，并据此对产品与服务进行更有针对性的调整和优化。互联网主导下的工业 4.0 浪潮为成品油销售行业转型升级提供了重要机遇。在资源过剩、需求疲软的成品油市场环境下，加油站利用互联网平台和大数据技术，连接站内站外，打通线上线下服务，消除时间和空间束缚，向人、车、生活综合驿站转型。服务定制化成为成品油销售行业“乘风借势”的重要方向。智慧加油站未来的发展方向，一个是向车联网、物联网高度融合发展，把一些资源和客户全部整合到一起，使汽车出厂信息与加油站信息相整合，形成完整的客户信息；另外一个是人机交互，包括客户身份识别，车辆信息识别，信用卡支付信息识别，以及未来可能出现的声音、人脸识别技术等。未来加油站将运用大数据对用户需求进行预测，细分客户需求、精准定位消费习惯、加油时间等，根据预测时间进行个性化推荐。由此可见，以大数据为依托，从客户体验出发的差异化定制服务将成为未来加油站发展的重要趋势之一。中国石化在油品销售企业2016年信息化工作视频会提出，要强化互联网思维、大数据分析和信息技术保障管理，突出信息技术服务经营的职能，推进销售企业加快经营发展模式创新，努力向现代化综合服务商转型。提出要切实巩固传统业务，充分发挥和挖掘3万座油站、2.5万个便利店、9000万客户的资源优势和后台海量交易数据优势，创新盈利模式，聚焦产品与服务创新，加快新业务发展模式创新，运用信息化手段，依托微信、APP、电商网站三大渠道，建立线上客户服务平台，增强客户体验，提升具有可持续性竞争优势的客户服务能力，努力实现向综合服务商转型。

（三）通过建立支付体系构建成品油金融

以中石化加油卡发展的进度来看，已然在国内形成巨大规模的商业应用预付费卡体系，截至2017年底，累计发行加油卡突破1.18亿张，加油卡网络覆盖包括西藏在内的31个省级单位的3万个加油站。在1亿多张加油卡中，活跃的会员用户大约有8000万。由于加油卡不能透支、储值不会归零，且因为油价高昂，有车族经常会往卡内大量充值，石油公司可望得到以百亿计的沉淀资金。中石化正在通过加油卡涉足互联网金融领域。早在2010年11月，国内最大的独立第三方支付平台支付宝和中石化浙江分公司达成合作，推出了网上充值加油卡业务。2013年12月，中石化销售有限公司和裕福集团共同出资组建中石化裕福支付技术有限公司，并拿到了央行颁发的支付业务许可证，这个许可被允许从事互联网支付和预付卡发行与受理业务。2014年腾讯和中石化签订业务框架合作协议，主要在业务开发与推广、移动支付、媒介宣传、O2O业务、地图导航、用户忠诚度管理、大数据应用与交叉营销等领域探索开展合作。在这次合作中，腾讯将打通与中石化在加油卡、便利店用户之间的通道，也就是O2O增值服务，未来，2万多家易捷便利店或可成为腾讯的线下支撑部分。未来中石化的近亿客户甚至可以不花钱加油，因为所有消费都可以折成油或现金，中石化更看重加油卡作为集各类生活服务为一体的平台作用。将来加油站卖油是其次，更重要的是综合服务，例如客户可在这里买车、修车、买保险。把电子商贸、移动互联网及大数据连起来，形成新的发展模式，到时利润的增长空间很大。

三、成品油供应链的二次配送

成品油二次配送的最终目的是在成品油一次运输入库后，对再次出库的成品油进行运输优化、调度优化和管理优化。通过这些优化以降低成品油运输费用、减少运输成本、加快资金周转步伐，最终改变成品油条块分割而造成的不必要资源消耗问题。成品油二次配送在国外已经广泛应用，而在国内还属于起步阶段。虽然我国石油销售企业在市县一级建立两级公司，并建立了油库，以供加油站和用户使用，但是物流效率并不是很高且其中间环节过多，使得运输成本较高，再加上物流环节不能更好的满足实际需求，在一定程度上限制石油企业的发展。在对提高成品油二次配送管理水平必要性进行分析的情况下，有必要对国内多数成品油销售企业二次配送现状进行分析。现在仍有很多成品油企业采用计划经济时采用的被动配送方式，需要经过要油、调度和成品运输阶段，这种成品油配送方式在配送过程常因油库和油站实际库存量无法保证及时更新，从而常常花费大量时间、增加成品油企业成本增加，使成品油二次输送工作效益得不到有效提高，进而使相应工作不能顺利进行。从中可以看出，这些问题和成品油二次配送管理是有一定关系的。具体来说在成品油实际配送过程中，因缺乏统一管理，而使方案制定要以终端用户或加油站需求为依据才能实现，这就在一定程度上使得实际配送过程中因车辆、线路及配送选择上缺乏科学思想而使运输成本增加；因油站缺乏较好的信息系统，使得加油站每一天需要用大量的时间对成品油计量和相应数据进行处理。这种滞后的处理方式不仅会加大工作人员负担，长期下去也会使加油站的整体服务质量下降。在一定程度上也会加大成品油库存风险或是在油价变化浮动较大的情况下加大库存保管风险。在传统配送方式的影响下，是按照行政区域来对加油站或是油品进行配送的。在这种情况下，成品油库存将会被分散在不同销售部门中，在成品油油价上涨的时候未来维护自身利益而出现囤货居奇现象，使成品油企业无法对油品资源进行统一调配管理，以造成库存资源浪费和成本增加。

因成品油二次配时间比较长、涉及面比较广、资金投入大及技术繁复等，而使成品油二次配送不能在投资之后就能实现信息化。在这种情况下，就应该等相应系统稳定后，其才能对市场营销及企业内部管理产生一定作用。因此，在成品油配送系统信息化建设中，应该设置信息化专项资金，以供成品油企业信息建设，使其在尽可短的时间内实现成品油信息化管理。因成品油配送过程中受地域限制，使得石油企业不能对各分公司进行统一管理。在这种情况下，有必要加大成品油信息集成化、标准化管理。在实际工作中，企业可以建立加油站管理系统、二次物流系统和油库管理系统等。通过这些系统加强整个成品油销售连管理。为了使这些系统达到统一，要对这些系统及相应环节信息进行集成，以实现供应链整体化和集成化。因成品油加油站、分公司、油库不能实现资源共享而使配送期间出现的问题不能及时解决而造成相应问题。为了能及时解决配送过程中一系列问题，有必要加强成品油二次配送环节网络化管理。在实际管理中，成品油企业应该建立成品油配送信息系统，毕竟信息系统能及时、准确、快速地掌握油库进油、库存、发送、运输信息及网点销售等状况，以更好地将库存状况和油存量反映给相关部门，使不同配送环节根据实际需求做出相应选择。

专题七　民营加油站发展的战略思考

一、民营加油站的现状

(一) 民营加油站数量及销售现状

引入民营和社会资本，可以优化资产结构，提高企业经营活力，巩固和提升市场地位，进而持续提升盈利能力。国家积极鼓励民营加油站的发展。同时，根据《2016 年度石化产能预警报告》，2016 年中国新增炼油产能 3000 万吨，总产能达到 8 亿吨，产能超过需求 1.2 亿吨。独立炼油厂炼油能力也从 2015 年的 1.65 亿吨增加到 2016 年的 2.25 亿吨。过剩的成品油产能，为民营加油站提供了充足的油源，此外在低油价、城镇化发展的辅助下，民营加油站的数量正在稳步增加。从 2010 年的 40277 座，增加到 2016 年的 41800 座。图 1 所示为 2010 年到 2016 年之间我国民营加油站数量的变化情况，从图 1 中可以看出，我国民营加油站的数量在这 7 年间较为稳定。在民营加油站数量最多的山东省（中国独立炼厂集结地），2015 年民营加油站数量为 6107 座，2016 年为 6301 座，截至 2017 年 3 月，共 6421 座。不到两年的时间，增加了 300 多座，增长率为 5%，远超近几年全国平均不到 1% 的增长速度。除去山东省，在中国拥有加油站数量排名第二的河南省同样拥有民营加油站 6000 多座。

据统计，我国每年约 3 万亿元的加油交易额，国营加油站和民营加油站分别约占 60% 和 40%。平均每一座国营加油站年销售额 3500 万元，而民营加油站则在 2500 万元。民营加油站每年销售情况查不到数据。

(二) 民营加油站的经营模式

根据搜集的资料，我国民营加油站的经营模式可以总结为独立炼厂自建加油站

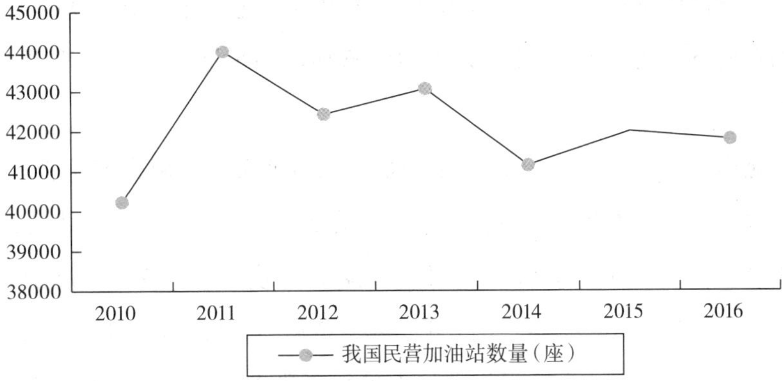

图 1　2011—2016 年我国民营加油站数量

网络、品牌加盟加油站、终端零售连锁企业以及零星散户加油站等四种。四种经营模式的特点如下：

1. 独立炼厂自建加油站网络

独立炼厂自建加油站网络的优势是可以节约成本，油品质量可靠，油品供应稳定。运行管理机制灵活，一旦决策层做出决定，执行层就可以按程序进行推进。其中发展较好的突出代表为山东省内的几家大的石化公司。

东明石化集团坐落于山东菏泽，成立于 1987 年，起初是一家原油加工企业，经过三十年的发展，到 2017 年东明石化原油一次加工能力达到 1500 万吨/年，集团经营范围逐渐向石油产业链的上下游扩展。2015 年东明石化开始了以终端建设为核心的“三次创业”，经过三年的发展，东明石化终端建设初具规模。截至 2017 年底，东明石化已经成功开发 300 余座加油站，遍布山东、河南、江苏、浙江等九个省区，在中国民营成品油终端领域占据了重要地位，目前公司各项业务正以蓬勃之势快速开展。

作为独立炼厂自建加油站的代表，京博石化拥有完善的销售网络和渠道，产品销售覆盖山东、河北、河南、北京、安徽、江苏、浙江、山西、陕西、宁夏、内蒙、天津、湖南、江西、辽宁等全国 16 个省、市地区。并依托北京、上海、济南加本部三点一中心的研发网络与 19 所国内外高校、科研院所合作建立的 11 处技术创新联盟，积极推进新品种、新项目、新技术的推广应用以及产业链的延伸。同时，京博石化成立了专业的加油站管理人员培训提升体系，并制定出星级达标规范。同时，京博石化制定全年的营销策划全息清单，相应的节日针对相关客户群体提供具体的营销方案，摒弃传统价格战，不仅提升了品牌的美誉度，更创造出高的毛利空间。京博加油站在发展过程中也在吸收大量的民营加油站加盟，力求取得更大的市场份额。

金盾石化集团成立于1993年，是中国加油站行业第一家引进精益管理的企业。依靠标准的引导手势、体贴周到的服务、高效的加油速度、以客户为中心的经营理念以及高质量油品，成为国内加油站行业中顾客认知度高、品牌价值高的大型民营石油零售企业。从2016年5月到2017年3月，金盾石化加油站数量从近30座增加到80座，扩张了50多座。金盾石化在努力进行自我内部发展的同时，也自我不断扩大其发展规模，2016年在浙江成立了山东以外的第二总部。

2. 品牌加盟加油站

通过统一加油站外观形象，服装，品牌系统经营动作，以及统一规范内部管理模式，将零散的民营加油站打造成规范化的品牌，有助于提升民营加油站的管理水平和整体竞争力，使得民营加油站得到有序发展。在我国形成的民营加油站品牌联盟有：山东省石油化工有限公司成立的“中安石油”、中国国际能源公司、中国油联等。

“中安石油”品牌联盟是山东石化在2016年成立的品牌，借助于这一品牌，山东石化计划在三年内拥有2000座加油站，五年后数量达到6000座。

按照“中安石油”的品牌联盟策略，整合后的民营加油站将统一使用“中安石油”品牌，统一服务规范、质量标准、采购配送、支付方式。售油联盟将首先通过自有加盟模式，将山东石化和独立炼厂自有加油站纳入联盟，并授权无偿使用“中安石油”品牌。同时，售油联盟将统一上述加油站的结算渠道。

针对非独立炼厂自有加油站，售油联盟则将采用特许连锁和自由连锁两种模式整合。其中特许连锁模式规定，从2016年起，三年内加盟的被特许人无需支付加盟费，仅以同意加盟条件及缴纳少量成本费，便可换取“中安石油”品牌使用权；自由连锁则通过购销合同的方式，集合加盟方进行团购，通过提高采购规模降低采购成本。

中国国际能源凭借科学先进的运营管理体系，为每一个加入中国国际能源品牌的合作油站量身定制，打造先进的一站式运营管理方案，涵盖石油、天然气、金融超市、便利店、汽车保养装饰等一系列项目，真正实现加油站多元化经营，最终实现加油站的增量创收。2017年，中国国际能源控股有限公司全面打造“互联网+加油站”新模式，让能源与金融、能源与服务有机结合，成功打造出千家加盟、万众瞩目的大型综合平台。

中国国际能源加油站联手现代支付，一方面，立足加油站，做好“以综合支付为基础、提升效能为目的、统一品牌为追求”的行业解决方案。另一方面，着眼司机群体需求，做好“便捷加油为保障、综合金融为服务、生态共荣为使命”的行业应用解决方案，从而为用户孵化出更多更好的便民生活，涵盖了加油卡、便民缴费、金融业务，甚至车险和理财等金融便民增值服务。

3. 分散的个体加油站

分散的个体加油站即撬装加油站。撬装加油站，是外形酷似大型集装箱的“移动加油站”。是一种集储油罐、加油机、视频监控为一体的地面可移动加油站。撬装加油站具有建设成本低、灵活性强，占地面积小的优点。然而由于建设不规范，存在安全隐患，我国对于撬装加油站的建设，一直有很大的争议，仅有重庆、厦门、常州、台州等少数城市允许建设撬装加油站。

2017年4月，西安市在召开成品油市场经营秩序整顿工作会上，也要求取缔非法撬装站、流动加油车、桶子加油点，关闭安全制度不落实、存在严重安全隐患的加油站。

（三）民营加油站的非油业务发展状况

近几年，中石化、中石油高度重视非油业务发展，而民营加油站由于主客观的原因，普遍将经营重心放到油品经营中，对非油业务无论是重视程度，还是销售额都同中石油和中石化油有很大差距。即便有的加油站有非油业务，也主要局限在便利店的开设。且便利店的数量较少，同时便利店的商品种类少，销售规模有限，采购商品议价能力较弱，商品整体售价较高。

随着民营加油站的发展，业主们已经开始关注便利店业务，开始拓宽便利店业务范围，提供更加人性化的服务。例如，湖北武汉加油站的“家文化”建设，推出“机场路加油站”，免费提供地图和旅游景点指南。把油站建成“爱心之家”，油站顾客和员工为贫困山区孩子捐衣物和生活用品；廊坊加油站的“利捷”快餐店；唐山石油与北京车百能汽车装饰有限公司合作，在南海加油站旁开设汽服店，主要提供汽车美容、洗车、轮胎、精品、救援、保险等服务。

二、民营加油站的 SWOT 分析

(一) 优势

民营加油站的优势包括经营的灵活性、低成本、地方政府对民营加油站的支持。

1. 经营灵活

民营加油站经营的灵活性一方面体现在由于民营加油站经营规模较小，市场反应及时，可以采用国有石油公司无法开展的赊销等营销手段，抢占市场。据了解，油战线联盟已为加盟站上线了“赊销卡”这一类似于信用卡的消费模式。即与合作的大客户达成协议，先计算对方每月会在加油站消费多少油品，然后定下一个消费额度，在这个消费额度下，客户可以随意加油而不用立即交费，等到月末统一结算。这一灵活的赊销模式是民营加油站的一大特点，国有石油公司无法轻易模仿。另一方面体现在民营加油站通过购进油品时不要发票，销售时只向当地部门交少量税或者不交税的偷税漏税行为带来的短期较强的生存能力。然而，这一短暂的生存力必定会对民营加油站的声誉带来严重的负面影响，最终阻碍民营加油站的发展。

2. 经营成本较低

民营加油站的低成本优势体现在加油站取得成本低，改造投入少，中间环节少最终带来后续较低的运营成本低。以加油站员工为例，民营加油站不像国有油企体制那么庞大，没有数以万计的人需要供养，只需要几个人就能够让一个加油站正常营业，甚至很多加油站除了人员开支外不需要负担员工的社会保险等福利项目，在人员方面就能节约大量的成本。

3. 政府对部分规模和影响力较大的油站的支持

民营加油站的另一个优势在于其能获得地方政府的支持。以山东为例，根据山东省经济和信息化委员会公布的信息，2016 年山东省石油化工有限公司（由 21 家山东主要独立炼厂和省炼油化工协会合资组建）注册了全新品牌“中安石油”，未来几年，包括上述独立炼厂自有加油站在内的山东 6000 余家民营加油站将以不同的形式逐渐进入“中安石油”体系。自 2016 年起，三年内加盟的被特许人无需支付加盟费，仅以同意加盟条件及缴纳少量成本费，就可以换取“中安石油”品牌使用权。而自由连锁则通过购销合同的方式，集合加盟方进行团购，通过提高采购规模降低采购成本。

（二）劣势

民营加油站的劣势也是十分明显的。包括民营加油站零售网络地理位置不佳、经营规模小；加油站油品质量不稳定、服务不佳；缺少中高层人才；营销模式单一。

1. 地理位置不佳，经营规模小

由于大多黄金地段已经被国有石油公司抢占，民营加油站选址只能在国有石油公司选址之外，影响其经营效益。其次，我国民营加油站居多以单一个体形式经营，很少有联营加盟的盟友、联网机制，大部分民营加油站只能针对周边5千米内的客户进行重点销售，对于远距离、跨区域的客户无法形成有效吸引，更无法拉拢一些像区域外物流运输单位这样的高价值客户。

2. 油品质量参差不齐

由于我国对于民营加油站没有进行严格统一的管理，存在油品质量参差不齐的现象，严重影响民营加油站的声誉。各地政府定期进行的油品抽检工作中，所曝光的不合格的油品绝大多数都是民营加油站的。

3. 经营和管理人才的缺乏

除了山东京博新能源和福建亚孚石化等少部分民营油企建立了自己的加油站商学院，建立人员培训体系。我国大部分民营加油站缺乏中高层人才，不像国有石油公司有严格完善的人才招聘、培训、考核制度，且人员流动性大。加油站管理服务人员不完善势必影响加油站的经营及发展。

4. 营销模式单一

民营加油站由于品牌影响力较小，再加上自身的经营管理能力的限制，在市场竞争中，缺乏有效的营销手段，主要依赖价格竞争。难以在与国有石油公司的竞争中形成鲜明的竞争优势。

（三）机会

在政策利好、与国际石油公司开展合作以及“互联网+”的协助下，我国民营加油站的发展存在机会。

1. 政策利好带来机会

2016年，随着我国原油进口权和进口使用权的不断放开，原油进口量增加，独立炼厂开工率上升，民营油企将能够获得充分的油源，带来民营加油站的快速发展。根据《2016 年度石化产能预警报告》，2016 年中国新增炼油产能 3000 万吨，总产能达到 8 亿吨，产能超过需求 1.2 亿吨。独立炼油厂炼油能力也从 2015 年的 1.65 亿吨增加到 2016 年的 2.25 亿吨。过剩的成品油产能，为民营加油站的提供了充足的油源，此外在低油价、城镇化发展的辅助下，民营加油站的数量正在稳步增加。从 2010 年的 40277 座，增加到 2016 年的 41800 座。同时，《原油成品油流通管理办法（征求意见稿）》等一系列政策的发布，也将加速我国民营加油站的发展。

2. 与国内外大型石油公司合作

自 2014 年以来，国内外大型石油公司，例如中国海油、中石化、壳牌、BP、道达尔等均开始与民营石油企业在加油站等多方面开展合作。合作模式包括加盟、合资合作、分成模式的租赁等。独立炼厂扩能和装置升级，炼油水平进一步提高，油品质量也不断提高，市场供大于求的基本面短期内不会变，导致民营加油站购油渠道增多，油品质量和稳定性也有保证，逐步赢得口碑，赢得客户信赖。

3. “互联网 +” 带来发展机会

在民营加油站经营中引入互联网的核心在于提高效率，降低成本。借助于互联网，一方面，民营加油站可以获得稳定且有质量保障的油源，并且提升信息化技术和管理水平，促进利润增长；另一方面，炼化企业也可以快速与下游加油站建立黏性关系。现已有如“微车”“菜鸟加油站”“车主无忧”“易加油”等 APP 运营商在与民营加油站进行合作，提供一键导航、就近加油、微信支付等服务，顾客不仅可快速完成加油操作，而且还能拿到返利的。通过互联网，民营加油站可以实现以低成本为顾客提供便利的服务，能够提升服务的优质化、标准化，能有效提升民营加油站的品牌形象，进而提升民营加油站的竞争力，为民营加油站带来发展机会。

（四）挑战

民营加油站发展面临的挑战包括，实力强大的竞争对手，新能源汽车的阻碍以及油价持续上涨。

1. 实力强大的竞争对手

在我国，中石油、中石化在内的国有加油站仍然是民营加油站强大的竞争对手。根据中投顾问发布的《2016—2020 年中国加油站行业投资分析及前景预测报告》显示：截至 2016 年底，我国加油站数量约为 9.71 万座，中石油、中石化下属加油站、民营加油站分别为 2.09 万座、3.06 万座、4.18 万座，占比分别为 21%、32%，43%。其他社会加油站 0.4 万座。由此我们可以得出，2016 年我国加油站市场仍然是中石油、中石化占据主要地位，合计占 53%。同时，中石油、中石化也在通过各种方式，例如与国外加油站合作等方式加快自身发展。

2. 新能源汽车发展威胁民营加油站发展

根据中国汽车工业协会的数据显示，2016 年，我国新能源汽车销售 50.7 万辆，占 2016 年汽车市场份额 1.81%，新能源汽车保有量达到 100.4 万辆。2016 年底，全国公共充电桩建设运营数量超过 15 万个，充电基础设施建设稳步增长。国务院印发的《节能与新能源汽车产业发展规划（2012—2020 年）》预计到 2020 年新能源汽车的累计产销量将超过 500 万辆。工信部部长苗圩在 2017 年 1 月 14 日举办的“2017 中国电动汽车百人会论坛”上表示，工信部已牵头编制了《汽车产业中长期发展规划》，明确了到 2020 年我国新能源汽车年产量将达到 200 万辆，以及到 2025 年我国新能源汽车销量占总销量的比例达到 20% 以上的发展目标。新能源汽车的大力发展势必会挤占传统汽车市场，影响包括民营加油站在内的全部加油站的发展。

另外，传统能源汽车主要依靠的是燃油，而我国的燃油 60% 以上是依靠进口。这也意味着，每使用一吨燃油，不仅需要消耗外汇，还会引进污染，等于用外汇换污染。因此，如果能够用新能源汽车替代传统燃油汽车，每年就能减少大量的燃油消费引起的污染，减少外汇消耗。

因此，基于环保和保持外汇稳定需要，也将会大力发展新能源汽车而影响民营加油站的发展。

2016 年 12 月 26 日，国家发展改革委等八部委联合发布公告称，自 2017 年 1 月 1 日起，我国将全面供应符合第五阶段国家标准的车用汽、柴油。我国在全面供应第五阶段国家标准（简称国Ⅴ标准）的车用汽油（含 E10 乙醇汽油）、车用柴油（含 B5 生物柴油）的同时，将停止国内销售低于国Ⅴ标准车用汽油（含 E10 乙醇汽油）、车用柴油（含 B5 生物柴油）。

3. 油价持续上涨

2017 年 1 月起，全国开始推行 92 号、95 号汽油。在 2017 年中，油价的持续走高缩小了民营加油站的优势，成为威胁民营加油站发展的一个重要因素。以北京的汽油价格为例，2017 年 1 月，北京地区 92 号汽油价格为 6.49 元/升；2017 年 12 月的价格为6.78元/升。一年以来，经过不停的涨跌，最终92号汽油在2017年共计上涨了0.29元/升，上涨幅度为4.4%。而95号汽油，2017年1月的价格为6.86元/升，到了2017年底价格涨至7.22元/升，累计上涨0.36元/升，上涨幅度为5.3%

三、民营加油站发展的战略建议

（一）寻求与国内外大石油公司合作机会

民营加油站应积极寻求与国内外大型石油公司的合作。国内外大型石油企业在资金、规模、技术、人才等方面有着民营企业无法比拟的优势。通过合作，民营加油站在发展中一方面能够引进国内外大型石油公司先进的管理经验，另一方面能够利用大石油化工公司的管理优势、资源优势、资金优势等，降低自身风险。2016年金盾石化与中化道达尔在上海合营加油站就是民营加油站与国外大型石油公司合作的一个很好的例子。通过合营加油站，金盾石化能够向中化道达尔学习其管理经验，有助于金盾石化提升其管理能力。

（二）加快转型，提升综合服务能力

面对日趋激烈的市场竞争，民营加油站应加快转型，围绕客户需求，不断完善加油站服务功能，由纯粹的成品油销售企业转换为汽车综合服务商，提供包括加气、充电、汽修等一系列服务。打造节能环保、高效快捷“汽车驿站”。成为综合服务加油站，真正实现“一站式”服务，降低单一经营的风险。

（三）通过品牌加盟，形成规模优势

民营加油站大部分都规模小、实力弱。因此，民营加油站可以加盟有一定影响力的品牌，例如山东石化等，联合起来具有规模优势。在联盟内部，实现集中采购、一致谈判、统一价格、集中结算、集中贷款、按各自配额分量使用，从规模、品牌、渠道、价格、管理等方面取得发展。

（四）通过多种营销手段，提升品牌形象

传统民营加油站往往采用低价手段吸引顾客，营销手段单一且受油价变动的影响大。因此，民营加油站应采取包括提高油品品质、提升服务的标准化、灵活而具有针对性的促销手段等，而非仅注重价格战，以提升自身的品牌形象和竞争优势。

可以针对不同类型的顾客采取不同的营销方式，对于流动客户，主要通过改善站容站貌和加大品牌形象的宣传，提高进站率和回头率，并通过进一步的优质服务转化为固定客户。对于固定客户，以价格优势和标准化、优质的服务保持在顾客心中的良好形象。

（五）强化内部管理，促进管理水平的提升

大多数民营加油站存在油站业主管理能力薄弱、培训不够完善、员工爱站意识差等原因。因此，民营加油站应当强化业主管理意识，对这些油站业主建立培训和考核制度，培养专业的管理人才，最终建立一套完善的管理制度。高效实现油站成本控制，油品质量控制，员工绩效考核和激励，数据分析及数字营销等一系列油站经营管理措施。

专题八　我国原油和电力价格传导关系分析

中国原油价格和电力价格对国内经济的发展都具有重要意义，但原油价格基本实现市场化，而电力价格仍受政府管制。本文基于 VAR 模型，运用 2002—2017 年的时间序列月数据，在检验大庆原油价格和电力工业出厂价格指数的数据平稳性的基础上，分析国内原油价格和电力价格的传导和反馈机制。研究发现，原油价格上涨对电力价格影响较小，电力价格主要受上月自身价格的影响；原油价格除受自身上期价格和电力价格的影响均较大，但电力价格对其的影响更大，可能与原油价格实现市场化、原油价格受市场调控有关；原油价格和电力价格互相影响的时间在 5 -6个月左右。

一、引言

原油是我国经济发展的重要因素，国家统计局数据显示，2017 年我国原油表观消费量达到5.78 亿吨，相比2016 年增加了5.6% 。关于原油价格对我国的经济、物价的影响和原油价格的传导机制，国内研究学者做了较多的分析和研究。刘建桥等通过 C－STGARCH 模型对大庆原油价格进行分析，研究表明大庆原油价格存在非对称性和非线性型。陈达忠分析了原油价格对经济影响存在的非对称性，认为研究发展中国家的油价波动对经济的影响意义更为重大。谢振东等认为石油是工业的重要组成部分，国际油价的上涨导致国内物价水平的提高。刘建等通过 VAR 模型引入货币政策和汇率波动，分析国际油价对我国产出和物价的影响，结果表明紧缩性货币政策和汇率对模型预测方差的影响较大。肖明智等建立静态 CGE 模型研究国际原油价格对国内经济的影响，结果表明国际油价的上涨造成国内 GDP 下降，PPI 和 CPI 上涨及石油产业下游利润的下降。

关于原油价格的传导机制，郭菊娥等基于 2002 年非竞争性投入产出表，确定了国内原油价格和国际原油价格的联系，测算出国际原油价格上涨对石油加工、炼焦和核燃料加工业三个部门的影响最大。姜春海利用 VAR 模型对原油价格和汽柴油价格的传导机制进行分析，认为原油价格对汽柴油价格影响较小。王火根等利用 Johansen 协整检验、向量自回归等计量方法分析了国际原油价格对农产品价格的传导机制，结果显示，国际原油价格和农产品价格波动方向一致。华晓龙采用 Johansen 协整方法和 VEC 模型分析大庆原油价格和西德克萨斯中质原油价格的关系，发现大庆原油价格受后者的影响。褚林涛等基于 VECM 模型分析大庆、WTI、迪拜、辛塔原油价格的相互关系，发现当 WTI 原油价格上涨时，大庆原油价格下降；当迪拜和辛塔原油价格上升时，大庆原油价格上升。

电价是电力改革的核心和关键，为推进电力价格市场化，我国政府从 1997 年开始实行电力价格改革。2013 年，国家能源局下文支持电力用户和发电企业直接进行交易，为电价改革提供了有利条件。电价波动对我国国民经济的影响重大，燃煤是我国电力的主要来源，国内对煤电价格的研究较多。王俊豪等对价格传导机制进行阐述，并对基础设施产业中的价格传导进行分析，认为政府对基础设施产业的价格管制可以从激励性最高限价制度、地区区别管制等方式进行。杨彤等运用复杂网络方法对 76 个产业的煤炭和电力价格进行模拟，发现电价上涨对 CPI 的影响大于煤价。罗鑫等在发电企业成本—收入模型基础上，推导出煤价对电价的传导公式，实例表明煤炭价格对电价具有直接的推动作用，电价改革需要进一步深化。翁非对煤、石油和电力价格的面板数据进行分析，结果表明电煤和非电煤都与汽油、石油存在一定的协整关系。

上述文献致力于原油价格对经济、物价和工业的影响，电力价格对经济的影响分析。价格传导或联动研究主要集中于国内外原油、原油和汽柴油及原油对农产品等的价格传导机制，电煤价格传导机制等。原油价格和电价对我国经济都有重大的影响，电价波动和原油价格波动都会引起 CPI 的变动，但国内对原油价格和电力价格传导方面的研究较少。研究国内原油价格和电力价格的关系，有助于了解原油价格和电力价格间的传导及反馈机制，有助于国民经济的合理调控。

二、研究方法和数据

(一)研究方法

本文建立 VAR 模型，采用脉冲响应函数和方差分解研究国内原油价格和电力价格间的相互关系，分析工具为 Eviews7. 2。

建立 VAR 模型之前需要对变量进行平稳性检验，分别对变量取自然对数，表示为 LDO 和 LEI。若变量存在同阶单整，随后进行 Johansen 协整检验判断变量是否存在长期协整关系，是否可以建立 VAR 模型。最后，对变量进行脉冲响应分析和方差分解分析，判断原油价格和电力价格间的传导关系。

(二)数据

原油进口权和原油进口使用权的放开，原油市场基本实现市场化，2017 年，我国原油进口数量约为 38100 万吨，对外依存度高达约 65%，研究时需要区分国内外原油价格。本文采用中国内陆最大的胜利油田的原油月价格代表国内原油价格，研究国内原油价格和电力价格之间的关系。2002 年 12 月—2017 年 11 月的大庆原油的日价格数据来源于凤凰财经网，本文使用的月平均数据根据大庆原油的日价格数据计算得出，单位为美元/桶。2013 年 5 月，国家发展改革委将 8 种类别的销售电价，减少为居民、农业和工商业及其他用电。虽然电价种类减少了，但电价数据缺失、不同种类电价的权重难确定，根据数据的可得性，本文采用电力工业出厂价格指数代表电力价格。

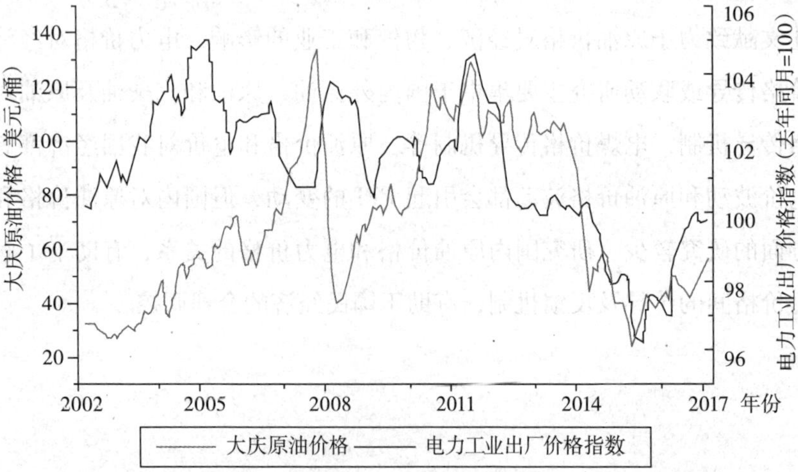

图 1　大庆原油价格和电力工业出厂价格指数

（三）单位根检验

建立 VAR 模型之前需要对大庆原油价格和电力工业出厂价格指数进行平稳性检验，本文采用 ADF 方法对变量进行平稳性检验。单位根检验时，根据时间序列图的趋势，判断模型是否需要加入趋势项或截距项。大庆原油价格和电力工业出厂价格指数的对数图没有明显的趋势性，根据月度数据选择滞后期为 12。

表 1　ADF 单位根检验结果

变量	检验形式	T 统计量	1% 临界值	5% 临界值	结论
LDO	C. 0. 12	-2. 2688	-3. 4672	-2. 8776	不平稳
LEI	C. T. 12	-1. 3638	-3. 4728	-2. 8801	不平稳
DLDO	C. 0. 12	-9. 5578	-3. 4672	-2. 8776	平稳
DLEI	C. 0. 12	-8. 0326	-3. 4728	-2. 8801	平稳

注：D 表示一阶差分，L 表示对序列进行自然对数变换；检验形式（C，T，L）中的 C，T，L 分别表示 ADF 检验模型中的常数项、趋势项和滞后阶数。

变量 LDO 和 LEI 的 ADF 统计量值大于 5% 临界值，则这两个变量具有单位根，是非平稳序列。随后对这两个变量进行一阶差分的统计量 DLDO 和 DLEI 进行单位根检验，从表可以看出，DLDO 和 DLEI 的 T 统计量均小于 1% 水平下的临界值，即均是平稳序列，且 LDO 和 LEI 为一阶单整序列。

三、原油价格和电力价格传导关系分析

（一）模型估计

零假设“None”是指变量 LDO 和 LEI 存在 0 个协整关系的原假设，迹统计量值为 11. 5929 小于 5% 临界值 15. 4947，见表 2，则接受原假设，即 LDO 和 LEI 之间不存在协整关系。

表 2　LDO 和 LEI 的协整关系检验结果

零假设	特征值	迹统计量	5% 临界值	概率值
None	0. 0566	11. 5929	15. 4947	0. 1775
At most 1	0. 02205	3. 2103	3. 8415	0. 0732

Johansen 检验结果表明变量 LDO 和 LEI 之间不存在协整关系，但都是一阶平稳序列，则大庆原油价格和电力出厂价格的一阶序列可以建立 VAR 模型，进而研究两变量间的关系。建立 VAR 模型前，需要确定适当的滞后阶数，阶数过少会导致模型

自相关误差较大，过多会导致模型自由度的减少。本文采用 AIC（施瓦茨）和 SC（赤池）最小的原则筛选最适滞后阶数。

根据 AIC 和 SC 最小准则，可以看出模型的最佳滞后期为 1，见表 3，建立 VAR（1）模型，由于此模型的 AR 特征根大于 1，所以模型 VAR（1）稳定。

表 3　DLDO 和 DLEI 的 AIC 和 SC 准则结果

滞后阶数	滞后 1 -1 阶	滞后 1 -2 阶	滞后 1 -3 阶	滞后 1 -4 阶
AIC 准则	-10. 2609	-10. 2390	-10. 1804	-10. 1770
SC 准则	-10. 1431	-10. 0418	-9. 9031	-9. 8189

VAR（1）模型结果为：

$$\begin{bmatrix} DLDO \\ DLEI \end{bmatrix} = \begin{bmatrix} -0.0006 \\ -0.0002 \end{bmatrix} + \begin{bmatrix} 0.3302 & 0.3627 \\ 0.0053 & 0.3934 \end{bmatrix} \begin{bmatrix} DLDO \\ DLEI \end{bmatrix}_{t-1} + \begin{bmatrix} \varepsilon_0 \\ \varepsilon_1 \end{bmatrix}$$

从 VAR（1）模型可以看出，变量 DLDO 和变量 DLEI 除受自身滞后期的影响外，还受对方的影响。大庆原油价格受自身滞后一期的影响程度为 0. 3303，相对来说，大庆原油价格受电力工业出厂价格的影响更大（为 0. 3627），说明原油价格市场化以后，会对电力价格、市场供需等做出反应，从而对原油价格进行调整。电力出厂价格受自身滞后一期价格的影响程度为 0. 3934，而受原油价格的影响程度非常小（为 0. 0053），说明电力价格受自身影响的程度较大。

（二）脉冲响应分析

脉冲响应函数可以清晰的看到变量 DLDO 和变量 DLEI 之间的动态影响。从 VAR（1）模型分析得出，我国原油市场基本实现市场化，大庆原油价格与国际接轨，因此受电力出厂价格的影响程度大。虽然我国正在电推进电力价格市场进程，但电价波动对国民经济的影响大，政府对电价管制较为严格，所以电价受大庆原油价格的影响程度非常小。所以，为了进一步研究大气原油价格对电力出厂价格的影响机制，首先需要研究变量 DLEI 对变量 DLDO 一个标准差的脉冲相应，其次研究变量 DLDO 对变量 DLEI 一个标准差的脉冲响应。

脉冲响应图的纵坐标表示变量对某变量的冲击力度，横坐标表示变量冲击后发生脉冲响应的时间间隔。从图 2 可以看出，大庆原油价格对电力价格的冲击产生正向的响应。大庆原油价格 DLDO 受到电力价格 DLEI 一个单位正向标准差冲击后，脉冲响应在第 2 期最大，约为 0. 01，其中每期为一个月，逐渐减少，直至第 5 期大

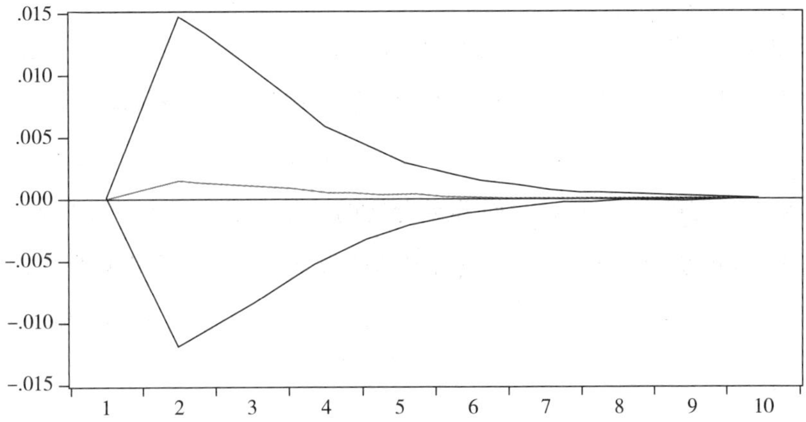

图 2　冲击变量 DLDO 对 DLEI 的脉冲响应

庆原油价格对电力价格的脉冲响应为 0。电力价格对大庆原油价格的脉冲响应在 2 期最大约为 0. 006，到第 6 期减少为 0，且总体脉冲响应趋近于 0，见图 3，这可能与电力价格受管制有关，导致电力价格市场化不够，从而对原油价格的冲击的反应程度较小。

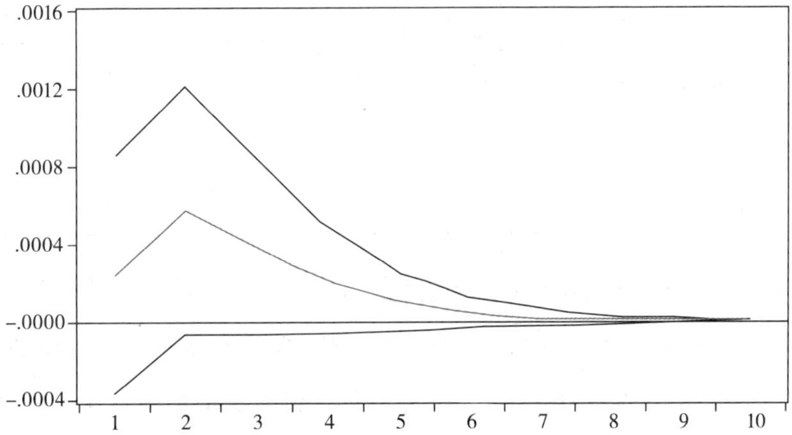

图 3　冲击变量 DLEI 对 DLDO 的脉冲响应

（三）方差分解分析

脉冲响应函数可以清晰看到一个变量冲击对另外一个变量的动态相关。而方差分解可以分析各个扰动项对 VAR（1）模型中 DLDO 和 DLEI 变量影响的相对重要性，分析 VAR（1）模型中大庆原油价格 DLDO 和电力价格 DLEI 在不同预测期的预测误差中，变量 DLDO 和 DLEI 对各自预测误差的贡献和变动趋势。方差分解时，本文采用滞后期为10期。

大庆原油价格和电力价格的预测误差均随预测期的延长逐渐增加，且均在第4期达到最大，见表4。在第1期，DLDO预测方差100%由自身扰动引起的。随着预测期的延长，变量DLDO由自身引起的预测方差逐渐降低，由D（LEI）引起的预测误差逐渐增多。在第6期时，DLDO误差分解的结果稳定，且有约0.0349%的预测方差是有DLEI的扰动引起。说明大庆原油价格预测方差主要是由自身扰动引起的，在各个滞后期内的影响很大，平均约为99.97%。电力价格对DLDO预测方差的影响较小，10期内平均约为0.03%。

表4　变量D（LDO）和D（LEI）方差分解

DLDO方差分解				DLEI方差分解			
时期	预测方差	DLDO	DLEI	时期	预测方差	DLDO	DLEI
1	0.0903	100.000	0.0000	1	0.0038	0.4183	99.5817
2	0.0952	99.9794	0.0205	2	0.0041	2.3476	97.6524
3	0.0957	99.9691	0.0308	3	0.0041	3.1475	96.8525
4	0.0958	99.9659	0.0340	4	0.0042	3.3742	96.6258
5	0.0958	99.9652	0.0347	5	0.0042	3.4275	96.5725
6	0.0958	99.9650	0.0349	6	0.0042	3.4388	96.5612
7	0.0958	99.9650	0.0349	7	0.0042	3.4410	96.5590
8	0.0958	99.9650	0.0349	8	0.0042	3.4415	96.5585
9	0.0958	99.9650	0.0349	9	0.0042	3.4415	96.5585
10	0.0958	99.9650	0.0349	10	0.0042	3.4416	96.5585

DLEI的预测方差主要由自身扰动引起，随滞后期的延长，预测方差受自身扰动的程度减少，约在第6期达到稳定。第1期，99.8%的预测方差由DLEI自身扰动引起，约0.42%预测方差由DLDO引起。第6期，电力价格预测方差约96.56%由自身扰动引起，3.44%由大气原油价格扰动引起。说明电力价格预测方差主要由自身扰动引起的，影响程度大，10期平均扰动约97.01%，而DLDO扰动引起的预测房差较小，10期内平均约为2.94%。

四、结论

本文利用大庆原油价格和电力工业出厂价格指数的月数据，利用Johansen协整检验、脉冲响应函数和方差分解等方法对大庆原油价格和电力价格的联动关系进行分析。大庆原油价格基本实现市场化，对大庆原油价格和电力价格联动关系的分析，便于理解电力价格市场化现状。分析结果表明：

（1）根据ADF单位根检验结果，大庆原油价格和电力价格是一阶平稳序列，但Johansen协整检验表明变量DLDO和变量DLEI之间不存在长期协整关系，变量DL-DO和DLEI可以建立VAR（1）模型。

（2）VAR（1）模型中，大庆原油价格受自身滞后一期的影响程度为0.3303，相对来说，大庆原油价格受电力工业出厂价格的影响更大，约为0.3627，说明原油价格市场化以后，会对电力价格、市场供需等做出反应，对原油价格进行调整；电力出厂价格受自身滞后一期价格的影响程度较大，约为0.3934，原油价格对电力价格的影响非常小，约为0.0053。政府对电力价格的管制，可能是导致原油价格对电力价格影响较小的原因之一。

（3）脉冲响应图中可以看出，变量DLDO受到DLEI一个单位正向标准差的冲击后，脉冲响应在第2期最大，约为0.01，并随滞后期的延长逐渐减少，第6期脉冲响应趋近于0。电力价格对大庆原油价格的脉冲响应总体非常小，接近于0，第2期最大约为0.006。

（4）方差分解表明，大庆原油价格和电力价格的预测误差主要由自身扰动引起，随预测期的延长逐渐增加，且在第4期达到最大，约在第6期达到稳定。大庆原油价格预测方差平均每期约99.97%由自身扰动引起，约0.03%由电力价格的扰动引起；电力价格预测方差每期约97.01%由自身扰动引起，约2.94%由D（LDO）扰动引起。

专题九　成品油消费与汽车行业发展的相关性分析

成品油产品在国民经济发展中占有重要的地位，是各行各业和人们日常生活中不可缺少的重要资源与基础。随着我国社会和经济的持续发展、人民生活水平的不断提高、汽车保有量的快速增加、交通运输和物流等行业的稳步发展，以汽油、柴油、煤油为主的成品油消费呈现快速增长的趋势。此外，私家车数量的增加直接决定了汽车保有量的增加。当前，汽车工业发展和汽车保有量的增加已经成为拉动国内石油消费的主要因素之一。

一、成品油在汽车行业的消费状况

成品油主要指汽油、煤油、柴油、及其他符合国家产品质量标准、具有相同用途的乙醇汽油和生物柴油等替代燃料。成品油以原油的生产加工而成，可分为石油燃料、石油溶剂与化工原料、润滑剂、石蜡、石油沥青、石油焦等六类。其中，石油燃料产量最大，约占总产量的90%。石油产品经过炼油厂加工，最终以柴油、汽油和航空煤油等产品形式供应市场。

汽车的出现和推广大幅增加了人们对石油产品的消费需求，也将石油工业推上了快速发展的轨道。据资料显示，目前全球石油产量的三分之一以上用于汽车燃料消费，其中还不包括汽车在生产过程中的石油消费，全球范围内的汽车仍然以燃油内燃机汽车为主力。

（一）汽油的市场状况

国家统计局的数据显示，中国民用汽车中有84%为小型载客汽车，其主要的车用燃油是汽油。由此可以看到占据汽油消费大头的主要还是交通运输业和生活消费，也就是小型载客汽车消费。我国 GDP 平稳增长，同时国民收入也稳步增长，对生活品质的追求也日益加强，购买力大幅提升会增加对乘用车和出行的需求，直接拉动汽油消费。但是，汽车市场的发展状况同时也很大程度影响着汽油的消费需求，如新能源汽车的大力推广、定价政策等都会对汽油消费量产生一定的影响。综合来看，近年国内汽油产销量比较稳健，还保持平稳增长的趋势。

1. 汽油需求波动增长，产销量总体上升

根据图 1 和图 2 的统计数据显示，我国汽油的产量和表观消费量呈现逐年增长的趋势。表观消费量增速在 2009 年金融危机的节点处发生大幅下降状况，从 2010 年到 2014 年开始恢复增长速度，继而从 2014 年开始增速又逐年下降，见图 2。带动汽油消费增长的主要动力是私家车的快速增长。据统计“十二五”期间汽车销量年均增长 11%，带动汽油需求保持年均 5% 稳定增长。根据国民经济统计公报，预计到 2020 年我国汽车保有量将达到 2.80 亿辆，2017—2020 年期间的复合增长率为 10.48%，国内汽油表观消费增长约为 3%，为 1.23 亿吨。高汽车保有量是汽油消费的直接驱动，经济发展水平、基础设施建设及产业构成则在根本上决定汽油的消费量。

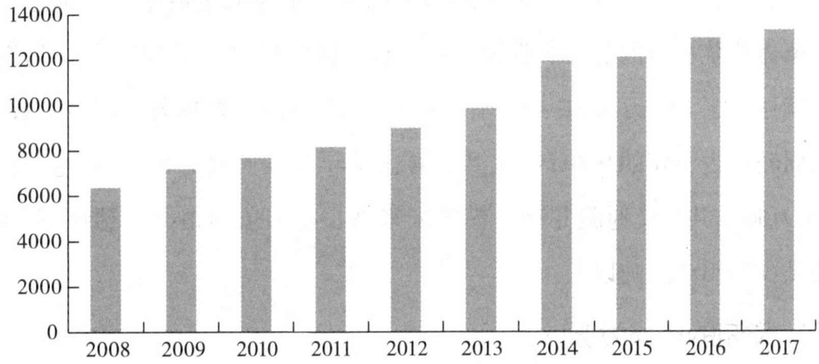

图 1　2008—2017 年中国汽油产量（万吨）

数据来源：卓创资讯、中商情报网

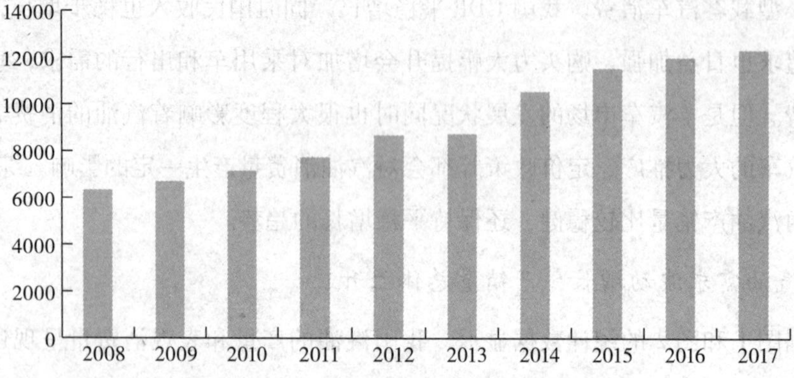

图 2　2008—2017 年中国汽油表观消费量（万吨）

数据来源：卓创资讯、智研资讯

2. 汽油消费前景

近年来我国汽车市场日趋繁荣，汽车行业迅猛发展，我国汽车保有量上升导致了国内市场对汽油需求的增加。预计未来几年国内汽油年需求增速维持在 9% 左右，到 2022 年国内汽油需求量将增长至 20810 万吨。随着新能源汽车和替代燃料的发展，汽油消费强度逐渐降低，未来汽油消费必将迎来峰值。

此外，随着共享经济逐渐从一个新鲜事物变成了我们生活中的一部分，共享出行完全有革命传统出行的潜力。根据滴滴出行研究院报告，仅 2017 年春运期间跨城合乘人数就达到了 840 万人次，影响汽油消费 3. 2 万吨。根据公路周转量数据显示，春运期间周转量占全年的 9. 6%，大致推算出全年合乘人次为 8700 万左右，影响汽油消费 35 万吨。共享交通服务这一模式未来增长空间依旧很大，预计 2020 年影响汽油消费至少在 100 万吨以上。

（二）柴油的市场状况

从行业上看，我国柴油消费的下游领域主要集中在交通运输，消费比占约 60% 以上。与汽油主要用于乘用车不同，柴油由于能量密度高，主要用于大型车辆，包括客车、载货卡车、铁路机车、船舰等。随着我国经济增速减缓，新能源汽车、小排量汽车、航空以及铁路的迅速发展，我国的柴油消费持续低迷。

1. 柴油需求明显放缓，产销量增速较低

如图 3、图 4 所示，我国柴油表观消费量在 2008—2010 年保持了较快的增长趋势，仅在 2009 年金融危机期间下降明显。自 2010 年以来，我国柴油消费增速逐年放缓，始终处于低位，2013—2015 年增长率均处于 1% 以下。据资料显示，我国柴油的消费受工业生产增幅影响较大。中国石化经济技术研究院监测车流量与工业增加值呈现出一致性的走势，所以，当工业生产放缓时，车流量的增速同时出现下滑，表明运输需求减弱。2016 年我国柴油消费量呈现负增长走势，伴随着改革的成果逐步显现，2017 年前十个月，柴油消费量增长再度回归到正值范围内，并出现小幅攀涨。

近年来，伴随着我国汽车保有量的逐步增加，汽油消费需求旺盛。而在全球经济疲软的环境下，我国经济增速逐步放缓，柴油表观消费增速也明显回落。除经济增速下降的因素外，国内炼厂逐步改变柴油与汽油的生产比，令柴油产量增速处于低位。消费柴、汽比的变化与工业化发展阶段、居民收入水平和汽车行业发展趋势密切相关。此外，天然气等替代快速发展和柴油隐性资源增多，也是导致表观消费量增速放缓的重要原因。

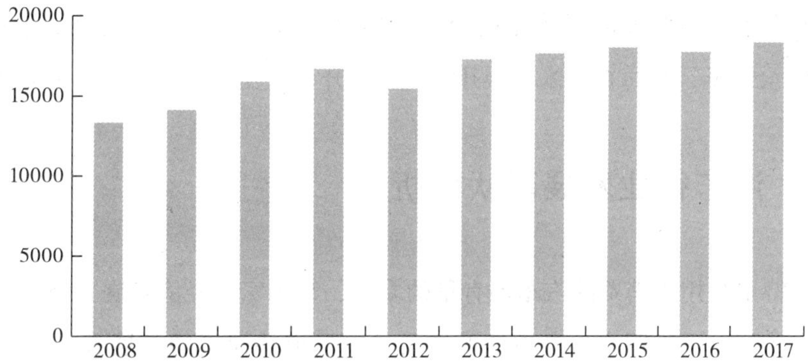

图 3　2008—2017 年中国汽油表观消费量（万吨）

数据来源：卓创资讯、智研资讯

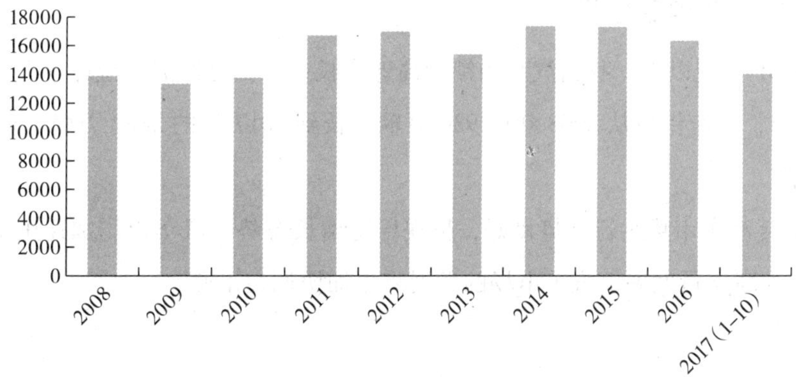

图 4　2008—2017 年中国汽油表观消费量（万吨）

数据来源：卓创资讯、智研资讯

2. 未来柴油消费受新能源汽车发展的影响

根据卓创资讯资料显示，2017 年 1—10 月我国柴油消费占成品油消费最大约 47%，但也呈现了逐年下降的趋势。随着汽车保有量的逐步增加，汽油的消费需求十分旺盛。而在全球经济疲软的环境下，我国经济增速逐步放缓，柴油需求量偏低。另一方面，天然气替代车用柴油快速增多，也是导致柴油表观消费量增长放缓的重要因素。其中压缩天然气 CNG 替代柴油主要在公交车领域，液化天然气 LNG 替代柴油既有大型客车，也有重型货车。根据数据得知，10 万余辆的 CNG 公交车能节约柴油约 150 万吨左右，再加上其高续航能力目前已经成为替代车用柴油的主要力量。所以，目前柴油消费量的下降在很大程度上受天然气汽车逐渐发展的影响。

但从整个世界市场来看，预计我国将在 2030 年成为世界上最大的柴油市场。因为在燃油汽车当中柴油消费的比例会逐渐增高，再加上柴油发动机的平均油耗在 2030 年将会降低，从每百千米 9. 2 升降到 7. 3 升，比美国的平均油耗 8. 1 升还要低。

二、汽车行业发展现状分析

汽车特别是用于消费的汽车保有量的多少，与国家的经济发展、经济活跃程度、国内生产总值、人均国内生产总值的增长，以及道路建设的发展有着密切的联系。随着中国经济的持续快速发展以及人民收入水平的不断提高，越来越多的家庭具有购买用车的能力。

（一）汽车销量分析

进入 21 世纪以来，我国汽车的销量高速增长，我国已经成为全球最大的汽车市场。如图 5，汽车销量从 2008 年的 936 万辆增长到 2017 年的 2887 万辆，10 年增长了 3. 08 倍。

2017 年汽车市场运行态势良好，呈现稳定增长态势。汽车市场加速正由高速度增长转变为高质量发展，汽车市场的发展将更加协调、平衡。

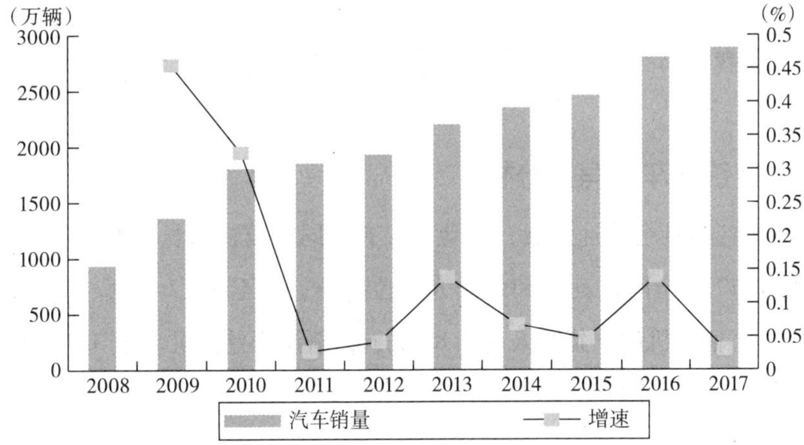

图5　2008—2017 年我国汽车销量及增速

数据来源：中国产业信息网

2017 年我国汽车销量达 2887. 89 万辆，同比增长 3%，再创历史新高，连续九年居全球第一。汽车消费结构进一步调整优化，新能源汽车销售增速达 53. 3%。其中乘用车销量为 2471. 83 万辆，占比 85. 59%，同比增长 1. 40%；2017 年中国商用车销量为 416. 06 万辆，占比 14. 41%，同比增长 13. 95%，见图 6。

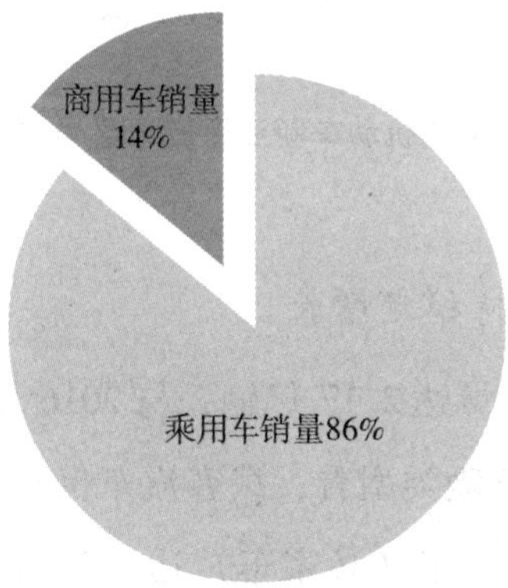

图6　2017 年我国汽车销量各类占比

数据来源：交通运输部

汽车消费人群的三大主力有：一是中产阶层，一般为一二线高收入人群，其购车目的是改善需求，换购增购新车增长较快，职业主要以公司管理人员、公务员为主；二是小城市奋斗族，一般为三四线城市的八零和七零后家庭，购车的目的大多是提高生活质量，主要职业以公司雇员，公务员和个体业为主；三是城际移民族，随着城镇化在中大型城市居住的外地迁入家庭，职业主要以个体小业主，企业雇员和蓝领工人。

未来几年我国仍然是全球汽车消费大国，汽车产销量在全球的市场地位将不会改变。

（二）传统汽车保有量分析

随着我国经济社会快速发展，机动车保有量同样较快增长，新注册登记量高于上年同期。2017 年全国机动车和驾驶人高位增长，截至 2017 年底，全国机动车保有量达 3. 10 亿辆；机动车驾驶人达 3. 85 亿人；新注册登记机动车 3352 万辆，新增驾驶人 3054 万人，如图 7。

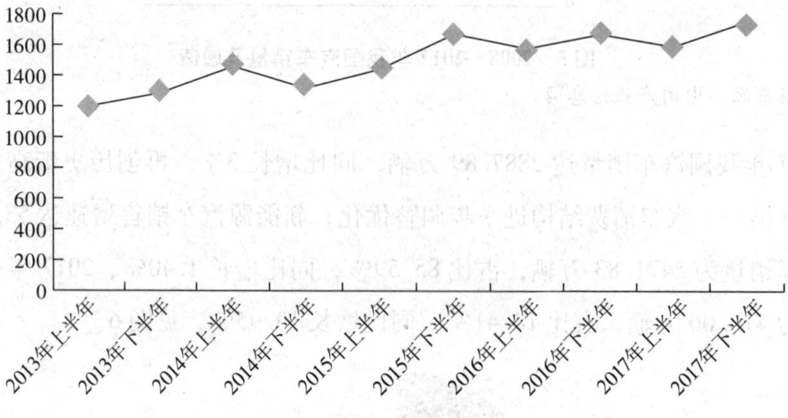

图 7　2012—2017 年机动车新注册登记量半年变化情况（万辆）

数据来源：中国产业信息网

1. 我国汽车保有量保持稳定增长

2017 年，全国汽车保有量达 2. 17 亿辆，与 2016 年相比，全年增加 2304 万辆，增长 11. 85%，如图 8。从车辆类型看，载客汽车保有量达 1. 85 亿辆，其中以个人名义登记的小型和微型载客汽车（私家车）达 1. 70 亿辆，占载客汽车的 91. 98%；载货汽车保有量达 2341 万辆，新注册登记 310 万辆，为历史最高水平。从分布情况看，全国有 53 个城市的汽车保有量超过百万辆，24 个城市超过 200 万辆，北京、成都、重庆、上海、苏州、深圳、郑州 7 个城市超过 300 万辆。

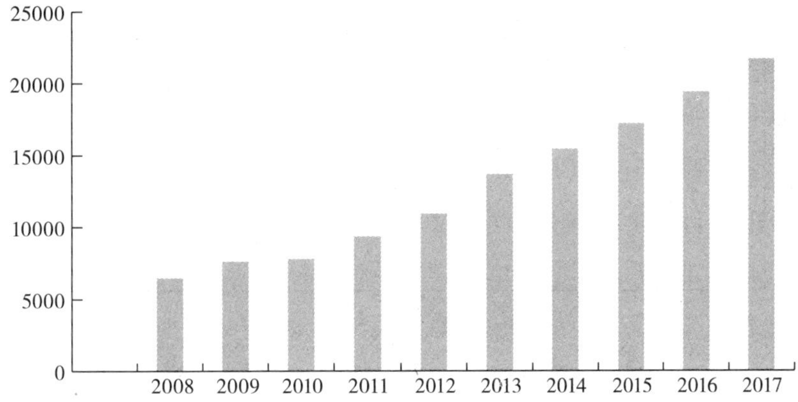

图 8　2008—2017 年我国汽车保有量（万辆）

数据来源：中国产业信息网

2. 私家车持续快速增长

小型载客汽车保有量 1.7 亿多辆，私家车持续快速增长。截至 2017 年 6 月底，小型载客汽车保有量达 1.68 亿辆，其中，以个人名义登记的小型载客汽车（私家车）达 1.56 亿辆，占汽车总量的 76.32%，2016 年下半年以来月均增加 164 万辆，呈持续快速增长趋势，如图 9。

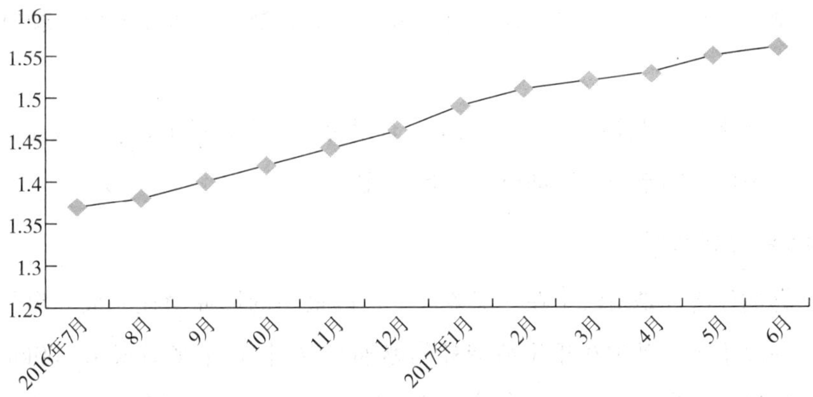

图 9　2016 年 7 月—2017 年 6 月私人小型载客汽车保有量（亿辆）

数据来源：中国产业信息网

3. 载货汽车新注册登记量达历史最高水平

载货汽车保有量达 2341 万辆，新注册登记量达历史最高水平。截至 6 月底，全国载货汽车保有量达 2273 万辆，2017 年上半年载货汽车新注册登记量达 156 万辆，为历史最高水平，如图 10。

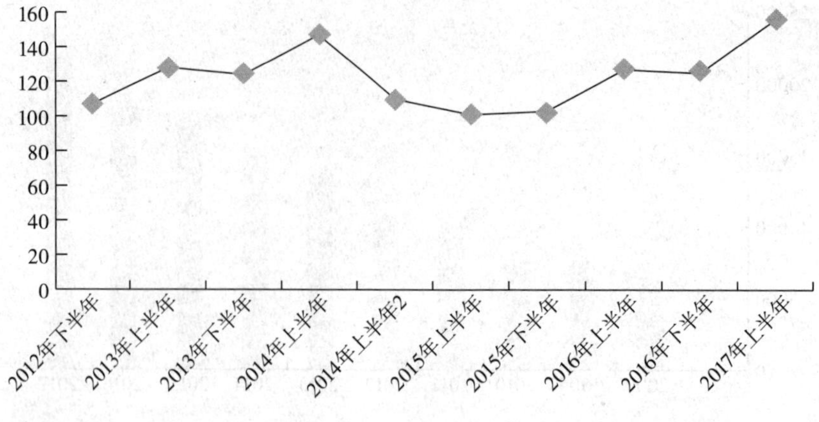

图10　2012—2017年载货汽车新注册登记量半年变化走势（万辆）

数据来源：中国产业信息网

根据我国近几年汽车保有量数据，按照10%的保守增长率计算可预测出2018年至2022年我国汽车保有量分别为2.35亿辆、2.58亿辆、2.84亿辆、3.12亿辆、3.44亿辆。

（三）汽车耗油量分析

汽车耗油量取决于汽车的单耗水平，汽车单耗（单车每年燃油消耗量）受两方面因素影响，即汽车的燃油经济性（百千米燃油消耗量）和汽车的年行驶里程（万千米/年）。

工信部预测，到2020年，中国汽车保有量将达到2.5亿量，消耗成品油约4亿吨，也就是说汽车的平均年耗油量为1.6吨/辆。

1. 汽车的燃油经济性

汽车燃油经济性是指汽车在一定条件下，以最小的燃油消耗完成一定行驶里程的能力，一般采用行驶100千米所消耗的燃油量（升/百千米里或L/100km）作为汽车燃油经济性的指标。汽车燃油经济性与发动机特性、汽车自重、车速及各种运动阻力如空气阻力、滚动阻力和爬坡阻力的等的大小，传动系的效率及减速比等都有关系。

我国汽车的燃油经济性与国际先进水平仍存在较大差距，提高汽车燃油经济性可以通过提高发动机压缩比和机械效率、改善化油器和点火系统、降低汽车行驶阻力、鼓励发展小排量经济型轿车、鼓励发展混合动力汽车等措施来实现。

发达国家从20世纪70年代起，启动了一系列提高汽车燃油经济性的措施，取得了明显成效。参考发达国家的成功经验，考虑我国目前已经将节能作为经济社会发展的长远战略方针，我国汽车燃油经济性水平提高的潜力很大，将成为缓解成品油消费需求压力的关键影响因素。但由于燃油经济性的提高涉及汽车技术、产业政策等多方面因素，存在较大不确定性，并且相同的汽车会由于路况、驾驶习惯、负载情况、使用年限等诸多实际因素的不同，而产生差别较大的百千米耗油情况。

2. 汽车出行强度

影响汽车单耗的另一因素是汽车的出行强度，即年行驶千米数，对于乘用车和商用车，年行驶千米数的变化规律有所不同。

乘用车方面，随着交通基础设施的发展、人们活动范围的扩大，乘用车年行驶里程近年来有所增加，但是幅度有限。私人轿车的行驶里程一般要远远低于公务、商务用车，因此，未来私人轿车比例的增加会使轿车平均行驶里程下降，但是由于低油价的大背景，会使得人们减少公共交通出行而增加轿车的使用，在“十三五”中后期，随着居民收入水平的提高，我国乘用车普及期逐步进入尾声，车辆增长主要以更新换代为主，SUV 等大排量车在轿车新车销售的比重将有进一步的提高，近年来已经出现这种趋势，并且未来城市交通管制措施的严格，也将推动汽车租赁和共享等多种形式的汽车使用服务，都会在一定程度上提高轿车单耗。同时，微型客车的出行规律和强度变化规律与轿车相似。

商用车方面，近几年由于高速公路的建设，促进了交通运输业的发展，商用车的活动范围和强度都有大幅度提高，成为客货车单耗快速增加的主要原因。未来这一趋势将会明显放缓，并开始下降。与乘用车的使用规律不同的是，商用车多为满足经济社会物流需求的目的，因此，其出行强度与经济周期和经济景气程度有很强的关联性。

（四）我国影响汽车保有量的主要因素

1. 我国汽车的产销量

商品只有被生产出来才有被消费的可能，所以，汽车产量是汽车保有量的前提，汽车销量是汽车保有量的基础，因此全国汽车产销量是居民汽车保有量的影响因素之一。近 10 年来我国汽车产销量保持平稳增长，销量与产量基本持平，可见我国居民对汽车的需求在不断增长，进而影响我国汽车保有量，见图 11。

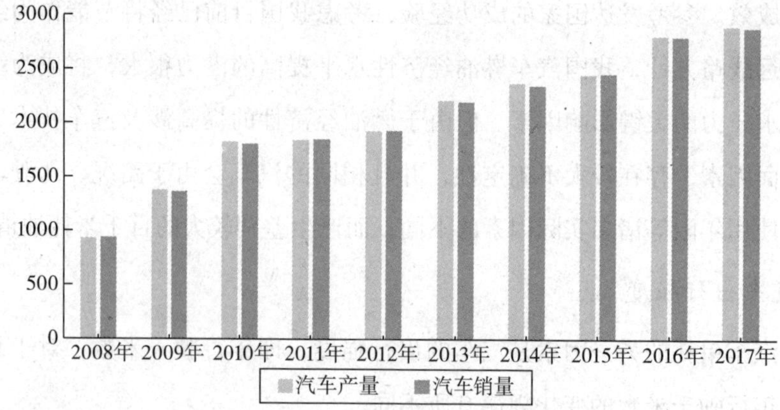

图 11　2008—2017 年我国汽车产销量（万辆）

数据来源：中国汽车工业协会

2. 国家的汽车产业政策

进入新世纪以来，我国汽车产业实现快速发展。汽车市场在国民经济中的支柱作用不断增强，汽车税收占全国税收比重、从业人员数占全国就业人员数比重、汽车销售额占全国商品零售总额的比重均超过 10%。

尤其在新能源汽车领域，我国已成为最大的生产和销售市场。当前，许多国家纷纷调整发展战略，在新能源、智能网联产业加快产业布局，抢占新一轮制高点。新能源汽车产业已经上升至我国的国家战略的高度，依靠发展新能源汽车实现长久以来的汽车强国梦已成共识。近年来我国新能源汽车产业快速发展，取得了有目共睹的成绩。

我国工信部表示目前已经启动研究制定燃油汽车禁售时间表，并于 2017 年 9 月 27 日发布了《乘用车企业平均燃料消耗量与电动汽车积分并行管理办法》，该办法在对电动汽车的积分政策进行了详细的划定的同时也将促使我国车企加大电动汽车生产的力度。

2017 年 1—11 月，新能源汽车产销分别完成 63.9 万辆和 60.9 万辆，同比分别增长 49.7% 和 51.4%，见图 12。

2017 年，全国新能源汽车保有量达 153 万辆。从新注册登记情况看，2017 年新能源汽车新注册登记 65 万辆，与 2016 年相比，增加 15.6 万辆。全国已有 107 个城市启用新能源汽车专用号牌，覆盖 31 个省（自治区、直辖市）。2018 年上半年，全国范围内将全面启用新能源汽车专用号牌。根据国务院《节能与新能源汽车产业发展规划（2012—2020年）》，到2020年，纯电动汽车和插电式混合动力汽车累计产销量将超过500万辆。

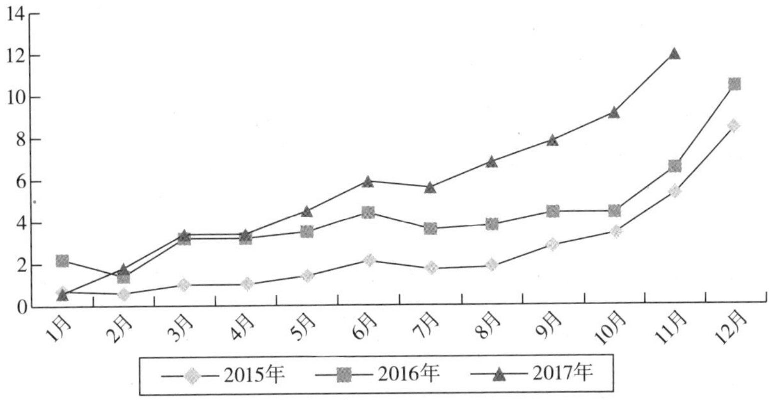

图12　2015—2017年新能源汽车销量同比（%）

数据来源：前瞻产业研究院

行业专家对燃油汽车禁售持有的态度则没那么一致，有人认为我国传统汽车产销量位居世界第一，且保持逐年增长势头，电动汽车想要在短时间内取代传统燃油汽车的可能性几乎为零；也有人认为，随着电池性能/技术的提升、价格的下降，电动汽车总成的成本大幅下降不是没有可能，一旦电动汽车性价比与传统能源汽车持平或较之优越，则顺势取而代之的可能性极大。

3. 财政收入

财政收入是政府履行其职能、实施公共政策和提供公共物品与服务需要的基础，是衡量一国政府财力的重要指标，政府在社会经济活动中提供公共物品和服务的范围和数量，在很大程度上取决于财政收入的充裕状况。这一指标将影响国内经济的方方面面，所以这一指标也是居民汽车保有量的影响因素。

4. 居民的收入水平

汽车保有量的前提是汽车消费，而收入是消费的基础，也是影响消费最重要的因素，我国经济自改革开放以来取得快速发展，我国居民的收入水平在不断提高，居民的可支配收入不断提高，对汽车的需求也随之提高。随着我国居民收入水平的提高和生活质量的改善，汽车已经成为了家庭中常见的交通工具。汽车保有量的增加表现了我国居民生活水平的提高，扩大了人们的活动范围，方便了居民的日常生活。

三、成品油消费与汽车行业发展的相关性分析

我国汽车行业发展迅速，目前已经成为世界汽车大国。同时，汽车行业的发展也离不开原油加工业的支持。据统计，在成品油的消费构成中，汽车产品消耗的成品油已经占到了世界石油总产量的三分之一以上。总结来看，影响成品油消费的因素有很多，但汽车仍然是推动成品油消费的主要力量。本节以回归分析为核心，附加相关性检测对成品油消费和汽车行业发展的相关性做具体的分析。最后对未来成品油市场和汽车行业发展趋势进行分析与预测。

（一）分析方法与建模

汽车行业发展与成品油消费之间存在紧密的关系，近年来，我国汽车行业快速发展，在经济发展进入新常态、国际油价低迷的大背景下，汽车行业的快速发展成为拉动我国成品油消费的主要动力，支撑我国成品油消费量低俗增长，本文为了验证汽车行业发展与成品油消费二者之间的关系，采用了理论分析与实证分析相结合的分析方法，首先用理论分析描述二者发展的总体趋势，然后用实证分析进一步检验二者间的相关性以及汽车保有量对成品油消费量的影响程度。

本文在实证分析部分选取我国 2008—2017 年共计 10 年的汽车保有量和成品油消费量的数据作为样本数据，同时以汽车保有量作为自变量、成品油消费量作为因变量通过构建一元线性回归模型进行实证分析，在统计学中，回归分析（regression analysis）指的是确定两种或两种以上变量间相互依赖的定量关系的一种统计分析方法。回归分析按照涉及的变量的多少，分为一元回归和多元回归分析；按照因变量的多少，可分为简单回归分析和多重回归分析；按照自变量和因变量之间的关系类型，可分为线性回归分析和非线性回归分析。在大数据分析中，回归分析是一种预测性的建模技术，它研究的是因变量（目标）和自变量（预测器）之间的关系。这种技术通常用于预测分析，时间序列模型以及发现变量之间的因果关系。结合本文实际采用一元回归模型进行分析，最终通过分析模型输出结果对汽车行业未来发展进行预测。

（二）相关性具体分析

1. 成品油消费与汽车保有量的增长趋势分析

从近十年的历史数据来看，我国成品油消费增长大体上与汽车保有量的增长趋

势一致（如图 13）。到 2017 年我国成品油消费总量已超过 3. 25 亿吨，汽车保有量超过 2. 17 亿辆，汽车用油占成品油消费量的比例及其对增量的贡献均达到 50% 以上。今后随着汽车覆盖率扩大、以及物流业和旅游业的发展，我国成品油消费还将不断上升。

虽然有很多因素影响着成品油的消费，但是根据每年的增幅来看，成品油消费增幅与汽车销量增幅存在一定的内在关系，汽车仍然是推动成品油消费的主要力量。从整体来看，成品油消费增长趋势放缓，分析得出以下几点原因：第一、汽车结构在发生变化，油耗较低的小型家用轿车及微型车的比重在增加，尤其是私家车的增长，乘用车燃油经济性提高；第二、油价上调促进了代用燃料使用量的增加；第三、受政府鼓励推动新能源汽车的发展，未来还要在全国范围内大力推广；第四、近年来共享单车、网约车的普及，为人们出行增加了便利，在一定程度上替代了私家车的交通服务方式。预测未来随着共享交通的发展，到 2020 年将减少汽油消费量约 400 万吨左右。

综上所述，我国成品油消费与汽车行业的发展有着紧密的联系。

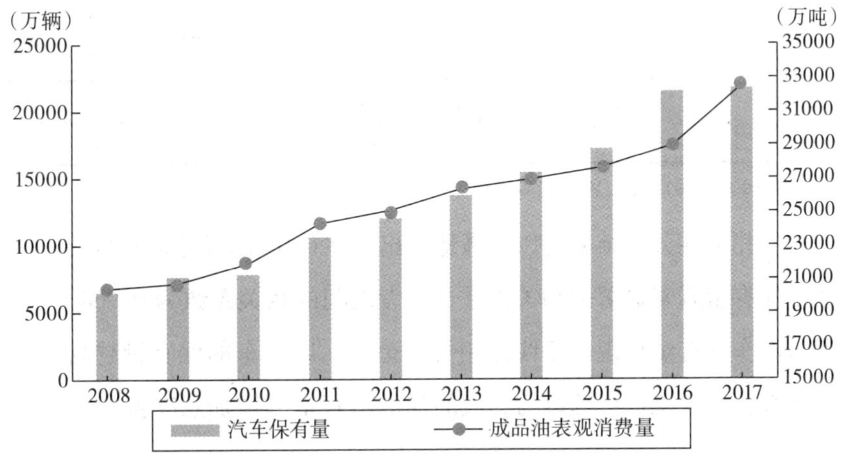

图 13　2008—2017 年成品油表观消费量与汽车保有量增长趋势

数据来源：卓创资讯

2. 成品油消费与汽车保有量的相关性分析

分析采用 2008 年至 2017 年的成品油表观消费量与我国汽车保有量的数据如表 1。利用 SPSS 软件对成品油消费量和汽车保有量进行相关性检验，所得结果如表 2 所示：

表 1　2008—2017 年成品油表观消费量和我国汽车保有量

年份	成品油表观消费量（万吨）	汽车保有量（万辆）
2008	20400	6467.21
2009	20700	7619.31
2010	21900	7802
2011	24300	10600
2012	25080	12000
2013	26334	13700
2014	26928	15400
2015	27616	17200
2016	28948	21470
2017	32500	21700

数据来源：卓创资讯

表 2　相关检验结果

		汽车保有量	成品油消费量
汽车保有量	皮尔森（Pearson）相关	1	.968**
	显著性（双尾）		.000
	N	10	10
成品油消费量	皮尔森（Pearson）相关	.968**	1
	显著性（比尾）	.000	
	N	10	10

**. 相关性在 0.01 层上显著（双尾）。

从上表的相关性分析结果可以清晰地看出，在 0.05 的显著性水平下，成品油消费量与汽车保有量有着显著的相关关系，二者之间的相关系数为 0.968 >0，说明成品油消费与汽车保有量呈现出正线性相关的关系，即汽车的保有量越高，成品油的消费数量越大；同样也可以理解为，成品油的消费量的增加意味着汽车保有量的数量增大。

3. 成品油消费与汽车保有量的回归分析

得出了成品油消费与汽车保有量之间存在显著正相关关系之后，还需要继续观察两者的定量影响关系。同样采用 2008 年至 2017 年的成品油表观消费量与我国汽车保有量的数据（表 1）。选用汽车保有量作为自变量，成品油消费作为因变量，回归分析结果如表 3、表 4、表 5 所示：

表3 模型摘要[b]

模型	R	R 平方	调整后 R 平方	标准偏斜度错误
1	.968[a]	.937	.929	1019.09867

a. 预测值：(常数)，汽车保有量

b. 应变数：成品油消费量

表4 变异数分析[a]

模型		平方和	df	平均值平方	F	显著性
1	回归	123410159.594	1	123410159.594	118.828	.000[b]
	残差	8308496.806	8	1038562.101		
	总计	131718656.400	9			

a. 应变数：成品油消费量

b. 预测值：(常数)，汽车保有量

表5 系数[a]

模型		非标准化系数		标准化系数	T	显著性
		B	标准错误	Beta		
1	(常数)	16499.383	883.833		18.668	.000
	汽车保有量	.670	.061	.968	10.901	.000

a. 应变数\：成品油消费量

从以上的回归分析结果可以知道，回归方程的拟合度 R^2 为 0.937，拟合度很高。整个回归方程通过了显著性水平为 0.05 的 F 检验（F = 118.828，0.000 < 0.05），由此可以得出回归方程的自变量对因变量能够产生显著影响。自变量汽车保有量也通过了显著性水平为 0.05 的 T 检验（T = 18.668，0.000 < 0.05），由此得知，自变量汽车保有量能够对因变量成品油消费量产生非常显著的影响。

（三）趋势与结论

中国汽车产业作为世界汽车产业重要的组成部分，未来几年是中国汽车产业的黄金期，汽车产业已经完成了从小到大的过程，正在逐步实现由弱到强的巨大跨越，全球汽车工业将向中国和一些新兴经济体进一步转移，这对中国汽车工业来说，仍是非常难得的历史机遇。中国汽车市场不仅发展快，而且汽车消费需求变化也快，这对于中国汽车产业来说，将迎来下一个黄金年，自主品牌将完成从“中国制造”到“中国创造”的发展过程。预计未来几年，中国汽车市场的销量有望占据全球汽车总销量的一半以上，将是美国市场销量的两倍左右。中国汽车市场前景非常广阔。

1. 成品油与汽车行业趋势分析

（1）成品油市场需求平稳增长，汽油需求小幅增长，柴油保持消费稳定。

2017 年，在国内政策环境总体收紧的背景下，中国经济展现出较强的抗压能力，据有关专家预测，GDP 增速有望实现 6 年来的首次反弹。2017 年中国经济供给面向好特征更为明显，但需求面还需要更加有效的转型配合，内需动能要加强扩增。

展望 2018 年，在全球金融环境趋于收紧的背景下，发达经济体复苏势头不会明显弱化，主要新兴经济体增速有望进一步回升，我国所处的外部经济环境整体显示有利。国内经济有望保持平稳增长的态势，成品油需求总量将会继续增加，但综合考虑经济增速放缓、乘用车销量增速放缓、调和油资源波动、新能源和共享单车冲击、公路客车流量增长放慢等因素，成品油需求增速继续放缓。

（2）2018 年国内汽车销量可能进一步超过 2017 年的水平。

汽车需求增速将放缓，但目前汽车产能过剩，价格可能继续下滑。随着人们收入的提高，轿车需求仍将平稳增长。据工信部预测，到 2018 年，我国汽车保有量将可能提前突破 2 亿辆的水平；到 2020 年，中国汽车保有量将达到 2.5 亿量。因此，汽车工业发展对车用油品消费的拉动作用继续加大，汽车代用燃料的增加量相对平稳。

近年来，国内燃气汽车发展较为迅速，燃气汽车保有量占汽车总保有量的比例仍然较低。国家已经批准建设的乙醇汽油生产能力目前正继续扩大试点规模。合成油（包括生物柴油、煤制油和天然气合成油等 ）是热点，但关键在于生产成本的降低。所以，常规车用燃料目前仍然占主导地位。

摩托车和农用车的国内需求不会大幅上升。一方面国家对摩托车生产企业实施生产准入审核以及对摩托车尾气排放强制实施高标准等因素都将在一定程度上制约摩托车的发展。另一方面，在国际油价高企和建设“节约型社会”倡议的形势下，已由“禁止”摩托车上路改为“放开”摩托车上牌行驶。今后，摩托车行业发展方向将是提升质量而并非扩大规模，预计 2018 年产量将与 2017 年基本持平或略低，扣除出口以后摩托车保有量增加较少。在有关产业政策和环保要求的影响下，农用车产销量逐渐萎缩。就目前情况预计，2018 年农用车销量将基本与 2017 年持平。虽然农业机械发展速度有可能放缓，但农业用油将仍然是推动消费增长的重要因素。

（3）市场变化的不确定性对成品油市场影响加大。

目前我国正在逐步改革能源价格形成机制，这将提高油品生产商的供应经济性，同时也有利于减少部分不合理消费。2018 年年国内炼油能力将会有所增加。替代燃料的多少、气候的变化及汽车行业的动态等因素都会对成品油市场消费产生一定影响。这需要经营者及时跟踪市场，主动调整经营策略，才能立于不败之地。

（4）油品质量全面升级，环保督察力度加大。

2017 年 3 月底，国家环境保护部印发了《关于〈京津冀及周边地区 2017 年大气污染防治工作方案〉的通知》中指出，“2 +26”城市 9 月底前，全部供应符合国Ⅵ标准的车用汽柴油，禁止销售普通柴油，加速提供国Ⅵ标准的汽油产品，我国成品油质量升级进一步提速，对环保的督察力度进一步加大。

（5）乙醇汽油全面推广，对成品油市场影响加剧。

2017 年 9 月国家发改委等十五部委印发《关于扩大生物燃料乙醇生产和推广使用车用乙醇汽油的实施方案》，方案要求京津冀及周边等大气污染防治重点区域 2018 年开始推广，2019 年实现全覆盖。到 2020 年，全国范围内将基本实现车用乙醇汽油全覆盖。因此，“十三五”后三年我国生物燃料乙醇将迎来大发展，预计 2020 年实际产量将在 2016 年产量基础上增长一倍以上，对汽柴油的替代更直接、更紧迫。与此同时，煤制乙醇也迎来发展机遇，当下，我国“煤改气”后遇到了天然气需求暴增、供应不急导致“气荒”的尴尬，而乙醇汽油的利好政策同样使得未来市场需求骤然提升，但反观这一产业却面临着产能严重不足、企业普遍亏损的尴尬。

（6）新能源共享汽车租赁行业的发展势必会挤压汽油的消费量。

对于成品油行业而言，汽油一直作为我国石油需求的重要增长点，随着新增产能的陆续释放，产量保持增长趋势。另一方面，受到新能源汽车及小排量汽车占比的增加，以及共享出行方式的转变，导致汽油需求增速放缓。新能源共享汽车租赁行业的发展势必会挤压汽油的消费量，使得国内供需失衡问题愈加突出，虽然短期内大范围推广仍有难度，但可以预计后期我国汽油消费量维持低速增长或将成为新常态。

2017 年 8 月 8 日，交通运输部、住房城乡建设部联合发布《关于促进小微型客车租赁健康发展的指导意见》（简称《意见》），指出为促进新形势下小微型客车租赁的健康发展，推动移动互联网与小微型客车租赁的融合发展，更好满足人民群众多层次出行需求，提出小微型客车租赁指导意见。

《意见》鼓励使用新能源车辆开展分时租赁，即俗称汽车共享，以分钟或小时等为计价单位，利用移动互联网、全球定位等信息技术构建网络服务平台，为用户提供自助式车辆租赁服务。并明确指出鼓励新能源汽车的发展，而非互联网租赁电动单车。

随着“共享经济”理念不断深入人心，目前“共享汽车”已经登陆国内部分城市。因“共享汽车”的推广使用还在试运行阶段，对于如何使用、收费多少等问题还在摸索阶段，但其发展方向却是大势所趋。

(7) 天然气替代车用柴油快速增多，导致柴油表观消费量增长放缓的重要因素。

压缩天然气（CNG）替代柴油主要在公交车领域，LNG 替代柴油既有大型客车，也有重型货车。相比 CNG 汽车，LNG 汽车减少了车载燃料系统的尺寸和质量，提高了续航能力，目前已成为替代车用柴油的主要力量。自 2009 年以来，新疆、山西、内蒙古和贵州等地区不断推广 LNG 重型卡车，四川、重庆、新疆、江苏、浙江和贵州等地区大力推广 LNG 客车。

(8) 未来中国柴油轿车的发展前景不容乐观 。

制约未来中国柴油轿车发展的因素是多方面的。首先，中国已经将新能源汽车作为汽车产业政策的主要扶持方向，在柴油轿车上加大发展的可能性将不是很大；其次，PM2. 5 污染已经成为众矢之的，柴油发动机颗粒物排放普遍较高，未来可能一直是环保部门的重点关注对象，推出并非十分先进的柴油轿车难获得政策上的认同；最后，从消费者的角度来看，柴油轿车购置成本高。综上所述，未来中国柴油轿车很难较好发展。

2. 汽车保有量高速增长，将继续支撑汽油消费刚性平稳增长

虽然受到经济增速下滑影响，成品油消费趋缓，2017 年增长约 3. 2%，展望 2018 年，中国经济继续保持稳定向好的发展态势，但是由于经济结构转型、房地产市场调整、环保力度加大、乘用车销量增速放缓、新能源汽车和共享单车等替代能源发展等因素，成品油终端消费行业发展将放缓，从而使成品油需求增速回落，预计 2018 年成品油需求量 3. 31 亿吨，同比增长 1. 9% 左右。

居民收入稳定增长，居民消费结构升级，尤其是，再加上低油价，直接刺激了汽油消费量的增加。加之新能源汽车和混合动力汽车推广，将成为制约汽油消费增速的显著因素。中国汽车工业协会数据显示，2018 年新能源汽车销量快速上升，在一定程度上抑制了汽油消费。

专题十　我国分布式能源发展现状与模式分析

分布式能源是指在电力用户附近建设，发电以用户所需为主、多余电量上网且以电网系统平衡调节为特征的发电设施或以热、冷、电为输出的多联供设施。主要特点包括：接近负荷；小型化、机组规模小、分散式布局；实现多种清洁能源匹配使用；实现能源的梯级利用。我国分布式能源系统利用能源主要有天然气、太阳能、风能、生物质等，能量转换方式主要为热力、非热力循环，应用最为广泛的为天然气、沼气等联网利用的分布式能源系统。

一、分布式能源国内外发展现状

（一）总体发展现状

2015 年，全球范围内分布式能源装机量达到 136GW 左右，预计到 2024 年装机量 530GW。其中，以美国、西欧、日本和韩国的分布式能源发展具备代表性。

美国：截至 2012 年分布式能源站 6000 多座，总装机量 82GW；燃气分布式比例达到 69%；2012 年，奥巴马签署政令，要求 2020 年前美国新发展 40GW。各州提出优惠政策，如设备补贴平均 1000 美元/千瓦。

西欧：欧盟有超过万台分布式热电联产机组，占欧洲装机容量 13% 以上。丹麦《电力供应法》规定，电网公司必须优先购买热电联产电力，由此，分布式能源发电量占比在丹麦达到 66% 以上。荷兰鼓励热电联产的发电量优先上网，并且按照最小税率征税。德国分布式发电装机量占比达到 33%。

日本：截至 2012 年，已建 8783 个项目，总装机容量 9. 5GW，政府明确规定新建和改建 30000 平方米以上的建筑物一定要采用冷热电联产分布式系统，并对业主进行减税和免税。

韩国：2013 年，已建分布式能源项目 112 个，分布式能源装机容量 5.5GW（总装机容量 80GW），政府规定 5 千户或者 30 万平方米以上的开发区必须采用分布式能源。

（二）政策及体制保障

国际分布式能源政策体现三个特点：一是明确分布式能源的发展方向，提供电网接入和售电服务保障；二是鼓励分布式能源投融资，激发商业模式创新；三是通过政策的精准调整引导发展方向。颁布的政策重点在于固定电价制度、优惠贷款、排放补贴、投资减税、生产减税、净电量减税、强制配额、研发、专项补贴、绿色定价，如表 1 所示：

表 1　主要国家分布式能源政策制定重点

	丹麦	德国	美国	日本
固定电价制度	√	√	√	√
优惠贷款	√	√	– –	√
排放补贴	– –	√	– –	– –
投资减税	– –		√	√
生产减税	– –	√	–	– –
净电量机制	√	– –	√	– –
强制配额	√	√	– –	– –
研发	√	√	√	– –
专项补贴	√	– –	√	√
绿色定价	– –	√	– –	– –

二、我国分布式能源发展现状

根据中国电力企业联合会的数据，2015 年天然气分布式发电装机 10GW，不到全国总装机容量的 1%，占比远低于西方主要发达国家，差距较大。

（一）我国天然气分布式发展现状

我国天然气分布式能源项目主要分布在北京、上海、广州等大中型城市，如图 1 所示。典型的区域分布式能源系统为广州大学城项目，楼宇分布式能源系统包括上海浦东国际机场能源中心、上海黄浦区中心医院等。近几年分布式能源发展在核心设备制造、系统集成、工程示范、产业政策制定都取得了很大的成绩。

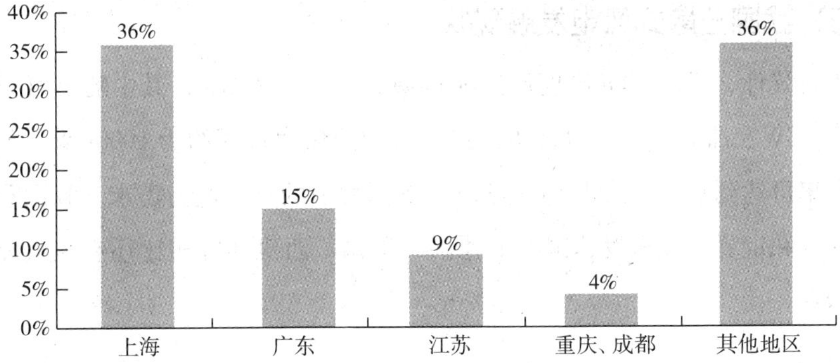

图1　我国天然气分布式能源区域分布

（二）我国分布式光伏发展现状

截至2016年底，我国光伏发电新增装机容量34.54GW，累计装机容量77.42GW。新增和累计装机容量均为全球第一。光伏电站累计装机容量67.1GW，分布式累计装机容量10.32GW，2016年中国分布式光伏新增装机容量同增200%。全年发电量662亿千瓦时，占我国全年总发电量的1%。“十三五”末要达到分布式光伏60GW以上的目标，需要每年实现约10GW的分布式装机。

从区域分布上看，我国进入GW俱乐部的有三个省份，分别是浙江、江苏和山东，广东、安徽、江西超过500MW，如图2所示。

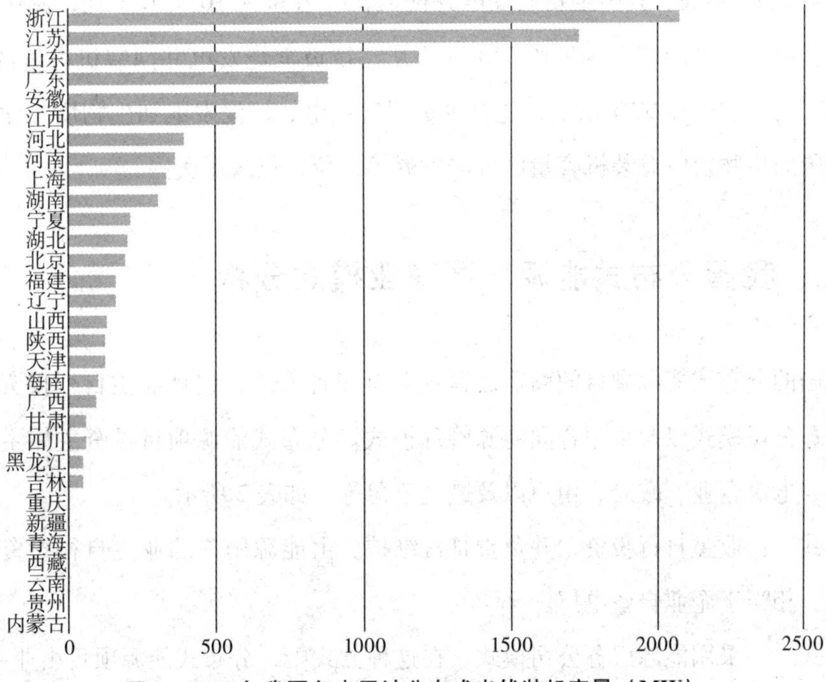

图2　2016年我国各省累计分布式光伏装机容量（MW）

（三）我国分散式风电发展现状

据资料统计，我国 10m 高度层风能资源总量为 3226GW，其中陆上可开采风能总量为 253GW，加上海上风力资源，我国可利用风力资源约为 1000GW。如果风力资源开发率可达到 60%，仅风电一项就可支撑我国的全部电力需求。我国利用风电起步较晚，和世界上风电发达国家如德国、美国、西班牙等相比还有很大差距，如图 3 所示：

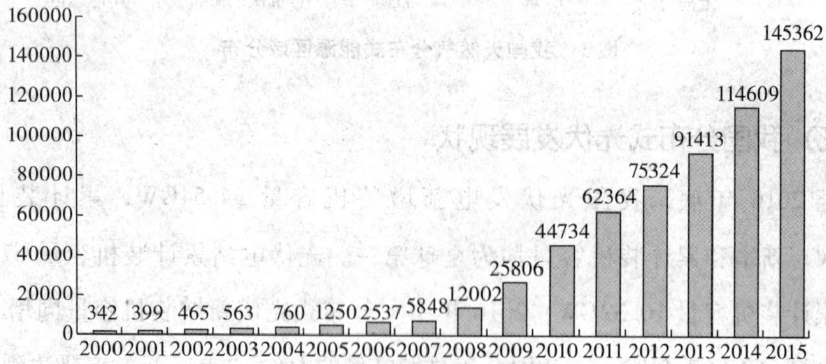

图 3　2000－2015 年我国风电累计装机容量（MW）

（四）我国生物质发电发展现状

截至 2015 年底，我国生物质发电并网装机总容量为 1031 万千瓦，其中，农林生物质直燃发电并网装机容量约 530 万千瓦，垃圾焚烧发电并网装机容量约为 468 万千瓦，两者占比在 97% 以上，还有少量沼气发电、污泥发电和生物质气化发电项目。我国的生物发电总装机容量已位居世界第二位，仅次于美国。

三、我国分布式能源发展商业模式分析

我国的分布式能源项目的商业运营主要有三种模式，包括业主自行投资、采用能源服务公司模式以及采用合同能源管理模式。分布式能源项目投资主体主要有电网企业、电源企业、政府、用户以及燃气公司等，如表 2 所示。

模式一：业主自行投资，并负责日常维护。由能源用户的业主自行投资、建设和管理，相当于企业自备电厂。

模式二：采用能源服务公司模式。在这种方式中，分布式能源项目由业主投资，项目建成后聘请或采用能源服务的方式，由专业机构负责设备的运行和维护。

模式三：采用合同能源管理模式。由节能服务公司与客户签订节能服务合同，可以通过使用分布式能源设备来提高客户的能源使用效率，降低用户的能耗。节能服务公司提供的合同能源管理。

表 2　我国分布式能源主要参与方

分布式能源投资主体	优势	劣势
电网企业	统一管理，便于协调、调度和利用；具有电网和终端系统的建设和运营优势	缺乏技术积累；缺少能源工程建设、运营的实践经验
电源企业	拥有丰富的能源工程建设、运营实践经验；具有技术优势，可降低建设、运营成本	缺少电网和终端系统的建设和运营支持；无法统筹调度和利用
政府	可利用政府政策、监管优势；提供政策保障和外部管制支持；创造有利环境	缺少能源工程实践经验；缺乏能源供应系统的技术条件
用户	可充分利用分布式能源的节能效益；充分消纳能源产出；提高能源利用率；社会经济效益显著	为自发自用；项目规模受到限制
燃气公司	具有燃气价格优势；可优化组合运行中的电价和气价，提高效益	缺少分布式能源供应系统的技术积累；建设、运营的实践经验不足

附录1　2017年中国石油流通行业大事记

2017年1月

2017年1月1日，OPEC国家和非OPEC国家减产协议开始实施。

2017年1月1日，我国全面供应国Ⅴ标准车用汽油和柴油，停止国内销售低于国Ⅴ标准的车用汽油、车用柴油。

2017年1月3日，国家商务部和海关总署联合发布通知，下发2017年第一批加工贸易成品油出口配额共1240万吨。

2017年1月4日，WTI原油价格一度上涨超过2.8%，达到55.24美元/桶。布伦特期油盘中最高涨幅也达到2.7%，涨至58美元/桶以上。

2017年1月6日，根据财政部网站显示，“十三五”我国陆上特定地区开采石油进口物资免征进口税收。据海关总署最新数据显示，2016年全年我国累计进口原油38101万吨，同比增长13.6%，累计进口额为7698.13亿元，同比降低7.5%。

2017年1月10日，英国塔洛石油公司同意将乌干达石油项目21.57%的股权以9亿美元转让给法国道达尔公司。协议签署后，塔洛石油公司仍将持有11.76%的股权。

2017年1月10日，根据在迪拜举行的阿拉伯塑料展上发布的信息，海湾地区自2006年以来投资建设了139个石油化工项目，总投资额达到2150亿美元。截至2017年1月10日海湾国家石化产品年产值660亿美元，居世界第一，占全球石化工业产值的11%。

2017年1月11日，根据OPEC此前达成的一致减产协议，伊拉克已经开始实施石油减产计划。

2017年1月12日，国家发改委宣布，根据1月近期国际市场油价变化情况，按照现行成品油价格形成机制，自2017年1月12日24时起，国内汽、柴油价格，每吨均提高70元。

2017年1月19日，国家发改委印发《石油发展“十三五”规划》《天然气发展“十三五”规划》。

2017年1月20日，统计局发布的数据显示，2016年12月全国原油产量1677万吨，同比下降7.7%；2016年1—12月全国原油产量19969万吨，同比下降6.9%。

2017年1月20日，中石油轮吐线二期天然气管道增输工程全线正式投入生产运行，最大年输气能力达到170亿立方米。

2017年1月23日，中国海关总署数据显示，受助于中国私营炼油厂的强劲需求，2016年俄罗斯首度超过沙特成为中国最大石油供应国。

2017年1月25日，国家发改委宣布，根据1月25日近期国际市场油价变化情况，按照现行成品油价格形成机制，自2017年1月25日24时起，国内汽油、柴油价格每吨均降低70元。

2017年2月

2017年2月8日，海关总署数据显示，2017年1月我国进口原油3403万吨，同比增长27.5%；2017年1月我国出口原油48万吨，同比增长365.0%。

2017年2月14日，国家发改委宣布，根据2月近期国际市场油价变化情况，按照现行成品油价格形成机制，自2017年2月14日24时起，国内汽油、柴油价格每吨均提高50元。

2017年2月16日，孟加拉电力、能源及矿产资源部近日颁布该国首部液化石油气（LPG）政策《液化石油气运营许可政策2017》。

2017年2月23日，中国化工集团宣布，对瑞士种子和农化公司先正达（Syngenta）的收购要约延长至2017年4月28日。

2017年2月27日，中石油鞍大原油管道线路工程累计焊接突破300千米，合格率达到99.96%。至此，鞍大线主体线路焊接任务总量完成85%。

2017年2月27日，中石油新疆销售喀什油库正式投产运营。该油库具总库容达到6万立方米。

2017年2月28日，新华社石油价格系统发布的中国石油库存数据显示，1月末中国原油库存（不含储备库存）环比增长1.64%，汽柴煤油库存环比增长10.30%。

2017 年 3 月

2017 年 3 月 13 日，根据我国驻拉各斯总领事馆经商室消息，埃克森美孚公司去年 10 月在 Owowo 油田勘探发现约 10 亿桶石油储量，预计未来会为尼日利亚带来 3 万亿奈拉石油收入。

2017 年 3 月 14 日，国家发改委宣布，根据 3 月近期国际市场油价变化情况，按照现行成品油价格形成机制，自 2017 年 3 月 14 日 24 时起，国内汽、柴油价格每吨均降低 85 元。

2017 年 3 月 14 日，中国石油化工集团公司 3 月 22 日宣布，中石化与雪佛龙达成销售与购买协议，收购雪佛龙南非公司 75% 股权（其余 25% 股权依据南非法律规定由当地信托及基金公司持有）和相关权益以及雪佛龙博茨瓦纳公司 100% 股权，总交易额约为 9 亿美元。

2017 年 3 月 28 日，国家发改委宣布，根据 3 月近期国际市场油价变化情况，按照现行成品油价格形成机制，自 2017 年 3 月 28 日 24 时起，国内汽油、柴油价格每吨分别降低 230 元和 220 元。

2017 年 4 月

2017 年 4 月 10 日，中国石油天然气集团公司董事长王宜林与缅甸驻华大使帝林翁代表双方在北京签署《中缅原油管道运输协议》。同日，中缅原油管道工程在缅甸马德岛正式投运。

2017 年 4 月 12 日，国家发改委宣布，根据 4 月近期国际市场油价变化情况，按照现行成品油价格形成机制，自 2017 年 4 月 12 日 24 时起，国内汽油、柴油价格每吨分别提高 200 元和 190 元。

2017 年 5 月

2017 年 5 月 8 日，中石油集团副总经理汪东进表示，中石油与“一带一路”沿线 19 个国家进行 50 个项目合作，促进了相关国家的油气供应和经济社会发展。

2017 年 5 月 11 日，国家发改委宣布，根据 5 月近期国际市场油价变化情况，按照现行成品油价格形成机制，自 2017 年 5 月 11 日 24 时起，国内汽油、柴油价格每吨分别降低 250 元和 235 元。

2017 年 5 月 15 日，据统计局发布的数据显示，2017 年 4 月全国原油产量 1599

万吨，同比减少3.7%；2017年1—4月全国原油产量6401万吨，同比减少6.1%。

2017年5月18日，国土资源部中国地质调查局宣布，我国正在南海北部神狐海域进行的可燃冰试采获得成功。

2017年5月19日，为贯彻落实《关于深化石油天然气体制改革的若干意见》和《能源生产和消费革命战略（2016—2030）》要求，国家发改委、国家能源局共同印发了《中长期油气管网规划》。

2017年5月19日，来自缅甸西海岸马德岛的原油经过18天长途跋涉抵达中缅两国边境，随着检验检疫人员从管道中取得第一管油样，标志着中缅原油管道原油正式进入中国。

2017年5月21日，国家发布《关于深化石油天然气体制改革的若干意见》。

2017年5月25日，国家发改委宣布，根据5月近期国际市场油价变化情况，按照现行成品油价格形成机制，自2017年5月25日24时起，国内汽油、柴油价格每吨分别提高140元和135元。

2017年5月25日，第172届OPEC会议在维也纳召开，OPEC成员国与非OPEC产油国再次达成一致，同意延长减产9个月，至2018年3月，依然维持180万桶/日的减产水平，没有新的非OPEC产油国加入减产协议。

2017年5月26日，美国埃克森美孚集团和俄罗斯的俄罗斯石油公司（Rosneft）合组的财团计划下半年开始在莫桑比克开展勘探石油工作。

2017年6月

2017年6月8日，据海关数据显示，2017年5月我国进口原油3720万吨，较上月增加281万吨，同比增加15.4%；2017年1—5月累计进口17631万吨，同比增长13.1%。

2017年6月9日，国家发改委宣布，根据6月近期国际市场油价变化情况，按照现行成品油价格形成机制，自2017年6月9日24时起，国内汽油、柴油价格每吨分别降低180元和175元。

2017年6月14日，国家统计局发布数据显示，2017年5月全国原油产量1626万吨，同比减少3.7%；2017年1—5月累计产量8024万吨，同比减少5.6%。

2017年6月16日，国家统计局发布数据显示，2017年5月煤油产量同比增加2.3%至338万吨；汽油产量同比增加5.2%至1140万吨；柴油产量同比增加3.7%

至1515万吨。

2017年6月19日，石油巨头埃克森美孚宣布其在转基因藻类生物制油技术上取得历史性突破。

2017年6月23日，海关总署数据显示，俄罗斯、安哥拉5月份成为中国第一、二大原油供应国。中国5月从俄罗斯进口原油574万吨，同比增长9.4%；中国5月从安哥拉进口原油556万吨，同比增长79.5%。

2017年6月23日，中石油格尔木炼油厂年原油加工能力150万吨。根据计划，将在10月底前建成年产15万吨航煤加氢装置。

2017年6月23日，中石油克拉玛依石化公司根据现有装置生产条件，成功生产出了第一批98号国Ⅴ汽油。

2017年6月27日，国家发改委宣布，根据6月27日近期国际市场油价变化情况，按照现行成品油价格形成机制，自2017年6月23日24时起，国内汽油、柴油价格每吨分别降低250和240元。

2017年6月28日，据新华社石油价格系统发布的中国石油库存数据显示，2017年5月末中国原油库存（不含储备库存）环比增长0.45%。

2017年6月28日，中国化工集团公司昨日在瑞士巴塞尔宣布，完成对瑞士农业化学和种子公司先正达的收购。

2017年6月30日，国家发改委宣布《关于普通案油质量升级的公告》，要求2017年7月1日起全面供应硫含量不大于50PPM的普通柴油。

2017年7月

2017年7月1日起，增值税税率由四档减至17%、11%和6%三档，取消13%这一档税率；将农产品、天然气等增值税税率从13%降至11%。

2017年7月3日，伊朗与法国石油巨头道达尔公司签署一份合同总额达数十亿美元的海上天然气开发协议。

2017年7月21日，国家发改委宣布，根据7月国际市场油价变化情况，按照现行成品油价格形成机制，自2017年7月21日24时起，国内汽油、柴油价格每吨均提高75元。

2017年7月25日，伊朗国家石油公司（NIOC）批准了另外5家国际油气公司根据一份重新设计的合同投标伊朗上游项目。

2017年8月

2017年8月2日，据委内瑞拉《经贸世界报》，石油工会领导、制宪大会代表Wills·Rangel表示，为应对美国制裁风险，制宪大会将全面审视与各国的石油合作，视外部环境调整配额，避免石油收入受影响。

2017年8月4日，国家发改委宣布，根据8月国际市场油价变化情况，按照现行成品油价格形成机制，自2017年8月4日24时起，国内汽油、柴油价格每吨分别提高175和165元。

2017年8月24日，柬埔寨政府与总部设在新加坡的克里斯能源公司23日在金边签署关于柬埔寨海域A区块油田的开发协议。

2017年8月28日，埃及石油部长塔比克·穆拉近期与美国阿帕奇（Apache）石油公司和梅隆（Merlon）石油公司签署埃西部沙漠地区石油和天然气勘探协议，勘探总投资达7900万美元，将需开钻勘探井17口。

2017年9月

2017年9月15日，国家发改委宣布，根据9月国际市场油价变化情况，按照现行成品油价格形成机制，自2017年9月15日24时起，国内汽油、柴油价格每吨均提高95元。

2017年9月15日，委内瑞拉石油部网站首次以人民币计价的方式公布委内瑞拉原油价格，9月11—15日一周原油均价报306.26元/桶，按同期美元对人民币汇率1：6.55计算约合46.75美元/桶，较上周轻微上涨。

2017年9月21日，受美国金融制裁影响，委内瑞拉对油贸商的付款需延迟3至4天，大量油轮因未能及时收到货款而滞港。委内瑞拉国内油荒情况较普遍，各地都能见到排长队加油现象。

2017年9月27日，“第十届中国（东营）国际石油石化装备与技术展览会”在山东省东营市隆重举办。

2017年9月27日，中国石油加拿大公司宣布，麦凯河油砂项目已于近日完成首批4万立方米原油出口，实现第一笔商业销售收入。

2017年9月29日，国家发改委宣布，根据近期国际市场油价变化情况，按照现行成品油价格形成机制，自2017年9月29日24时起，国内汽油、柴油价格每吨分别提高210元和195元。

2017 年 10 月

2017 年 10 月 23 日，根据彭博新能源财经（BNEF）的报告显示，一直被视为污染大户的石油巨头近 5 年减排成效显著。2010—2015 年，全球 100 家大型石油公司中有 62 家温室气体排放量逐年减少，其中埃克森美孚是最大的温室气体排放者，排放量 5 年减少了 14%；而 BP 降幅最大，5 年总计减排 25.5%。

2017 年 11 月

2017 年 11 月 1 日至 2 日，国家物资储备局在上海召开 2017 年国家成品油储备企业代储座谈会。

2017 年 11 月 2 日，中国能源企业惠生集团与 KBR 公司签署合作备忘录，将正式启动巴布亚新几内亚首个浮动 FLNG 设施建设。项目业主为巴布亚新几内亚国有能源企业 Kumul 石油公司，年生产能力为 150 万吨，将于年底前完成初步设计。

2017 年 11 月 23 日，2017 深海能源大会在海南省海口市召开。同日，中国海洋资源发展战略研究中心正式成立并举办了揭牌仪式。

2017 年 11 月 24 日，由商务部、国家能源局和上海市人民政府支持，商务部外贸发展局主办的第六届中国国际石油贸易大会在上海开幕。

2017 年 11 月 29 日，截至当日，中石油锦西石化公司已累计生产 92 号京Ⅵ标准汽油、95 号京Ⅵ标准汽油 20 余万吨，并具备每月 10 万吨京Ⅵ汽油供应北京的能力。

2017 年 11 月 30 日，根据国家统计局数据，2017 年 1—10 月，石油和天然气开采业固定资产投资累计完成 1907 亿元，比上年同期增长 14.7%。

2017 年 11 月 30 日，石油输出国组织（OPEC）与俄罗斯等主要产油国举行半年一次的会晤后共同作出决定，将从 2016 年 11 月开始实施的减产再度延长九个月至 2018 年 12 月底。

2017 年 12 月

2017 年 12 月 5 日，由国土资源部委托新疆自治区人民政府组织实施，新疆国土资源交易中心对新疆塔里木盆地柯坪西区块等 5 个石油天然气勘查区块探矿权以挂牌方式公开出让。

2017 年 12 月 11 日，中国石油和中国海油两大石油公司成功实施天然气管网互联互通和气源串换，携手增加市场供应，缓解我国华北地区供气紧张局面。

2017 年 12 月 12 日，第二次中国—石油输出国组织（OPEC）高级别对话在北京召开。会议期间，OPEC 组织代表详细介绍了最新出版的《世界石油展望 2017》。

2017 年 12 月 15 日，中国石油集团总经理章建华与韩国天然气公司代理总裁安完基在北京签署《中国石油天然气集团公司与韩国天然气公司关于天然气领域合作谅解备忘录》。

附录2　2017年国内外石油流通相关统计资料

表1	2007—2016年全球主要国家炼油能力
表2	2017年国际市场原油现货月平均价格
表3	2017年国际市场主要油品月平均现货价格
表4	2017年国内成品油管道运输现状
表5	2017年国内主要油品月平均价格
表6	具有原油进口权企业名单及数量
表7	具有原油进口权企业数量及分布
表8	具有成品油批发资质企业数量及分布
表9	2017年国内加油站主要分布情况
表10	轻型汽车污染物排放限值及测量方法——中国第六阶段（即国Ⅵ标准）
表11	2017年中国石油石化主要产品产量
表12	2017年中国石油石化主要产品表观消费量
表13	2017年中国石油石化主要产品进口量
表14	2017年中国石油石化主要产品出口量
表15	2017年中国石油石化行业进出口总额及贸易差情况
表16	2017年全国主要石油石化产品进口平均价格

表 1　2007—2016 年世界主要国家炼油能力　　（单位：万吨/年）

2017	2007	2008	2009	2010	2011	2012	2013	2014	2015	2016
美国	87236	86898	88817	89346	88939	90712	90472	90124	90485	92288
中国②	37200	38000	43800	51000	55000	54000	66300	75000	75000	75000
俄罗斯	27142	27142	27142	27155	27155	27500	27500	27500	27259	25612
日本	23254	23454	23118	23649	23649	23779	22114	22333	19584	19084
印度	11278	11278	14178	20002	20214	21714	21714	23214	23757	23757
韩国	12883	13033	13508	13608	13798	14793	14793	14843	14795	14795
沙特阿拉伯	10400	10400	10400	10400	10560	10560	12560	12480	14535	14535
巴西	9541	9541	9541	9541	9587	9587	9587	9587	10162	10690
德国	12085	12088	12053	12088	12086	11236	11236	10939	10939	10945
意大利	11686	11686	11686	11686	11686	10976	10579	10232	10587	10587
加拿大	9847	10147	10196	9510	9592	9549	9784	10038	10038	10288
法国	9659	9931	9918	9219	8594	8737	7542	7030	7030	7030
英国	9288	9288	9331	8831	8836	8400	7622	7009	6949	6949
墨西哥	7700	7700	7700	7700	7700	7700	7700	7700	7700	7700
伊朗	7255	7255	7255	7255	7255	7255	5835	5835	10195	10195
合计	286454	287841	298643	310990	314651	316498	325338	333864	339015	339455

注：①由桶/日历日折合为吨/年的换算系数：常压蒸馏 50，热加工 55，催化裂化 50，催化重整 43，加氢裂化 50，加氢处理 47，润滑油 53。

②中国炼油能力由《当代石油石化杂志》统计所得。

表 2　2017 年国际市场原油现货月平均价格　　（单位：美元/桶）

原油种类 / 时间	WTI	布伦特	迪拜	阿曼	塔皮斯	米纳斯	杜里	辛塔	大庆	胜利
2017 年 1 月	52. 46	54. 60	53. 76	54. 01	57. 60	52. 46	50. 60	50. 70	50. 11	51. 07
2017 年 2 月	53. 40	55. 11	54. 44	55. 08	57. 20	52. 08	49. 30	50. 27	50. 23	49. 72
2017 年 3 月	49. 58	51. 57	51. 20	51. 66	53. 15	48. 40	45. 30	46. 55	46. 38	45. 50
2017 年 4 月	51. 27	52. 54	52. 31	52. 82	53. 98	49. 02	45. 92	47. 16	46. 74	45. 86
2017 年 5 月	48. 60	50. 43	50. 55	50. 67	51. 73	47. 23	44. 15	45. 38	45. 23	44. 36
2017 年 6 月	45. 22	46. 52	46. 38	46. 52	48. 09	43. 87	41. 50	42. 02	42. 08	42. 06
2017 年 7 月	46. 68	48. 57	47. 58	47. 63	49. 89	45. 30	43. 21	43. 44	43. 55	43. 57
2017 年 8 月	48. 07	51. 75	50. 29	50. 39	52. 99	48. 19	46. 31	46. 32	46. 56	46. 41
2017 年 9 月	49. 84	56. 13	53. 66	54. 09	57. 40	51. 85	49. 75	50. 02	50. 24	50. 32
2017 年 10 月	51. 58	57. 12	55. 56	55. 60	60. 17	53. 71	51. 79	51. 99	52. 09	52. 24
2017 年 11 月	56. 64	62. 61	60. 83	60. 84	65. 04	58. 51	56. 71	56. 81	56. 64	56. 94
2017 年 12 月	57. 93	64. 20	61. 60	61. 64	65. 93	59. 58	57. 77	57. 88	57. 42	57. 72

数据来源：路透社普氏报价

表 3　2017 年国际市场主要油品月平均现货价格　　（单位：元/吨）

时间 油品种类	1 月	2 月	3 月	4 月	5 月	6 月	7 月	8 月	9 月	10 月	11 月	12 月
95 号无铅汽油	69.57	69.92	64.28	67.71	64.46	59.85	61.77	67.48	70.54	70.14	75.68	75.38
柴油	65.18	66.76	62.94	64.70	61.19	57.56	61.06	63.52	68.43	68.58	73.16	75.32
航空煤油	65.18	66.26	61.92	63.89	60.82	57.05	59.78	63.11	68.01	68.28	74.05	75.46
石脑油	55.54	56.49	50.66	52.16	48.60	44.71	45.69	50.33	54.71	57.58	64.42	65.04
燃料油（180）*	330.73	322.48	300.04	312.16	306.91	294.34	299.67	306.94	329.53	337.40	368.35	366.19
燃料油（380）**	326.10	316.48	294.29	305.33	296.94	287.70	293.98	303.72	326.08	333.51	365.60	362.53

注：*燃料油（180）即 180 号燃料油，是指 50℃时运动黏度小于 180cst 的重质燃料油；

**燃料油（380）即 380 号燃料油，是指 50℃时运动黏度大于 180cst，小于 380cst 的重质燃料油

数据来源：路透社普氏报价

表 4　2017 年国内成品油管道运输现状

管线名称	起点	途经	终点	管线长度（千米）	输送量（万吨/年）
格拉成品油管道	格尔木	长江源头楚玛尔河、沱沱河、通天河等 108 处河流，翻越昆仑山、唐古拉山等 9 座大山	拉萨	1080	25
克拉玛依—乌鲁木齐成品油管道	已建克—乌成品油管道金龙镇首站	克拉玛依市、沙湾县、玛纳斯县、呼图壁县、乌鲁木齐	乌鲁木齐王家沟	284.9	400
克拉玛依—乌鲁木齐成品油管道复线	克拉玛依市金龙镇首站	克拉玛依、沙湾、石河子、玛纳斯、呼图壁、昌吉等	乌鲁木齐王家沟	293.55	N/A
西部成品油管道	乌鲁木齐	甘肃、新疆两省 28 市县	兰州	1800	1000
兰成渝成品油管道	兰州	甘肃、陕西、四川、重庆等 4 个省市的 40 个县市区	重庆	1250	500
重庆—贵阳成品油管道	重庆	16 个区县	贵阳	498	580
西南成品油管道	茂名	广东、广西、贵州、云南 4 省区 37 个市县	昆明	1691	1000
北海—南宁—百色成品油管道	北海	钦州、南宁	百色	465	500
百昆线	百色	玉溪、蒙自、文山等 11 县市	昆明	800	700
云南成品油管道	安宁	以安宁为起点成放射状的“三干一支”分别为：安宁—昆明—曲靖、安宁—楚雄—大理—保山、安宁—玉溪、玉溪—普洱支线	曲靖、保山、玉溪	640	721

续表

管线名称	起点	途经	终点	管线长度（千米）	输送量（万吨/年）
柳州 - 桂林成品油管道	柳州	永福县、临桂县、桂林市区	桂林	180	150
兰郑长成品油管道	兰州	甘肃、陕西、河南、湖北和湖南五省67个市县	长沙	3214	1500
湖南成品油管道	长沙	长沙、湘潭、衡阳、郴州、娄底五市13个县级行政区域	郴州	482	520
抚顺成品油南输管线	抚顺石化	抚顺，经沈阳，跃辽阳，跨鞍山	营口鲅鱼圈	246	240
锦西石化外输管道	锦西石化碧海公司		锦西石化厂	51.25	N/A
北京环城成品油管道	燕山石化	丰台、房山、大兴、通州、顺义、昌平六区及河流、铁路、公路等重要设施	首都机场油库	183	285
天津—唐山成品油管道	天津		唐山	150	N/A
港枣成品油管道	大港	中间设有德州、济南、肥城、兖州等分输站	枣庄	647	300
青岛—济南成品油管道	青岛		济南	375	400
济南—邯郸成品油管道	济南	聊城、濮阳、汤阴	邯郸	480	590
郑州—汤阴成品油管道	郑州	安阳、鹤壁、新乡	汤阴	210	215
邯郸—邢台—石家庄成品油管道	邯郸	石家庄、邢台、邯郸等	石家庄	210	170
石家庄—太原成品油管道	石家庄	阳泉、晋中	太原	316	340
鲁皖成品油管道	齐鲁石化	济南、泰安、曲阜、枣庄、徐州	宿州	720	600
安庆—合肥成品油管道	安庆		合肥	425	390
苏北成品油管道	扬子	两干一支：扬子—泰州、扬子—新沂、淮安—盐城支线	泰州、新沂	618	545
苏南成品油管道	南京栖霞油库	南京、镇江、常州、江阴、无锡、苏州六地区	苏州通桥油库	393	N/A
金嘉湖苏成品油管道	上海石化陈山油库		湖州、苏州	228	500

续表

管线名称	起点	途经	终点	管线长度（千米）	输送量（万吨/年）
甬台温成品油管道	镇海炼化	宁波的北仑区、鄞州区、奉化市、宁海县，台州的三门县、临海市、黄岩区、温岭市，温州的乐清市、龙湾区	温州瑞安	430	600
甬绍金衢成品油管道	宁波	绍兴、金华	衢州	402	580
镇海—杭州成品油管道	镇海炼化	上虞分输站、萧山中间站	杭州康桥	196	310
福建成品油管道	福州		厦门	345	220
九江—南昌—樟树成品油管道	九江		樟树	240	330
江西成品油管道	赣州		衢州	710	450
珠三角成品油管道一期	湛江	茂名、阳江、江门、佛山、中山、珠海、广州、东莞	深圳	1150	1200
珠三角成品油管道二期	惠州	汕尾、揭阳、汕头、潮州	梅州	502	375
呼和浩特—鄂尔多斯成品油管道	呼和浩特	包头市	鄂尔多斯	397	N/A
延西成品油管道	延炼	铜川、咸阳	西安	500	201
荆门—荆州成品油管道	荆门炼油厂	荆门、荆州两市五区县11个乡镇	荆州柳林洲油库	91.6	150
武汉穿江成品油管道	武汉大庄	洪山区、青山区、天兴洲和江岸	武汉末站	18	350
诸暨—桐庐成品油管道	诸暨油库	诸暨草塔镇、五泄镇、马剑镇、富阳湖源乡、常安镇、场口镇、桐庐江南镇	桐庐油库	60	135

表 5　2017 年国内主要油品月平均价格　（单位：元/吨）

时间 品种类	1 月	2 月	3 月	4 月	5 月	6 月	7 月	8 月	9 月	10 月	11 月	12 月
95 号无铅汽油	9188	9179	9135	8996	8885	8720	8494	8741	8781	9081	9350	9555
92 号无铅汽油	8687	8682	8643	8507	8409	8255	8039	8271	8305	8581	8841	9038
98 号无铅汽油	9994	9968	9930	9775	9678	9503	9272	9530	9580	9914	10185	10392
0 号柴油	7117	7117	7072	6948	6293	6718	6530	6741	6785	7051	7288	7463
-10 号柴油	7592	7590	7551	7431	6872	7204	7020	7239	7290	7505	7715	7908
燃料油	3340	3280	3250	3340	3440	3250	3100	3300	3260	3360	3520	380
液化石油气	4100	4270	4040	4190	3860	3580	3130	3570	4050	4630	4680	4660
石脑油	4420	4760	4730	4670	4650	4580	4480	4780	4960	5080	6050	5840
沥青	2680	2850	2830	2790	2760	2630	2690	2860	2760	2750	2730	2780
石油焦	1330	1320	1450	1440	1460	1390	1690	1760	1800	1760	1830	1720
基础油	5680	5710	5820	6290	6270	6100	6010	6250	6300	6340	6800	7050

数据来源：中国石油与化学工业联合会《数据快报》

表 6　具有原油进口权企业名单及数量

地区	数量	公司名称	时间	地区	数量	公司名称	时间
北京	1	中经国际能源投资管理集团有限公司	2015. 07. 02	山东	24	利津石油化工厂有限公司	2015. 09. 16
福建	2	福建省商业（集团）有限责任公司	2015. 07. 02			山东垦利石化集团有限公司	2015. 09. 16
		福建省新世纪经贸发展有限公司	2015. 07. 02			山东高速物流国际贸易有限公司	2015. 12. 09
甘肃	1	甘肃万达汇通贸易有限公司	2015. 07. 02			济宁市泓源化工经贸有限公司	2015. 12. 09
广东	3	广东省燃料公司	2015. 07. 02			临沂中东石化有限公司	2015. 12. 09
		东莞创机电业制品有限公司	2015. 12. 09			通美煤炭储配（威海）有限公司	2015. 12. 09
		百富洋新海能源（珠海）有限公司	2016. 11. 25			山东万福达化工有限公司	2015. 12. 09
河北	2	河北隆盛金属矿产有限公司	2015. 07. 02			山东一步集团有限公司	2015. 12. 09
		河北鑫海化工集团有限公司	2015. 12. 09			东营顺通进出口有限责任公司	2015. 12. 09

地区	数量	公司名称	时间
吉林	2	海华贸易集团有限公司	2015.07.02
		吉林省利安石油化工有限公司	2015.12.09
江苏	3	江苏国泰国华实业有限公司	2015.07.02
		南京清江石化经销有限公司	2015.07.02
		苏美达国际技术贸易有限公司	2015.07.02
辽宁	3	大连农垦北大荒国际贸易有限公司	2015.07.02
		大连雷雷石油化工有限公司	2015.07.02
		中能（大连）煤业有限公司	2015.07.02
内蒙	1	中东内蒙古石化有限公司	2015.12.09
宁夏	2	宁夏宝塔石化集团有限公司	2015.07.02
		宁夏传奇能源投资有限公司	2015.07.02
全国	2	中储发展股份有限公司	2015.07.02
		中国物资储运总公司	2015.07.02
山东	24	立晨物流股份有限公司	2015.07.02
		临沂沂河石化有限公司	2015.07.02
		山东海估能源有限公司	2015.07.02
		山东万通集团东营海欣仓储有限公司	2015.07.02
		淄博亿威进出口有限公司	2015.07.02
		城发投资集团有限公司	2015.07.02
		山东东明石化集团有限公司	2015.08.21
		盘锦北方沥青燃料有限公司	2015.08.21
山东	24	山东津博化工有限公司	2015.12.09
		山东汇丰石化集团有限公司	2016.02.24
		山东寿光鲁清石化有限公司	2016.02.24
		山东天弘化学有限公司	2016.02.24
		山东京博石油化工有限公司	2016.02.24
		东营齐润化工有限公司	2016.03.28
		中海油山东销售有限公司	2016.11.25
上海	3	冀中宏远国际贸易有限公司	2015.07.02
		万向资源有限公司	2015.07.02
		中建材能源上海有限公司	2015.12.09
新疆	3	新疆五家渠现代石油化工有限公司	2015.12.09
		新疆新投能源开发有限责任公司	2015.07.02
		新疆能源（集团）石油天然气有限责任公司	2015.12.09
浙江	6	万向资源(舟山)有限公司	2015.07.02
		美都能源股份有限公司	2015.07.02
		浙江物产中大元通集团股份有限公司	2015.07.02
		宁波港国际贸易有限公司	2015.07.02
		宁波中金石化有限公司	2015.07.02
		宁波君安供应链有限公司	2017.06.19
重庆	1	重庆力帆实业（集团）进出口有限公司	2015.07.02

表 7　具有原油进口权企业数量及分布　　（单位：个）

地区	数量	地区	数量
北京市	1	江苏省	3
河北省	2	上海市	3
辽宁省	3	浙江省	6
吉林省	2	福建省	2
山东省	24	广东省	3
重庆市	1	宁夏回族自治区	2
甘肃省	1	新疆维吾尔自治区	3

表 8　具有成品油批发资质企业数量及分布　　（单位：个）

地区	数量	地区	数量
北京市	16	江苏省	17
天津市	14	山西省	3
河北省	12	上海市	0
辽宁省	17	浙江省	19
吉林省	2	福建省	9
山东省	54	广东省	28
重庆市	5	宁夏回族自治区	1
甘肃省	2	新疆维吾尔自治区	5
江西省	6	海南省	1
河南省	9	内蒙古自治区	4
陕西省	15	黑龙江省	9
湖南省	35	贵州省	4
广西壮族自治区	13	湖北省	10
云南省	3	四川省	7
安徽省	10		

表 9　2017 年国内加油站主要分布情况　　（单位：个）

排名	地区	数量	排名	地区	数量
1	山东省	11522	17	江西省	3389
2	河南省	11344	18	云南省	3281
3	江苏省	9332	19	福建省	3246
4	河北省	7663	20	新疆维吾尔自治区	3246
5	四川省	7038	21	广西壮族自治区	2865
6	广东省	6796	22	重庆市	2549
7	安徽省	6249	23	北京市	1963

续表

排名	地区	数量	排名	地区	数量
8	浙江省	6000	24	上海市	1729
9	湖北省	5951	25	贵州省	1702
10	辽宁省	5543	26	天津市	1316
11	湖南省	4806	27	甘肃省	1119
12	内蒙古自治区	4138	28	海南省	913
13	山西省	4094	29	宁夏回族自治区	742
14	黑龙江省	3750	30	青海省	560
15	陕西省	3497	31	西藏自治区	316
16	吉林省	3447	合计	全国	130106

表 10　轻型汽车污染物排放限值及测量方法——中国第六阶段（即国Ⅵ标准）

		测试质量（TM）（kg）	限值						
			CO（mg/km）	THC（mg/km）	NMHC（mg/km）	NOx（mg/km）	N_2O（mg/km）	PM（mg/km）	PN（个/km）
第一类车		全部	500	100	68	60	20	4.5	6.0×10^{11}
第二类车	I	TM≦1305	500	100	68	60	20	4.5	6.0×10^{11}
	II	1305＜TM＜1760	630	130	90	75	25	4.5	6.0×10^{11}
	III	1760＜TM	740	160	108	82	30	4.5	6.0×10^{11}

表 11　2017 年中国石油石化主要产品产量（单位：万吨、亿立方米）

名称＼月份	1	2	3	4	5	6	7	8	9	10	11	12	合计	同比（%）
原油	1769	1641.8	1657.5	1599.0	1626.3	1621.2	1624.9	1595.7	1552.9	1600.6	1569.9	1598.4	19150.6	-4.0
天然气	131	119.7	135.8	122.0	119.9	115.5	117.4	119.5	111.5	124.1	126.3	136.1	1474.2	8.5
煤层气	5.0	6.4	6.5	6.4	6.2	5.7	5.4	5.9	5.7	5.9	6.4	6.4	70. 2	8.2
液化天然气	57.9	16.6	65.6	74.6	72.1	72.7	60.4	72.7	82.5	84.2	73.2	63.0	829.0	14.4
原油加工量	3866	4841.7	4750.5	4445.2	4662.1	4607.9	4549.7	4712.2	4934.2	5051.0	4942.9	4911.1	56777.3	5.0
成品油	2441	3111.7	3028.5	2826.4	2966.8	2955.8	2880.7	2929.7	3129.1	3194.0	3094.3	3054.4	35825.1	3.0
汽油	1090.2	987.3	1123.6	1046.3	1113.5	1102.0	1058.3	1077.6	1145.9	1166.1	1142.8	1114.0	13276.2	3.0
煤油	309.1	305.6	349.0	325.1	338.4	342.2	345.9	363.5	385.6	383.7	359.3	347.2	4230.9	6.2
柴油	1605.0	1255.2	1555.9	1455.0	1514.9	1511.6	1476.5	1488.6	1597.6	1644.2	1592.2	1593.2	18318.0	2.4
燃料油	211.4	157.9	230.4	219.1	215.9	254.4	220.1	216.1	218.3	238.3	217.7	204.0	2693.4	-0.7
石脑油	212.4	294.2	292.1	272.7	280.4	265.1	270.1	276.9	262.1	291.5	274.5	303.4	3401.2	2.5
液化石油气	203.6	308.6	318.4	301.4	318.5	330.2	281.8	290.4	303.1	314.6	313.4	311.2	3677.3	4.5

续表

月份 名称	1	2	3	4	5	6	7	8	9	10	11	12	合计	同比（%）
石油焦	177.0	215.0	237.5	228.8	225.7	217.9	214.0	221.2	222.0	237.9	232.3	232.6	2721.7	3.5
石油沥青	206.6	305.6	294.4	275.5	331.3	326.4	339.7	345.9	359.1	373.8	356.7	371.9	3980.0	21.2

数据来源：中国石油与化学工业联合会《数据快报》

表12　2017年中国石油石化主要产品表现消费量

（单位：万吨、亿立方米）

月份 名称	1	2	3	4	5	6	7	8	9	10	11	12	合计	同比（%）
原油	7782.6	7986.7	9149.5	8293.4	8585.6	5200.2	5079.4	4967.5	5209.6	4677	5189.3	4952.3	60660.9	2.35
天然气	1202.9	1068	973.5	1049	976.5	650.5	663.9	660.2	673.9	677.1	757.9	906.0	2393.9	24.32
成品油	2065.8	2597.5	2290.9	2382.6	2306.7	2666	2575	2632.3	2884.1	2921	2680.3	2597.8	32177.4	5.11
汽油	979.4	833.2	947	928.5	914.8	1025.4	956.1	986.8	1089.1	1069.1	1038.6	991	12222.4	9.05
煤油	191.1	148.5	158	228.6	195.3	255.6	282.2	296.1	311.6	316.2	252	212.6	3287.7	21.74
柴油	1458.6	1052.1	1186	1225.5	1196.6	1406.2	1336.7	1349.4	1483.3	1535.7	1389.7	1394.2	16667.3	-0.21
燃料油	327.8	229.6	314.1	256.9	327.1	253.5	207.3	234.7	227.2	262.8	200.4	213.1	2940.0	9.01
石脑油	311.8	440	386.4	386.7	381.9	329	330.3	334.3	310.7	337.6	337.4	364.5	4065.4	13.60
液化石油气	418.7	549.4	561.6	552.5	627.6	506.8	410.6	431.6	466.6	465.9	459.3	507.8	5390.1	22.42
石油焦	191.9	260.1	290.7	274.9	316.7	283.6	245.2	234.4	255.9	283.2	304.6	293.9	3239.0	21.24
石油沥青	337	411.5	506.3	470.4	451.3	414.2	385	419.3	450.2	455.8	448.2	421.6	4970.7	25.43

数据来源：中国石油与化学工业联合会《数据快报》

表13　2017年中国石油石化主要产品进口量（单位：万吨、亿立方米）

月份 名称	1	2	3	4	5	6	7	8	9	10	11	12	合计	同比（%）	依存度（%）
原油	3403.3	3178.2	3895.3	3439.4	3719.6	3610.9	3473.7	3397.8	3701.3	3103.0	3704.4	3369.8	41996.6	10.2	69.23
天然气	582.7	491.9	429.0	508.4	541.6	557.8	574.6	566.1	594.4	580.9	655.3	789.1	6871.7	27.0	38.4
天然沥青、页岩及砂	0.7	0.8	2.0	0.8	1.0	1.5	1.4	1.5	0.9	1.6	1.1	1.0	14.3	-27.6	
成品油	44.6	24.5	39.0	38.8	35.2	37.4	42.4	44.4	31.2	41.7	38	35.0	452.2	-2.7	-11.3
汽油	0.0	0.7	0.9	0.0	0.0	0.0	0.0	0.0	0.0	0.0	0	0.0	1.6	-92.1	-8.6
煤油	36.3	18.8	28.7	27.4	24.0	33.1	42.3	36.4	27.0	29.3	37.9	34.6	375.7	6.7	-28.7
柴油	8.4	5.1	9.4	11.4	11.2	4.3	0.1	8.0	4.1	12.4	0.1	0.4	74.8	-18.3	-9.9
润滑油、脂及基础油	29.7	32.0	34.6	32.4	29.0	22.6	19.7	20.3	24.6	19.8	269.3	24.7	318.6	-0.9	

续表

名称＼月份	1	2	3	4	5	6	7	8	9	10	11	12	合计	同比（%）	依存度（%）
燃料油	116.9	112.7	130.7	124.3	122.1	90.0	92.6	135.6	113.4	79.3	106.9	133.0	1357.6	15.4	8.4
石脑油	52.9	61.4	55.7	40.5	54.0	63.9	60.2	57.4	49.9	46.7	62.9	61.1	666.8	-0.5	16.3
石油气	136.8	150.6	126.8	135.2	217.5	186.4	142.3	153.9	175.6	163.7	164	166.0	1918.7	14.3	31.8
石蜡	4.4	2.6	4.1	3.1	2.2	2.7	3.5	2.3	3.3	2.8	3.7	3.1	37.8	4.2	
石油焦	32.6	35.4	72.5	69.9	78.3	95.6	48.4	31.8	51.1	65.5	94.7	66.8	742.6	72.0	16.0
石油沥青	62.9	50.9	123.7	114.7	115.8	90.5	50.0	79.8	95.2	85.6	95.1	71.4	1035.7	19.9	19.9

数据来源：中国石油与化学工业联合会《数据快报》

表 14　2017 年中国石油石化主要产品出口量（单位：万吨、亿立方米）

名称＼月份	1	2	3	4	5	6	7	8	9	10	11	12	合计	同比（%）
原油	48.4	5.3	123.6	36.3	23.5	31.9	19.2	26.0	44.6	26.6	85	15.9	486.3	64.5
天然气	15.1	13.3	11.9	16.9	19.3	22.8	28.1	25.4	32.0	27.9	23.7	19.2	255.5	4.4
天然沥青、页岩及砂	4.5	1.6	8.6	4.9	5.2	5.1	8.5	3.9	8.7	2.8	6.8	3.5	64.1	7.8
成品油	238.9	339.6	399.6	283.6	286.5	327.2	348.1	341.8	276.2	314.7	452	491.6	4099.9	7.3
汽油	59.9	106.1	83.6	91.1	64.0	76.6	102.2	90.8	56.8	97.0	104.2	123.9	1055.4	8.8
煤油	82.5	101.3	124.6	69.6	99.3	119.7	106.0	103.8	101.0	96.8	145.2	169.2	1318.9	0.7
柴油	96.5	132.3	191.4	123.0	123.2	109.7	139.9	147.2	118.4	120.9	202.6	199.4	11725.5	12.0
润滑油、脂及基础油	1.2	2.4	1.5	1.0	1.3	1.2	1.3	1.3	1.3	1.1	2.3	1.2	17.1	10.0
燃料油	63.8	81.8	64.3	65.2	115.3	90.9	105.4	117.0	104.5	54.8	124.2	123.9	1111.0	12.7
石脑油	0.0	2.0	0.0	0.0	0.0	0.0	0.0	0.0	1.3	0.6	0	0.0	3.9	-65.4
石油气	7.6	10.3	11.5	8.0	12.5	9.8	13.5	12.7	12.1	12.4	11.8	10.2	132.5	0.0
石蜡	4.3	4.6	4.5	4.2	3.6	2.9	23.5	5.0	4.9	5.4	4.5	5.5	53.5	-17.6
石油焦	17.5	9.7	15.7	18.3	16.8	29.9	17.2	18.6	17.2	20.2	2.4	21.7	225.4	-12.8
石油沥青	2.5	1.7	1.4	1.1	6.3	2.7	4.7	6.4	4.1	3.6	3.6	6.9	45.1	113.4

数据来源：中国石油与化学工业联合会《数据快报》

表 15　2017 年中国石油石化行业进出口总额及贸易差情况　（单位：万美元）

行业名称	进出口贸易总额	同比增减（%）	贸易顺（逆）差	同比增减（%）
石油天然气开采业	18733231	39.8	-18087790	39.4
原油加工和石油制品	5614850	36.8	-110752	-191.6
化工产品	32893952	12.3	-1854868	79.3

续表

行业名称	进出口贸易总额	同比增减（%）	贸易顺（逆）差	同比增减（%）
专业设备	1095391	11.2	311353	12.0
石油和化学工业合计	39039740	27.2	19297684	12.9

数据来源：中国石油与化学工业联合会《数据快报》

表 16 2017 年全国主要石油石化产品进口平均价格 （单位：美元/吨）

日期	原油	液化天然气	航空煤油	5～7 号燃料油	润滑油	石油沥青
2017 年 1 月	381.1	365.2	515.9	334.7	2270.0	277.6
2017 年 2 月	393.1	364.8	528.7	332.4	2134.4	301.9
2017 年 3 月	394.3	360.0	539.6	329.0	2318.2	318.5
2017 年 4 月	379.8	367.9	510.9	312.7	2332.2	320.7
2017 年 5 月	380.0	380.6	513.0	317.0	2422.8	314.6
2017 年 6 月	363.0	327.2	491.8	321.3	2395.4	309.4
2017 年 7 月	341.6	384.6	467.8	309.4	2511.3	299.1
2017 年 8 月	346.3	388.7	495.3	316.4	2415.1	301.3
2017 年 9 月	367.5	374.3	515.9	329.3	2486.5	313.9
2017 年 10 月	391.1	388.0	557.0	355.7	2459.8	309.0
2017 年 11 月	413.8	402.1	560.9	367.6	2496.2	303.7
2017 年 12 月	443.0	425.1	600.6	384.2	2384.1	313.5
年均价	382.8	385.0	523.8	334.2	2384.8	307.8
比上年增减%	26.5	12.2	22.4	46.9	3.4	45.7

数据来源：中国石油与化学工业联合会《数据快报》

参考文献

[1] 孙贤胜等. 2016 年国内外油气行业发展报告[M]. 北京:石油工业出版社,2017.

[2] BP. BP Statistical Review of World Energy 2017[EB/OL]. http://www.bp.com/en/global/corporate/energy - economics/statistical - review - of - world - energy/downloads.html.

[3] World - Bank. World Development Indicators[EB/OL]. http://databank.worldbank.org/data/reports.aspx? source = World%20Development%20Indicators#.

[4] IEA. International Energy Agency, World Energy Outlook 2016[EB/OL]. http://www.worldenergyoutlook.org/publications/weo - 2016/.

[5] EIA. U.S. Energy Information Administration[EB/OL]. https://www.eia.gov/outlooks/steo/tables/pdf/3atab.pdf.

[6] OPEC. Organization of Petroleum Exporting Countries, Monthly Oil Market Report (MOMR), 2017[EB/OL]. http://www.opec.org/opec_web/en/publications/338.html.

[7] 陈斌. 基于我国船用燃料油市场分析[J]. 经营管理者,2017,(27):83.

[8] 郎岩松,刘初春,秦志刚. 中国燃料油市场格局变化及发展建议[J]. 国际石油经济,2017,25(08):88 - 93.

[9] 宫雨,秦曼曼,孙仁金. 中国独立炼厂绿色发展的战略思考[J]. 现代化工,2017,37(10):1 - 5.

[10] 中石油集团经济技术研究院. 2016 年国内外油气行业发展报告[R]. 北京:中国石油, 2016.

[11] 中国石油. 2016 年地方炼厂的现状与发展剖析[R]. 北京:中国石油,2016.

[12] 王亚平. 新形势下地方炼油厂发展方向及政策建议[J]. 宏观经济管理,

2011 - 12:31 - 33.

[13] 张留成. 中国独立炼厂现状与未来发展趋势研究[EB/OL]. http://mp.weixin.qq.com/s/aZMsSvTLvskW8bXPtNv9dg, 2017 - 01 - 10.

[14] 刘小丽. 2016 年我国成品油出口形势分析及政策建议[J]. 中国能源, 2017,39(02):5 - 8,4.

[15] 钟健. 扩大成品油出口提升国际市场竞争力[N]. 经济参考报,2017 - 10 - 16(003).

[16] 齐超,孔劲媛,丁少恒. 中国成品油市场转型特点及 2017 年成品油市场预测[J]. 国际石油研究所,2017(2):66 - 72.

[17] 周红军,姜伟丽. 地炼的发展机遇及战略转变[J]. 中外能源,2012(10):9 - 12.

[18] 朱春凯. 上半年炼油行业整体向好[J]. 中国石化,2015(07):39 - 41.

[19] 中石油集团经济技术研究院. 2016 年国内外油气行业发展报告[R]. 北京:中国石油,2016.

[20] 伏专红,佘建跃. 地方炼厂加工原料的优化[J]. 国际石油经济,2013(05):35 - 40,110.

[21] 李贤义. 从国Ⅲ到国Ⅴ,到底要分几步走?[J]. 环境, 2015(07):74 - 77.

[22] 宫雨,郦白珂,孙仁金. 地炼发展受限找谁说理?[J]. 中国石油企业, 2014(10):47 - 49.

[23] 张广领. 船用燃油市场监管现状、问题及建议[N]. 中国工商报,2017 - 08 - 05(003).

[24] 蒋文定. 我国产业结构演进与成品油消费关系的实证检验[D]. 西北大学学报(哲学社会科学版),2012 - 1 - 9:111 - 113.

[25]艾石伊. "十三五"能源路线图分析:改革或集中在油气电力领域[J]. 广西电业,2014(10):70 - 71.

[26]彭元正. "一带一路"背景下如何形成油气贸易新格局[J]. 中国石油企业, 2015(4):22 - 23.

[27]石宝明. 2016 年中国成品油供求分析及展望[J]. 当代石油石化,2017(3):17 - 24,37.

[28]丁少恒,葛雁冰. 对中国成品油市场的几点认识[J]. 石油规划设计,2016

(1):1-4,9.

[29]吕清龙,邢定峰,刘婷. 我国成品油市场现状及未来形势分析[J],中外能源,2016(21).

[30]董秀成."一带一路"战略背景下中国油气国际合作的机遇、挑战与对策[J],价格理论与实践,2015(03):14-16.

[31]朱春凯,我国成品油消费首现趋势性拐点[J],中国石化石化,2017(02):78.

[32]肃宁,杨一帆. 我国成品油消费增速放缓[J]. 中国石油企业,2017(3).

[33]仇玄. 2016年我国成品油市场回顾及2017年展望[J]. 中国石油和化工经济分析, 2017(1):23-26.

[34]中国农业机械化协会. 2016中国农业机械化发展白皮书(上)[R/OL]. http://news.wugu.com.cn/article/997557.html.

[35]高鹏,谭喆,刘广仁,王培鸿等. 2016年中国油气管道建设新进展[N]. 国际石油经济,2017(3):26-33.

[36]于达,谢萍,黄忠胜,胡晓蓉等. 对我国成品油管道建设的几点思考[J]. 油气储运,2014(3):1-4.

[37]王旭,张圣柱,江世超等. 我国成品油管道相关技术进展及展望[J]. 当代化工,2016-1:118-121.

[38]欧毅,张兆吉等. 我国成品油管道运输分布情况研析[J]. 科技资讯,2012(12):250-252.

[39]余建平. 浅谈成品油长输管道的发展现状[J]. 石化技术,2017(2):222.

[40]朱江,陈泓冰. 中国成品油管道现状及发展研究[J]. 中国石油大学学报,2008(6):18-21.

[41]孙德红,胡艳君,李锡玲等. 我国沿海港口成品油码头发展初探[J]. 中国港口,2014(3):9-10,23.

[42]中国石油新闻中心. 中国石油储备情况调查[EB/OL]. 2016-8-16,http://news.cnpc.com.cn/system/2016/08/16/001605816.shtml

[43]高晓. 国内成品油库设计与发展现状[J]. 化工管理,2016(36):222.

[44]国家能源局. 国家石油储备条例(征求意见稿)[A]. 2016-5-31.

[45]中华人民共和国国家发展和改革委员会. 能源发展"十三五"规划[A]. 2016-12-26.

[46]中华人民共和国国家发展和改革委员会. 能源生产和消费革命战略(2016－2030)[A]. 2016－12－29.

[47]中华人民共和国国家发展和改革委员会. 石油天然气发展“十三五”规划[A]. 2016－12－24.

[48]中华人民共和国国家发展和改革委员会. 中长期油气管网规划[A]. 2017－5－19.

[49]柯晓明,刘燕,侯晖. 我国汽车工业发展对成品油消费的影响及2006年国内成品油消费预测[J]. 当代石油石化,2006(1):40－43.

[50]栾杨,刘迎洲. 影响我国私人汽车保有量的因素分析[J]. 中国管理信息化,2015(05):78.

[51]中国石油化工股份有限公司油品销售事业部,国务院发展研究中心资源与环境政策研究所. 中国成品油市场需求预测研究[M]. 北京:中国石化出版社,2013:107－115.

[52]陈俊任, 陈清. 中国燃料乙醇行业健康发展途径探析[J]. 国际石油经济,2017 (4): 50－58.

[53]路宇歆,丁春生,尹强. 当今世界加油站行业发展现状(2017版)[M]. 北京:中国石化出版社,2017.

[54]刘建桥, 孙文全. 基于C－STGARCH模型的大庆原油现货价格波动研究[J]. 数学的实践与认识, 2014, 44(1):84－90.

[55]陈达忠. 原油价格对经济影响的非对称性——文献综述[J]. 国际石油经济, 2005, 13(8):36－39.

[56]谢振东,黄鹂. 国际原油价格波动对我国经济的影响[J]. 宏观经济管理,2005(12):38－39.

[57]刘建,蒋殿春. 国际原油价格冲击对我国经济的影响——基于结构VAR模型的经验分析[J]. 世界经济研究,2009(10):33－38,67,88.

[58]肖明智, 谢锐. 国际原油价格上涨对中国经济影响的一般均衡研究[J]. 世界经济与政治论坛, 2012(1):38－52.

[59]郭菊娥,卢虎,席西民,刘洪涛. 国际原油价格变动对中国经济影响的波及效应分析[J]. 西安交通大学学报(社会科学版),2007(06):17－22.

[60]姜春海. 基于VAR模型的原油价格与汽、柴油零售价格传导机制实证研究:

2003—2011 年[J]. 宏观经济研究,2013(04):28 - 38.

[61]王火根,丁文峰. 国际原油价格对国内农产品价格传导机制研究[J]. 江西农业大学学报(社会科学版),2013,12(01):71 - 76.

[62]华晓龙. 关于原油价格传导机制问题的探究[J]. 价格理论与实践,2015(01):64 - 66.

[63]褚林涛,周维科. 基于 VECM 模型的国内外原油价格传导机制的研究[J]. 北京石油管理干部学院学报,2015,22(04):49 - 53,56.

[64]朱成章. 电力价格之变[J]. 大众用电, 2015(4):3 - 5.

[65]白玫. 深化能源价格改革:规律、目标与路径选择[J]. 价格理论与实践, 2014(4):5 - 9.

[66]李良. 油价波动对中国经济的影响研究[J]. 中国石油大学学报(自然科学版), 1993(3):92 - 96.

[67]王俊豪,陈荣胜. 基础设施产业的价格传导机制及其管制[J]. 价格理论与实践,2004(07):29 - 30.

[68]杨彤,聂锐,刘玥. 基于价格传导复杂网络模型的煤电价格传导效应模拟分析[J]. 中国矿业,2009,18(09):31 - 35.

[69]罗鑫,张粒子. 煤电价格传导机制分析及政策建议[J]. 能源技术经济,2010,22(02):19 - 22.

[70]翁非. 我国能源价格市场化改革成效研究——基于煤、电、油价格数据面板协整关系的检验[J]. 煤炭经济研究,2012,32(01):51 - 56.

[71]中国石油和化学工业联合会. 中国石油和化工经济分析[DB]. 中国石油和化工经济数据快报之《进出口分册》, 2017(01):1.